アメリカ大統領図書館
歴史的変遷と活用ガイド

田中慎吾
高橋慶吉
山口航

Presidential
Libraries and
Museums

大阪大学出版会

はじめに

（1）本書の概要

　アメリカ合衆国（以下、アメリカ）には、「大統領図書館（Presidential Library)」と呼ばれる施設がある。本書は、この大統領図書館を主題とする本邦初の書籍である[1]。本書は2部からなり、第1部では大統領図書館の歴史を振り返る。第2部は大学院生や若手の研究者を主たる対象とするリサーチガイドであり、大統領図書館における資料調査のハードルを下げることを目指すものとなっている。

（2）大統領図書館とは何か

　アメリカには複数の大統領図書館があり、各大統領図書館は1人の大統領経験者を専門的に取り扱っている。ただし全ての大統領経験者に大統領図書館があるわけではない。本書執筆時点（2023年7月）では、第31代大統領ハーバート・フーバー（Herbert Hoover）から第43代大統領ジョージ・W・ブッシュ（George W. Bush）までの、13の大統領図書館が存在する[2]。この他にバラク・オバマ（Barack Obama）大統領図書館の開館が2025年下半期に見込まれている。前大統領ドナルド・トランプ（Donald Trump）の大統領図書館については、建設されるかどうか定かでない。次章以降で詳述するように、大統領図書館の建設は大統領の意思に委ねられており、トランプにその意思がある

---

[1]　これまでにも仲本や三輪に代表されるように、大統領図書館を紹介する書籍は存在したものの、あくまでもその取り扱いは副次的なものにとどまってきた。仲本和彦『研究者のためのアメリカ国立公文書館徹底ガイド』凱風社、2008年；三輪宗弘『目からウロコの海外資料館めぐり』CPCリブレNo.10、クロスカルチャー出版、2019年。その他、日本には大統領図書館を題材とした論文やレポートがいくつか存在する。他方アメリカでは多くの書籍や論文が存在するが、書籍は旅行ガイドに類するものが多く、学術的なものは少数にとどまっている。

[2]　"Presidential Library," National Archives and Records Administration, <https://www.archives.gov/presidential-libraries>. 以下、本章のURL最終アクセス日は2023年12月25日。

のか判然としないからである[3]。

　大統領図書館は、市中の図書館とはその機能が大きく異なる。第3章で焦点を合わせるように、大統領図書館には、各政権の歴史を正確に残すための資料保管庫（archive depository）としてのアーカイブ機能と、大統領ゆかりの品といった様々な資料を市民に広く公開するミュージアム機能がある[4]。アーカイブ機能が第一義的に求められることもあり、本書が扱う大統領図書館は全て連邦政府下の国立公文書記録館（National Archives and Records Administration）（以下、国立公文書館）が管轄している。

　大統領図書館が保管する資料の中核は、大統領およびホワイトハウス内の政権スタッフが任期中に作成・授受した文書、いわゆる大統領文書（Presidential paper）である。これに加えて、大統領就任前や退任後の文書、大統領の家族・友人の文書もある。また、大統領図書館によっては連邦政府が作成した連邦記録（Federal record）も所蔵する。さらに紙資料のみならず、インタビューや録音記録といった音声資料や、テレビ出演などの映像資料もある。

　こうした連邦政府下の大統領図書館とは別個の施設として、大統領経験者の名を冠し、かつ、それら大統領経験者の文書やその他資料を所蔵する図書館（室）がアメリカには複数存在する。具体的には、初代大統領ジョージ・ワシントン（George Washington）、第3代トーマス・ジェファソン（Thomas Jefferson）、第5代ジェームズ・モンロー（James Monroe）、第16代エイブラハム・リンカーン（Abraham Lincoln）、第18代ユリシーズ・S・グラント（Ulysses S. Grant）、第19代ラザフォード・B・ヘイズ（Rutherford B. Hayes）、第25代ウィリアム・マッキンリー（William McKinley）、第28代ウッドロー・ウィルソン（Woodrow Wilson）、第29代ウォーレン・G・ハーディング（Warren G. Harding）、第30代カ

3　本書第3章が指摘するように、トランプは2024年の大統領選挙の出馬を目指しているため、自身のレガシー作りとなる大統領図書館の建設には消極的であるとされる。

4　この点についても本書第3章が論じるが、オバマの大統領図書館は従来のアーカイブ機能を大きく変えたものになると予想されており、大統領図書館とはいかなる施設であるべきかについて再考を迫っている。

ルビン・クーリッジ（Calvin Coolidge）の図書館（室）である[5]。さらに第26代セオドア・ローズヴェルト（Theodore Roosevelt）の図書館が2026年の開館を目指している。また、南北戦争期の南部連合（Confederate of States）唯一の大統領、ジェファソン・ディヴィス（Jefferson Davis）の図書館もある。

　これらの施設は本書が扱う大統領図書館とは異なり、NPOや大学、あるいは地方政府によって独自に運営されている。それゆえ所蔵資料の量や質、管理・運営体制は個々の施設間でバラつきが大きい。なお、一部の施設は大統領図書館と称するが、あくまでも自称にすぎない。

　以上の連邦政府下の大統領図書館と、それに類する図書館（室）施設を地図上に示したのが図1である。📍が大統領図書館を、★がその他の類似施設を表している。

図1　大統領図書館および類似施設の所在地

（出典：筆者作成）

5　本リストは、大統領経験者の名を冠しており、かつ、外部の研究者による資料調査が可能と目される施設を選定したものである。それゆえ第1章で紹介する第2代ジョン・アダムズ（John Adams）および第6代ジョン・クィンシー・アダムズ（John Quincy Adams）の図書館（通称ストーンライブラリー（Stone Library））や、ペギー・シャファー（Peggy Schaefer）が大統領図書館の先例と指摘する、第20代ジェームズ・A・ガーフィールド（James A. Garfield）の図書室（暗殺された後に彼の邸宅内に設置）は、現在は国立史跡に指定されており、アーカイブ機能を有していないため除外した（Peggy Schaefer, *The Ideals Guide to Presidential Homes and Libraries* (Nashville, Ideals Press, 107)）。

本書はこれらの内、連邦政府下にある大統領図書館のみを対象として考察を進める。なぜなら大統領図書館という連邦制度を考察することは、アメリカが国家として自らの歴史の記録と保管にどのように向き合ってきたのかについて示唆を与えてくれると考えるからである。

（3）本書構成と読者へのお願い

　それでは第1部として、次章よりアメリカ大統領図書館をめぐる歴史の旅に読者をお連れすることとしたい。第1章では、フランクリン・D・ローズヴェルト（Franklin D. Roosevelt）大統領によって最初の大統領図書館が創設され、ドワイト・D・アイゼンハワー（Dwight D. Eisenhower）政権下の1955年に制定された「大統領図書館法（Presidential Libraries Act）」により、大統領図書館が法制度として定着する過程を考察する。第2章では、ジェイムズ・カーター（James Carter[6]）政権下の1978年に成立した「大統領記録法（Presidential Records Act）」により、大統領文書の大半が大統領の私的所有物から連邦政府の公的所有物となり、また、「情報自由法（Freedom of Information Act: FOIA）」に基づく情報公開請求の対象となるまでの過程を考察する。第3章では、ロナルド・レーガン（Ronald Reagan）政権から現在までの大統領図書館の変容を、管理・運営費用の増大、電子媒体資料の取り扱い、アーカイブ機能とミュージアム機能との相剋といった論点を中心に取り扱う。

　以上の第1部を、読者には、アメリカを含めた今日の世界が、歴史の価値を軽視する「脱歴史時代」に入っているとの指摘があることを念頭にお読みいただきたい[7]。アメリカではそうした脱歴史時代の傾向は、事実を事実として認めようとしないトランプ前大統領の姿勢や、トランプや現大統領ジョー・バイデン（Joe Biden）による公文書の不適切な持ち出しに見出せるのかもしれない。本書が取り扱う大統領図書

6　本書では大統領経験者の名前表記を、ホワイトハウスのウェブサイトに表示される大統領経験者の一覧ではなく、個々人の紹介ページの表記に従うこととした（https://www.whitehouse.gov/about-the.white-house/Presidents/）。

7　南塚信吾、小谷汪之、木畑洋一編『歴史はなぜ必要なのか─「脱歴史時代」へのメッセージ』岩波書店、2022年、序章（1-17頁）。

館の歴史とは、そうした傾向とは真逆の、歴史に価値を見いだし、それを後世に伝える試みなのである。

　第2部では、第4章において大統領図書館を訪問するための事前準備を、第5章においてアメリカ滞在中のポイントをそれぞれ紹介する。第6章以降の各章では、個々の大統領図書館へのアクセス方法や宿泊先の候補、開館時間、資料調査の予約の必要性とその取得方法、所蔵資料の概要といった、現地での資料調査に必要な情報を中心に紹介する。

　なお、読者が実際に大統領図書館を訪問する時と、本書の内容には、細かな点で相違が生じているだろう。しかし、リサーチガイドとしての本書の価値は保たれているものと我々筆者は信ずる。最新の情報は、本書紹介の URL を確認してほしい。その際、スマートフォンなどにて URL を読み込んでいただければ、手入力することなくウェブサイトを開くことができるので是非試して欲しい。

　最後に、本書をとおして、歴史を記録し、残すことの大切さを読者に少しでもお伝えできるのならば、また、大統領図書館での資料調査を行う日本人研究者が増え、日本における歴史研究に僅かでも貢献がなし得るのならば、筆者一同、望外の喜びである。

（田中慎吾）

目次

第 1 部
大統領図書館の 歴史的変遷

第 2 部

各大統領図書館の
紹介とリサーチ・ガイド

第 1 部

大統領図書館の
歴史的変遷

第 1 章

大統領図書館の
誕生

　フランクリン・D・ローズヴェルト大統領図書館が初の大統領図書館
として設立された1940年代から「大統領図書館法」が成立する1950
年代までの時期は、大統領図書館の歴史の中で黎明期と位置づけるこ
とができる。本章は、アメリカ建国期からその時代までの大統領文書
の扱いを跡づけることで、大統領図書館がどのようにして誕生し、法
制度として定着したのかを確認しようとするものである。
　大統領文書は、1978年成立の「大統領記録法」によって公文書化
されるまで、私文書という扱いだった。本章第1節では、大統領文書
を私文書として扱う伝統の形成について論じるとともに、議会図書館
によって行われた大統領文書の収集の試みに注目する。
　第32代大統領フランクリン・D・ローズヴェルトは、私文書という
法的位置づけは変えなかったものの、大統領文書を一元的に管理す
る公的機関として大統領図書館を置くという新たな伝統を作り出した。

第2節では、ローズヴェルト大統領図書館の設立の経緯に焦点を合わせる。

　ローズヴェルトによって始められた文書管理の試みは、1955年制定の大統領図書館法により法制度として確立する。第3節では、自身の大統領図書館の建設を目指すハリー・S・トルーマン（Harry S. Truman）の動きを中心に、大統領図書館法成立の背景について詳述する。

第 1 節

ワシントンの先例

　初代大統領ジョージ・ワシントンは、就任の翌年（1790年）、ある書簡に次のように書いている。「私は人跡未踏の地を歩いている。私の行動のほとんどが、おそらく将来、先例として引き合いに出されるにちがいない[1]。」

　実際、初代大統領としてのワシントンの行動は、後継の大統領の行動を強く規定するいくつもの先例を形作ることになった。その中で、大統領任期に関する先例はよく知られるものとなっている。もともと合衆国憲法には大統領の再選を制限する規定がなかった。だが、ワシントンが2期8年で大統領職から退いたことが重要な先例となり、1941年にローズヴェルトによって破られるまで、歴代大統領の任期を縛り続けた。しかも、第二次世界大戦後、ワシントンの先例は憲法上の定めとなる。1951年に3選を禁止する修正条項が憲法に盛り込まれたのである。

　この先例ほど知られてはいないようであるが、ワシントンは引退後

1　From Washington to Catharine Sawbridge Macaulay Graham, January 9, 1790, Founders Online, National Archives, https://founders.archives.gov/documents/Washington/05-04-02-0363. 訳については、スティーブン・レビツキー、ダニエル・ジブラット（濱野大道訳）『民主主義の死に方——二極化する政治が招く独裁への道』新潮社、2018年、162頁を参照。なお、以下、本章のURL最終アクセス日はすべて2023年12月15日である。

の大統領文書の扱いという点でも後世に多大な影響を与えた。1797年3月、大統領職から退いたワシントンは、当時の首都フィラデルフィアからヴァージニア州マウントヴァーノンにあった自邸へと戻る。その際、ワシントンの指示により、大統領時代に作成したり、受け取ったりした文書もマウントヴァーノンへと移された。このことが重要な先例となり、アメリカでは大統領文書を公文書ではなく個人の所有物、すなわち私文書として扱う伝統が形成されることになる。

ただし、ワシントンについて言えば、彼が引退に伴い文書を自邸に送ったのにはやむを得ない事情があったと見るべきだろう。設立されたばかりの連邦政府に、大統領文書を保管する施設や機関はなく、それを作る余裕もなかったと思われるからである。しかも当時、イギリスの首相も外交官も文書を、たとえそれが公的な内容のものであっても、私物として扱うのが一般的だった[2]。そのことをワシントンが意識していたかどうかはわからないが、彼の行動は少なくともかつての母国、イギリスの慣行には沿うものだったのである。

ワシントンの後任として第2代大統領となったのは、ワシントン政権で副大統領を務めたジョン・アダムズだった。連邦政府に文書を保管する施設も機関もなかったとはいえ、ワシントンの文書の中には当然ながらアダムズの円滑な政権運営のために残しておくべき文書があった。ワシントンは大統領としての任期が終わりに近づいたころ、残す文書と残さない文書を選別する作業を個人秘書2人に行わせている[3]。

その作業で残す必要がないとされた文書はマウントヴァーノンに送るのではなく、破棄することもできたはずである。だが、ワシントンにそのようなことをする考えは毛頭なかったに違いない。公的な文書を「公共の財産」で「神聖な」ものととらえるワシントンは[4]、大統領に就任する前から、その保管に人一倍気を使う人物だったからである。

2　Ruth Dennis, "Presidential Libraries," ed. Allen Kent, Harold Lancour and Jay E. Daily, *Encyclopedia of Library and Information Science,* 23 (NY: Marcel Dekker, Inc., 1978), 223; William Howard Taft, *Our Chief Magistrate and His Powers* (NY: Columbia University Press, 1916), 34.

3　Dorothy S. Eaton, "George Washington Papers," *The Quarterly Journal of the Library of Congress* 22, no. 1 (January 1965): 10.

4　Ibid., 9.

　独立戦争中の1776年8月、大陸軍の最高司令官を務めていたワシントンは、イギリス軍の脅威を前にニューヨーク市からの撤退の準備に取り掛かっていた。その準備の一環としてワシントンが行ったのが、自分の「手元にある諸邦の問題に関するすべての文書」をフィラデルフィアの大陸会議へと送ることだった。そうすることでワシントンは、文書の保全を図ろうとしたのである[5]。

　ただ、その後も文書はワシントンの手元で積み上がっていく。1779年には大陸会議に預けていた文書も再び管理することになった。あくまでもワシントンの個人文書という扱いだったためである。だが、ワシントンは司令官付きの護衛隊にそれらの文書を守る任務を負わせた。また、1781年4月には司令官文書の公的価値を大陸会議に訴え、その整理に当たる人物を雇う権限を認められている[6]。

　このように戦争の混乱の中でも守り抜いた司令官文書をワシントンは戦争後、やはりマウントヴァーノンへと移送した。それが確実に行われるよう、移送の責任者に指名した人物に対してワシントンは、とるべきルートを示し、風が強いなど少しでも危険があるときには川を渡らないよう指示したという[7]。

　大統領退任後、大陸軍司令官時代の文書に大統領文書が加わったことで、マウントヴァーノンにあるワシントン所蔵の文書コレクションは膨大なものになった。大統領職を退いた翌月、ワシントンは大陸軍時代の部下で、アダムズ政権の陸軍長官を務めていたジェイムズ・マクヘンリー（James McHenry）に手紙を書き、文書を安全に保管するためマウントヴァーノンの敷地内に建物を一棟新たに建てる計画を明らかにしている。結局、他の仕事で忙しく、その計画が実施に移されることはなかったが、死去する前年（1798年）にワシントンは助手を1人雇い、文書の整理を行わせた[8]。

5　Ibid., 3.「諸邦」の「邦」とは、憲法が制定されアメリカ合衆国が建国されるまでの期間に、連合会議を構成した13のStateのことである。

6　Eaton, "George Washington Papers," 3, 5.

7　Ibid., 9.

8　Ibid., 10.

ワシントンに血のつながった子どもはなく、死後、その文書コレクションは遺言に基づき、連邦最高裁判事を務めていた甥のブッシュロッド・ワシントン（Bushrod Washington）に託された。ただし、ブッシュロッドに引き継がれる少し前に、ワシントンとその妻、マーサ（Martha Washington）の間で交わされた手紙は、ワシントンの秘書を通してマーサの手に渡る。のちにマーサの孫がある歴史家に話したところによると、マーサは手紙のほとんどを焼いてしまった。ワシントンとのやりとりをあくまでも2人だけの秘密にしておきたかったからかもしれない。また、ブッシュロッドはブッシュロッドで、相続したワシントンの文書を気前よく歴史家やサイン収集家に貸したり、譲ったりしたために、失われた文書は多いと見られている[9]。

　1829年にブッシュロッドが死ぬと、文書はその遺志により、甥で連邦下院議員を務めていたジョージ・コービン・ワシントン（George Corbin Washington）に引き継がれた。1834年、コービンは、国璽保管の責任を負い、当時連邦政府の記録や歴史資料を管理する役割も担っていた国務省と、私的な内容の文書を除く、すべての文書を2万5千ドルで売却する契約を結ぶ。1849年には、私的な内容の文書も2万ドルで国務省に売却した[10]。

　1830年代から40年代にかけて、国務省は建国に関わる重要文書として、ワシントンの文書に加え、次の3人の大統領の文書も購入している。

- 第3代大統領トーマス・ジェファソン
- 第4代大統領ジェームズ・マディソン（James Madison）
- 第5代大統領ジェームズ・モンロー

　これらの資料は歴史家にとって宝の山だったはずである。だが、開示のルールがあいまいで、文書の管理に当たる人員も不足していたため、開示を拒否された者は多かったようである[11]。しかも、国務省の

9　Ibid., 10–17; Arnold Hirshon, "The Scope, Accessibility and History of Presidential Papers," *Government Publications Review* 1（1974）: 377–378. 19世紀アメリカではサインの収集が流行していた。
10　Eaton, "George Washington Papers," 17–19.
11　Committee on the Library, Alleged Favoritism in the State Department, 52nd Cong., 2nd sess., 1893,

建物には耐火設備が整っておらず、文書は常に火事の危険にさらされていた。

　なお、建国期の大統領の文書でも、第2代大統領を務めたジョン・アダムズの文書は、実子で第6代大統領を務めたジョン・クインシー・アダムズの文書とともに、国務省に売却されることなく、アダムズ家がその管理に当たった。保管のためにアダムズ家は住居の隣にストーンライブラリー（Stone Library）と呼ばれることになる石造りの建物まで建てている。石造りにしたのは言うまでもなく、火事から文書を守るためである。

　このように文書の保管に力を入れたアダムズ家であるが、文書を破棄することがまったくなかったわけではない。また、サイン収集家に文書を譲渡することもあったと言われている[12]。

　1902年、アダムズ家の文書は、二重鍵が付くなど保管場所としてより安全と見られたマサチューセッツ歴史協会（Massachusetts Historical Society）の建物へと移された。だが、その後も文書はアダムズ家のメンバーによって組織されたアダムズ家文書トラスト（The Adams Manuscript Trust）の管理下に置かれ、アダムズ家以外の文書に対するアクセスは厳しく制限された。その制限が解かれたのは、文書管理の重荷からアダムズ家文書トラストが解散した翌年の1956年のことである[13]。

　アメリカ連邦政府が、建国期の大統領の文書に限らず広く大統領文書を収集するようになるのは、1897年に議会議事堂の中にあった議会図書館を専用の耐火性の建物（トマス・ジェファソン館）に移したのに合わせ、図書館の一部門として文書課（Manuscript Division）を設置して以降である。そのころアメリカでは、厳格な史料批判に基づき客観的歴史叙述を行おうとする、ドイツを中心に発展した近代歴史学の影響から、文書保存に対する社会的関心が高まりつつあった。このこ

HR Rep. 2510.

12　この点は、"Introduction," *Diary of John Adams,* Vol. 1, Adams Papers Digital Edition, Massachusetts Historical Society, https://www.masshist.org/publications/adams-papers/index.php/view/ADMS-01-01-01-0008 を参照。

13　アダムズ家文書トラストについては、Malcolm Freiberg, "The Adams Manuscript Trust, 1905–1955," *Proceedings of the Massachusetts Historical Society* 106（1994）を参照。

とを背景に、連邦レベルに限らず、地方レベルでも歴史資料の収集、保存が広く行われるようになる[14]。

　それまでは、地方レベルでも植民地時代から建国期にかけての資料の収集、保存が行われる程度だった。そのため議会図書館によって大統領文書の収集が行われるようになるまではやはり大統領自身、もしくは家族、親戚によって文書の管理が行われるのが一般的だった。

　その背景には、文書保存に対する関心が弱かったということのほかに、19世紀アメリカ政治において大統領が果たす役割が建国期と南北戦争期を除いて大きくはなく、文書の数が限られていたという事情もあった。対外戦争がほとんどなく、大陸内の発展が志向された19世紀、アメリカ政治の中心にあったのは連邦議会であって、大統領ではなかった。加えて、通信手段が未発達であったこともあって大統領が受けとる文書や作成する文書の数は少なく[15]、大統領が退任後、文書をもち帰っても、それによって自宅が埋もれるということはなかったのである。

　とはいえ、私的な管理のもと処分されてしまったり、散逸してしまったりした文書は多い。この点、1903年に議会図書館初の大統領文書コレクションとなった第7代大統領アンドリュー・ジャクソン（Andrew Jackson）の文書も例外ではない。孤児として育ち、血のつながった子どももいなかったジャクソンは文書を、家族でもなく親戚でもなく、自身の強力な政治的支持者であったジャーナリスト、フランシス・ブレア（Francis Blair）に託した。1903年に議会図書館がジャクソンの文書を大統領文書コレクションとすることができたのは、ブレアの孫たちからの寄贈による。だが、1967年発表のエッセイによると、その後も

14　ドイツを中心に発展した近代歴史学がアメリカに与えたインパクトについては、Raymond H. Geselbracht, "The Origins of Restrictions on Access to Personal Papers at the Library of Congress and the National Archives," *American Archivist* 49, no. 2 (Spring 1986): 144 と Robert B. Townsend, *History's Babel: Scholarship, Professionalization, and the Historical Enterprise in the United States, 1880–1940* (Chicago: The University of Chicago Press, 2013), Part I を参照。

15　ホワイトハウスに電話が設置されたのは1879年、タイプライターが導入されたのは1880年である。この点については、"What Are Some Interesting Facts about Presidents and First Ladies?" The White House Historical Association, https://www.whitehousehistory.org/questions/what-are-some-interesting-facts-about-presidents-first-ladies を参照。

議会図書館は文書の収集に努めなければならなかった。さまざまな場所でジャクソンの文書の存在が明らかになることが多く、そのたびに持ち主と連絡を取り、売却や寄贈のための交渉をしなければならなかったのである。こうした努力により、文書がジャクソンの文書コレクションに新たに追加された回数はおよそ100回にのぼるという[16]。

　大統領文書の中には、火事や戦争で焼失してしまった文書もある。第9代大統領ウィリアム・ヘンリー・ハリソン（William Henry Harrison）の文書の一部は自宅の火事で燃えてしまった。第10代ジョン・タイラー（John Tyler）と第12代ザカリー・テイラー（Zachary Taylor）、第17代アンドリュー・ジョンソン（Andrew Johnson）の文書はその一部が南北戦争中に自宅が戦火に巻き込まれたり、襲われたりして失われた[17]。

　こうした状況を改善するには、大統領文書を公文書として位置づけなおし、耐火設備の整った公の施設で管理を行うという方法があり得たであろう。しかし、ある論者が述べているように、任期中はもとより退任後も、自身の文書に対する「ある程度の管理権を保持したい」というのが大統領の通常の思いである[18]。というのも、「ある程度の管理権」がなければ、文書が後継の政権や議会によって政治的に利用されかねないからである。とりわけ後継の大統領が自身の政敵であったり、議会多数派が自身の所属する政党とは異なっていたりする場合、そのリスクは高まることになる。

　しかも、議会が大統領文書を利用することには権力分立上の問題があった。合衆国憲法上、議会と大統領はあくまでも対等である。しかし、もし議会が現職の大統領であれ、引退後の大統領であれ、その意向に関係なく文書を利用することができれば、権力分立上、独立しているはずの大統領の地位が脅かされかねない[19]。

16　John McConough, "Andrew Jackson Papers: Provenance," Library of Congress, https://www.loc.gov/collections/andrew-jackson-papers/articles-and-essays/andrew-jackson-papers-provenance/.

17　Hirshon, "The Scope, Accessability and History of Presidential Papers," 380-384.

18　James B. Rhoads, "The Papers of the Presidents," *Proceedings of the Massachusetts Historical Society,* 3rd series, 88（1976）: 96.

19　David D. Lloyd, "The Harry S. Truman Library," *The American Archivist* 18, no. 2（April 1955）: 101-102.

まさにこうしたところに、私的な管理のもと大統領文書の消失が相次いでいたにもかかわらず、ワシントンの先例が重視され、大統領文書の公文書化が行われなかった理由がある。この点、議会図書館による大統領文書収集の試みは、私文書という法的位置づけはそのままに、文書を公的な管理下に置くことで消失を防ごうとするものだった。

　議会図書館はジャクソンの文書を初の大統領文書コレクションとしたすぐ後、ワシントンやジェファソンなど、国務省が所蔵する建国期の大統領の文書を管理下に置くことになった。それは、当時の大統領セオドア・ローズヴェルトの命令による[20]。よく知られるように、セオドア・ローズヴェルトは米英戦争に関する書物（*The Naval War of 1812*）を著すなど歴史家としての顔ももっていた。そのためか、文書を後世に残すことの重要性をよく理解していたようである。大統領職を退いてから8年後の1917年に、文書の管理を自ら議会図書館に託している。その2年後には、ローズヴェルトの後任として第27代大統領を務めたウィリアム・ハワード・タフト（William Howard Taft）も議会図書館に文書を預けた[21]。

　当時の議会図書館長ハーバート・パットナム（Herbert Putnam）は、1919年の活動報告書に、「ローズヴェルト、タフト両大統領が取った行動が踏襲すべき重要な先例となることを望む」と書いた[22]。だが、タフトの後任であるウィルソンは、議会図書館からの幾度もの働きかけにもかかわらず、文書を図書館に預けようとはしなかった。1924年にウィルソンが死んだ後、文書を引き継いだ妻エディス（Edith Wilson）の図書館に対する態度もつれなく、夫の伝記の執筆者として指名した

20　Library of Congress, Report of the Librarian of Congress（Washington: Government Printing Office, 1903）, 24–25.

21　セオドア・ローズヴェルトの文書については、Paul Heffron, "Provenance of the Theodore Roosevelt Papers," Library of Congress, https://www.loc.gov/collections/theodore-roosevelt-papers/articles-and-essays/provenance-of-the-theodore-roosevelt-papers/ を、タフトの文書については、"Provenance of the William Howard Taft Papers," Library of Congress, https://www.loc.gov/collections/william-howard-taft-papers/articles-and-essays/provenance-of-the-william-howard-taft-papers/ を参照。

22　Library of Congress, Report of the Librarian of Congress（Washington: Government Printing Office, 1919）, 34, https://archive.org/details/reportoflibrar1919libruoft/mode/2up.

作家レイ・ベイカー（Ray Baker）に文書を預けてしまった。だが、その後も議会図書館とエディスとの間でやり取りは続けられた。その結果、伝記の執筆作業が終わった1939年に文書が図書館へと送られた[23]。

　ウィルソンが大統領を務めた時期、議会図書館の長年の働きかけが功を奏し、南北戦争において分断の危機からアメリカを救った大統領リンカーンの文書が息子のロバート（Robert T. Lincoln）によって図書館に預けられた。ある論考によれば、それは1914年に連邦政府のプロジェクトとして始まったリンカーン記念堂の建設に対するロバートの感謝の気持ちからだった[24]。ただし、文書を預けたことが大きな反響を呼び、多くの手紙処理を強いられることを嫌ったロバートは、議会図書館に対して文書の存在を公にしないよう求めた。その後1923年に正式に寄贈の手続きを取ったときに、図書館における文書の存在は公にされたものの、ロバートは自身の死から21年間、文書を公開しないことを寄贈の条件とした。非公開の理由は、文書の中に多くの私的な情報が含まれるということにあったが、なぜ21年なのかは不明である。ロバートが死んだのは1926年だった。それから21年間、すなわち1947年までリンカーンの文書は非公開とされることになる。

　ウィルソン政権期には、大統領文書コレクションの充実を目指す議会図書館にとって歓迎できない動きもあった。オハイオ州フレモントに、州政府の支援のもと、第19代大統領ヘイズの文書を所蔵するヘイズ記念館（Hayes Memorial）が開館したのである。ヘイズは歴史的文書や本の熱心な収集家で、叔父から相続したフレモントの大邸宅――31の部屋があった――にさらに一室を設け、文書や本の保管場所とした。大統領文書もその部屋に保管され、ヘイズ家によって管理されていたが、ヘイズの死後17年が経った1910年に息子のウェブ（Webb

---

23　ウィルソン文書については、Katharine E. Brand, "Provenance of the Woodrow Wilson Papers," Library of Congress, https://www.loc.gov/collections/woodrow-wilson-papers/articles-and-essays/provenance を参照。ベイカーは1940年にウィルソンの伝記でピューリッツァー賞を受賞した。

24　David C. Mearns, "The Lincoln Papers," *The Abraham Lincoln Quarterly* 4, no. 8 (December 1947): 373. リンカーンの文書については、David C. Mearns, *The Lincoln Papers: The Story of the Collection with Selections to July 4, 1861* (NY: Doubleday & Company, 1948) の "Part 1: The Story of the Papers" も参照。

C. Hayes）が敷地ごとオハイオ州に譲渡した。その際、ウェブと州政府の間で、本と文書、その他ヘイズ家の私物を保管する耐火性の施設とミュージアムを敷地内に建設するという取り決めが交わされる。その取り決めのもと、1912年に建設が開始された耐火性施設とミュージアムが1916年に完成し、ヘイズ記念館として開館したのだった[25]。

　ヘイズ記念館は現在、「ラザフォード・B・ヘイズ大統領図書館・ミュージアム（Rutherford B. Hayes Presidential Library and Museums）」という名称になっている。これはアメリカ初の大統領図書館と言われることがあるが、オハイオ州によって所有され、連邦政府の管理下にはないという点で、本書の言う大統領図書館とは異なる。そのウェブサイトによれば、連邦政府から資金も受け取っておらず、運営資金の70パーセントが入館料や会員収入、寄付によって賄われ、残りの30パーセントがオハイオ州政府からの補助となっている[26]。

　オハイオ州は、ヘイズを含め8人の大統領を輩出しており、「大統領の母（The Mother of Presidents）」というニックネームをもつ。その8人の内の1人で、ウィルソンの後任を務めたハーディングの文書もまた議会図書館に預けられなかった。1923年8月にハーディングが心臓発作で2年半の任期を残して死ぬと、文書は彼の妻によって相続された。1924年に妻が死ぬとその遺言により、ハーディングの業績を称える記念物を建設・維持するため組織されていたハーディング記念会（Harding Memorial Association）によって管理されることになる。だが、その後ハーディング記念会は資金面で運営に行き詰まり、1963年に文書をオハイオ歴史協会（Ohio Historical Society）へと寄贈し、解散した[27]。ハーディングの名誉や名声を守ろうとする意志が強く働いたためか、ハーディング記念会の管理下にあったとき文書は一般に公開されなかった。それが一般に公開されるのは、オハイオ歴史協会へと寄贈

25　ヘイズ記念館建設の経緯については、Thomas A. Smith, "Before Hyde Park: The Rutherford B. Hayes Library," *The American Archivist* 43, no. 4 (Fall 1980) を参照。

26　"Frequently Asked Questions," Rutherford B. Hayes Presidential Library and Museum, https://www.rbhayes.org/about-us/frequently-asked-questions.

27　ハーディング記念会については、Phillip Payne, "Mixed Memories: The Warren G. Harding Memorial Association and the President's Hometown Legacy," *The Historian* 64, no. 2 (Winter 2002) を参照。

された翌年のことである。

　ハーディングの後任として第30代大統領を務めたクーリッジは文書を議会図書館に預けた。だが、すべてというわけではなく、マサチューセッツ州知事時代の文書とともに一部の大統領文書が地元の公立図書館、フォーブズ図書館（Forbes Library）に預けられた[28]。

　商務長官としてハーディングとクーリッジ両大統領に仕え、1929年から4年間、大統領職を務めたフーバーの場合は文書を「フーバー戦争図書館（Hoover War Library）」に預けた。フーバー戦争図書館は、フーバーが第一次世界大戦により荒廃した欧州で食糧支援などに当たった経験を背景に、同大戦に関係する資料や文献を収集し、所蔵する図書館として母校のスタンフォード大学内に1919年に設立したものだった。1946年には図書館としての機能だけでなく、研究機関としての役割も担うことになり、名称を「フーバー戦争・革命・平和研究所兼図書館（Hoover Institute and Library on War, Revolution, and Peace）」と改める。1957年に再度の改称があり、現在の名称である「フーバー戦争・革命・平和研究所（Hoover Institute on War, Revolution, and Peace）」となった。名称から「図書館」という言葉はなくなったものの、図書館としての機能が失われたわけではなく、今でもフーバー研究所は戦争や革命、平和に関係する膨大な文献・資料コレクションをもつ。ただし、現在そのコレクションの中にフーバーの大統領文書はない。2度目の名称改正があったころから、研究所の運営や方針をめぐりフーバーとスタンフォード大学の関係が悪化し、フーバーが1962年に開館した自身の大統領図書館に文書を移したためである[29]。

28　フォーブズ図書館に預けられたクーリッジの文書は現在、同図書館の一部門であるクーリッジ大統領図書館（Calvin Coolidge Presidential Library）が管理している。クーリッジ大統領図書館に限らず、近年、国立公文書館の管轄外の施設でありながら大統領図書館（Presidential Library）を名乗る施設が増えている。ヘイズ大統領図書館もその1つである（「ヘイズ大統領図書館」という名称は2015年より）。なお、クーリッジ文書については、"Provenance of the Calvin Coolidge Papers," Library of Congress, https://www.loc.gov/collections/calvin-coolidge-papers/articles-and-essays/provenance-of-the-calvin-coolidge-papers/ と "About the CCPLM," Forbes Library, https://forbeslibrary.org/coolidge/about-the-ccplm/ を参照。

29　Jessie Kratz, "Hoover Library: Honoring Iowa's Only President," October 21, 2015, National Archives, https://prologue.blogs.archives.gov/2015/10/21/hoover-library-honoring-iowas-only-president/; Roxy Bonafont, Emily Lemmerman and Lucas Rodriguez, "100 Years of Hoover: A History of Stanford's Decades-Long Debate over the Hoover Institution," *Stanford Politics*, May 11, 2019, https://stan-

国立公文書館のアーキビスト、レイモンド・ゲーゼルブラハト（Raymond Geselbracht）は1983年発表の論文で大統領文書の歴史を4つに区分している。第1期は、私的な文書管理が行われた時期である。第2期は、議会図書館が文書管理に乗り出した時期に当たる。第3期は私文書という建国期以来の文書の位置づけはそのままに、連邦政府管轄下の大統領図書館によって文書の管理が行われた時期、第4期が大統領文書を公文書と定めた大統領記録法が制定されて以降の時期となる[30]。

　この内第2期を形作った議会図書館の試みは、第1期に相次いだ文書の消失を防ぐうえで有効だったはずである。だが、預けられなかった文書があった。また、クーリッジの文章のように、預けられても一部だけという文書もあった。

　このように議会図書館の試みが全面的な成功とはいかなかった理由は、まさにゲーゼルブラハトが指摘しているように、議会図書館が文書を置く棚スペース以上のものを提供することができなかったところにあったであろう。つまり、議会図書館は大統領やその家族に、文書管理の責任を委ねようと思わせる十分な誘因を与えることができなかったのである[31]。こうしてゲーゼルブラハトの言う第2期は終わる。そして、1933年にフーバーの後任として大統領となったローズヴェルトの発案とリーダーシップによって第3期が幕を開けることになるのである。

　　fordpolitics.org/2019/05/11/100-years-of-hoover-a-history-of-stanfords-decades-long-debate-over-the-hoover-institution/. フーバー研究所は、フーバーの大統領時代の文書は持たないものの、大統領退任後の文書の一部を所蔵している。

30　Raymond Geselbracht, "The Four Eras in the History of Presidential Papers," *Prologue* 15, no. 1 (Spring 1983).

31　Ibid., 38.

第 2 節

ローズヴェルト大統領図書館の設立

　ローズヴェルトが大統領図書館へとつながる構想を初めて公にしたのは、2期目の任期も中盤に差しかかった1938年12月10日のことである。その日、記者会見に臨んだローズヴェルトは、ここ2年で、大統領退任後における自身の文書の扱いについてますます考えるようになった、ニューヨーク州ハイドパークにあるローズヴェルト家の敷地内に文書保管用の建物を立て、国立公文書館の管理下に置くことにしたいと述べた[32]。

　この記者会見でローズヴェルトが説明したところによると、文書の保管場所がハイドパークとされたのは彼の退任後の計画と関係があった。ローズヴェルトは大統領職から退いた後、ハイドパークの自邸に住み、文書整理に携わることを考えていたのである。

　そうした退任後の生活をローズヴェルトは心待ちにしていたようである。大統領としての2期目のある日、「文書を積んだ陸軍のトラックがハイドパークに向けてホワイトハウスを離れるのを見る日が人生で最高の日となるだろう」と語っている[33]。

　なお、ローズヴェルトの構想では、文書の所有権はローズヴェルト退任後すぐに合衆国へと移転することになっていた。また、彼の死後にはハイドパークの邸宅とその敷地も合衆国に譲渡されることになっていた。

　12月10日の記者会見でローズヴェルトは、ハイドパークに文書保管用の建物を建てるための資金を自身や関係者で私的に集める考えを示した。また、大統領時代、そしてその前のニューヨーク州知事時

32　Franklin D. Roosevelt, Press Conference, December 10, 1938, Press Conferences of President Franklin D. Roosevelt, 1933-1945, Franklin D. Roosevelt Presidential Library, Hyde Park, NY.

33　Waldo Gifford Leland, "The Creation of the Franklin D. Roosevelt Library: A Personal Narrative," *The American Archivist* 18, no. 1 (January 1955): 13.

代の政権のメンバーもハイドパークの文書コレクションの一部として、文書を政府に寄贈するかもしれないという見通し、ないし希望を語っている。

この記者会見でローズヴェルトは、文書の扱いについての新たな構想を練った理由として、散逸の被害にあってきた大統領文書の歴史を繰り返さず、「一カ所で将来の研究者の利用に供する」ためと説明した。また、自身の文書がもはや「どの個人宅であれ収納できない」ほどの量になっていることも理由の1つに挙げた。

後者の理由について、たしかに、ローズヴェルトが着任以来、ニューディール政策のもと大統領の権限、役割を大幅に拡大させていたために、文書の量は莫大なものになっていた。歴史家としての立場からローズヴェルト構想の実現に協力したサミュエル・モリソン（Samuel Morison）が1939年に同構想の審議に当たっていた議会に送った覚書によると、フーバー政権期にホワイトハウスに届く郵便の数は1日当たり600通だった。それがローズヴェルト政権期には6,000通になっていた。また、ヘイズ記念館がもつ大統領文書がタイプライター用紙12万枚であるのに対して、ローズヴェルトの場合はすでに500万から600万枚となっていた[34]。これだけ大量の文書を私有すれば、保管場所に困るだけでなく、文書の市場価値の算定と税率によっては法外な遺産税を課されることにもなりかねなかった（逆に、政府に寄贈すれば所得税控除の特典を受けられることになっていた。次章に見るように、この仕組みはリチャード・ニクソン政権期に論争を呼ぶことになる[35]）。

---

34 S. E. Morison, "Memorandum on the Proposed Franklin D. Roosevelt Library at Hyde Park, New York," *Hearing before the Committee on the Library*, H. J. Res. 268, A Joint Resolution to Provide for the Establishment and Maintenance of the Franklin D. Roosevelt Library, and for Other Purposes, 76th Cong., 1st sess., 1939, 25. ゲーゼルブラハトによれば、1930年代末に議会図書館が所蔵する大統領文書は合計で200万枚だった。同じ時期、ローズヴェルトの大統領文書は1年、100万枚のペースで増えていた（Geselbracht, "The Four Eras in the History of Presidential Papers," 38）。

35 アメリカで遺産税（estate tax）は1916年に連邦レベルで導入され、ニューディール期にその税率が大幅に引き上げられた。最高税率について言えば、10パーセントから45パーセントの幅に収まっていたのが、ニューディール期の1935年に70パーセントに引き上げられ、第二次世界大戦に参戦した1941年には77パーセントとなっている。遺産税とローズヴェルト大統領図書館創設との関係については、H. G. Jones, *The Records of a Nation: Their Management, Preservation, and Use* (NY: Atheneum, 1969), 148 や George McKee Elsey, *An Unplanned Life: A Memoir* (Columbia, MO: University of Missouri Press, 2005), 239、Lloyd, "The Harry S. Truman Library," 101 を参照。生前、ローズヴェルトは、文書や本を政府に寄付することで9,900ドル（2006年の貨幣価値で10万ドルに

　だが、私蔵は難しかったとしても、ローズヴェルトの文書を公的管理の下に置くためにわざわざ建物をハイドパークに建てる必要があったのか。この問題に対して、モリソンは当初、「議会図書館がワシントンやジェファソン、ジャクソンの文書にとって十分良いものであるならば、フランクリン・D・ローズヴェルトの文書にとっても十分ではないか」として、否定的な反応を示していた。だが、すぐにそうした態度を改める。歴史家レスター・カポン（Lester Cappon）の説明によると、それはローズヴェルトの巨大な文書コレクションを議会図書館が管理することになれば同図書館に過重な負担をかけることになるという懸念や、欧州で戦争の影が次第に色濃くなる中、それに巻き込まれれば首都への爆撃もあるかもしれないという憂慮からだった[36]。

　ローズヴェルトが退任後の文書の扱いについての構想を立てるとき、参考にしたのがヘイズ記念館だったと言われる。たしかに、文書保管のための図書館をもち、ミュージアムを併置するなど、ヘイズ記念館とローズヴェルト大統領図書館はよく似ている。ある論考によれば、ローズヴェルトは記者会見で構想を発表する前年の1937年にヘイズ記念館に人を派遣し、視察の報告を受けていた[37]。

　ローズヴェルトがヘイズ記念館を参考にしたのは確かだろう。ただし、ヘイズ記念館が州の管理下に置かれているのに対して、ローズヴェルト大統領図書館は連邦政府の管理下にあるという点で、両者の間には大きな違いがある。ローズヴェルトが管理者としてなぜ州政府ではなく、連邦政府を選んだのかは不明である。だが、もしローズヴェルトが州政府を選んでいたならば、ローズヴェルト大統領図書館はヘイ

相当）の控除を受けた（Burton W. Folsom, Jr., "FDR and the IRS," 2006 Free Market Forum, Hillsdale College, https://www.hillsdale.edu/educational-outreach/free-market-forum/2006-archive/fdr-and-the-irs/）。

36　Lester J. Cappon, "Why Presidential Libraries?" *The Yale Review* 68, no. 1 (October 1978): 19. 日本軍の真珠湾攻撃を受け、アメリカが第二次世界大戦に参戦すると、首都への爆撃の可能性を考え、独立宣言やアメリカ憲法の原本など貴重な文書や書籍がワシントンDCからアメリカ内陸部へと移された。この点については、Stephen Puleo, "The Secret Plan to Protect America's Founding Documents during WWII," *Politico Magazine,* September 25, 2016, https://www.politico.com/magazine/story/2016/09/world-war-two-protect-national-archives-214257/を参照。

37　Don W. Wilson, "Presidential Libraries: Developing to Maturity," *Presidential Studies Quarterly* 21 no. 4 (Fall 1991): 771.

ズ記念館のように全国的にはあまり知られない、一地方の特異な施設となっていたであろう。ローズヴェルト自身、そうした展開を望まなかったということかもしれない。

　ローズヴェルト大統領図書館が地方の施設となっていた場合、全国レベルで大統領図書館システムが構築されることはなかったかもしれない。構築されたとしても、その時期は実際の時期よりもかなり遅れたであろう。このように考えると、理由はどうあれ、ローズヴェルトが管理者に連邦政府を選んだ意義は大きいということになる。

　実は、連邦政府は連邦政府でも、ローズヴェルトが議会図書館ではなく、国立公文書館を選んだ理由もはっきりしない。ローズヴェルトは私文書という大統領文書の法的位置づけを変えなかった。そのため大統領文書の預け先としては、国立公文書館ではなく、議会図書館の方が自然だったはずである。たしかに、モリソンが懸念したように、ローズヴェルトの膨大な文書コレクションを議会図書館に預ければ、同図書館に大きな負担をかけることになっただろう。だが、同じ問題は国立公文書館についても言えたはずである。しかも、12月10日の記者会見の1週間ほど前にローズヴェルトがモリソンを含む何人かの著名な歴史家との間で開いた会合で話したところによると、議会図書館はローズヴェルトの文書の受け入れを望んでいた[38]。

　なにより、議会図書館は大統領文書の保管について確たる実績をもっていた。それに対して、国立公文書館はまだ設立されて日の浅い、実績の乏しい機関だった。

　国立公文書館が設立されたのは、1934年、ローズヴェルトが大統領としての1期目を開始した翌年のことである。その年の6月に「国立公文書館法（National Archives Act）」が制定され、同法のもと国立公文書館機関（National Archives Establishment）が創設されたのである。

　それ以前、アメリカでは多くの連邦政府文書が国務省をはじめ、省庁によって管理されていた。だが、その管理体制はずさんで、火事な

38　Jones, *The Records of a Nation*, 145.

どによって多くの貴重な文書が失われていた。

　そのことに対する問題意識は建国期から存在した。1791年2月、ワシントン政権の国務長官を務めていたジェファソンはある人物に宛てた手紙に、「時間の経過と災害によって、われわれの公のオフィスに保管されている原文書は、毎日、破損」していると書いている。「無知でありながら自由を維持できる国民」はなく、知識と情報をもった国民が「民主主義社会が機能するために欠かせない」と考えるジェファソンにとって、公文書の毎日の破損は由々しき事態だったに違いない[39]。

　そのころ、フランスでは公文書館の制度が整備されつつあった。欧州事情に通じ、駐仏大使を務めた経験ももっていたジェファソンがそのことを知らなかったはずはない。だが、やはり建国期で余裕がなかったためか、ジェファソンも公文書館の設立に動くことはなかった[40]。

　アメリカで国立公文書館の設立を求める声が高まるのは、近代歴史学の影響から議会図書館が大統領文書の収集を行うようになったのとほぼ同じ時期、19世紀末から20世紀初頭にかけてである。ドイツ帰りの歴史家を中心に1884年に組織されたアメリカ歴史学会（American Historical Association）が1901年に公文書を一元的に管理するホール（hall of records）の建設を連邦議会に対して訴えた。1908年には公文書館の建設を促進するための委員会を学会内に作り、1910年に再度議会に嘆願書を提出している[41]。当時の大統領タフトは1912年にアメリカ史協会（American Antiquarian Society）で行った演説で、公文書館

39　From Jefferson to Ebenezer Hazard, February 18, 1791, Founders Online, National Archives, https://founders.archives.gov/documents/Jefferson/01-19-02-0059; ロバート・D・エルドリッヂ「序幕は過去に開く―公文書公開と民主主義」『アステイオン』69号（2008年）、131–132頁。

40　ただし、ジェファソンは議会図書館の設立、発展に大きく貢献している。1802年、議会図書館の役割や機能を定めた法律がジェファソンの署名により成立した。その法律のもと、ジェファソンは初代と第2代の館長を任命している。また、蔵書に加えるべき本を推薦するなどジェファソンは大統領在任中、議会図書館の発展に強い関心をもち続けた。1812年に始まった米英戦争でワシントンDCがイギリス軍の焼き討ちにあい、議会図書館所蔵の書籍、約3,000冊が失われると、ジェファソンは自身がもつ6,500冊あまりの書籍を連邦政府へと売却した。そのジェファソンのコレクションを核に議会図書館はさらに発展することになる。ジェファソンと議会図書館の関わりについては、"Jefferson's Legacy: A Brief History of the Library of Congress," Library of Congress, https://www.loc.gov/loc/legacy/toc.htmlを参照。

41　エルドリッヂ「序幕は過去に開く」134–135頁；Arthur S. Link, "The American Historical Association, 1884–1984: Retrospect and Prospect," The American Historical Review 90, no. 1 (February 1985): 11.

の建設を支持する見解を表明した[42]。

　だが、その2年後に第一次世界大戦が始まったことで、公文書館建設の気運は下火となる。その間も商務省の火事によって国勢調査の記録が一部焼損するなど、資料の損失は続いた。ようやく1926年に議会は、公文書館の建設とそのための予算の支出を認めた。その後、立地の選定や建物の設計などの作業を経て、1937年に公文書館が完成する。先述したように、その3年前の1934年に公文書館は、国立公文書館法のもと、政府機関としてはすでに設立されていた。そこで働くスタッフは、1935年には建設中の建物に入り、連邦政府の文書の収集と保管、公開のための仕事を始めたという[43]。

　国立公文書館が自分の署名によって生まれたものであったためか、ローズヴェルトはそれに対して特別の思い入れをもっていたようである。国立公文書館法が成立してから3カ月後の1934年9月、ローズヴェルトは初代館長となるロバート・コナー（Robert Connor）と会ったとき、同公文書館を「私の子ども（baby）」と呼んだ[44]。ひょっとすると、自身の大量の文書を国立公文書館に預けるというローズヴェルトの構想の背景には、「子ども」を大きく成長させたいという思いがあったのかもしれない[45]。加えて、コナーが国立公文書館法のもと自身が任命した館長で、熱心な民主党員であったこともその構想と関係しているのではないだろうか[46]。

　ちなみに、当時の議会図書館の館長はマッキンリー大統領任命のパットナムで、共和党員だった。しかも、パットナムの館長としてのリーダーシップにはかなりの問題があったようである。パットナムは責任を

42　"Provenance of the William Howard Taft Papers."
43　"National Archives History and Mission," National Archives, https://www.archives.gov/about/history/about/history/history-and-mission.
44　R. D. W. Connor, "FDR Visits The National Archives," *The American Archivist* 12, no. 4（October 1949）: 325.
45　歴史家ドナルド・R・マッコイ（Donald R. McCoy）は、ローズヴェルト大統領図書館の設立は、「生まれたばかりの機関［国立公文書館］に概して好意的な特別の評価をもたらし、教育機関の関係者や学者、政治家と接する多くの機会を館長に与えた」と指摘する（Donald R. McCoy, "The Beginning of the Franklin D. Roosevelt Library," *Prologue* 7, no. 3, Fall 1975, 150. ［］内は高橋）。ローズヴェルトの真意はともかく、彼の構想は「子ども」の成長を助けたと言えそうである。
46　Cappon, "Why Presidential Libraries?" 17-18.

部下に委ねることができない性格で、すべて自分で取り仕切ることを望んだ。議会図書館が小さな組織であったならばそれも可能だっただろう。だが、まさにパットナムの館長時代（1899–1939年）に議会図書館は巨大な組織となっていた。同図書館の部門数は1901年に16（その1つが大統領文書の収集・管理に当たった文書課）だったのが、1939年には35となっていたのである。たしかに、議会図書館がこれほど拡大した背景には、パットナムの優れた行政手腕があった。だが、さすがのパットナムも30を超える部門を一手に統括することはできなかった。次第に議会図書館は組織として機能不全を来すようになり、30年代後半には多くの議会図書館のスタッフがパットナムの辞任を期待するようになっていたと言われる[47]。こうした議会図書館内部の問題を踏まえれば、ローズヴェルトの文書を預かることでかかる大きな負担にうまく対処できるのは国立公文書館の方だと彼が判断した可能性も考えられる。加えて、後述するように、ローズヴェルトが大統領文書の公開の是非を公文書の公開方法に倣って決めようとしていたこともその判断に影響を与えたかもしれない。

　国立公文書館を文書の保管機関として指定した理由はともかく、その設立に関わったことが、大統領退任後の文書の問題にローズヴェルトが関心をもつ重要なきっかけになった[48]。国立公文書館法成立の翌年（1935年）8月、早くもローズヴェルトはコナー館長に対して、文書を国立公文書館に預ける意向を示した。1937年には、側近のサミュエル・ローゼンマン（Samuel Rosenman）に自身の演説や記者会見の記録を集めた資料集の公刊をさせることで、文書保管用の建物を建設するための資金集めを開始している。同年4月にローズヴェルトが描いたスケッチによると、その建物は彼の墓とともにハイドパークのローズヴェルト家の敷地内に作られることになっていた[49]。遅くとも1937年

47　"Herbert Putnam（1861–1955）: 8th Librarian of Congress 1899–1939," Library of Congress, https://www.loc.gov/item/n85185518/herbert-putnam-1861-1955/.

48　Bob Clark, "FDR, Archivist: The Shaping of the National Archives," *Prologue* 38, no. 4 (Winter 2006): 56–57.

49　McCoy, "The Beginning of the Franklin D. Roosevelt Library," 137; Richard J. Cox, "America's Pyramids: Presidents and Their Libraries," *Government Information Quarterly* 19 (2002): 49.

には、大統領図書館の建設へとつながる具体的な構想がローズヴェルトの脳裏にあったことをそのスケッチは示している。

　その後、モリソンやコナーと意見を交わし、同意を得たことで、先述の1938年12月10日の記者会見における構想の発表となったのだった。そのころ巷では、中間選挙も終わり、1940年の大統領選に世論の関心が向く中、ローズヴェルトは高い支持率を背景に3期目を狙うのではないかという話が飛び交うようになっていた。実際のところ、ローズヴェルトが3選について明確な決断を下したのは1940年7月に開催された民主党大会の直前のことだったようである[50]。38年12月の記者会見の時点で3選に対する野心を持っていたかどうかははっきりしない。だがいずれにせよ、2期8年までというワシントン以来の伝統を重視する世論は強く[51]、3選に関する話はローズヴェルトにとって厄介なものだったはずである。38年12月の記者会見にそれを打ち消すという政治的狙いが含まれていた可能性は十分あろう。

　ローズヴェルトは記者会見の後、構想の実現を図るため、歴史家や法律家など7人からなる実行委員会を組織した。その第1回会合が記者会見から1週間後の12月17日に開かれる。議論となったのは文書保管に当たる機関の名称だった。第1回会合が開かれるまで、「図書館（library）」という用語は使われず、「保管庫（repository）」や「施設（institution）」という用語が使われていた。しかし、「保管庫」ではあまりに魅力がなく、「施設」という用語は「研究所から少年院に至るどんなもの」にでも使われる用語であるため不適切とされた。他に、archiveやarchives、もしくはmanuscriptsなど「文書資料館」という意味合いをもつ用語も検討されたものの、ローズヴェルトが映像資料や音声資料もコレクションに含める意向だったためにやはり不適切とされた。その点、「図書館」は——フーバー戦争図書館がまさにそうだっ

50　この点については、Richard Moe, *Roosevelt's Second Act: The Election of 1940 and the Politics of War* (NY: Oxford University Press, 2013) を参照。
51　アメリカ世論協会（ギャラップ社の前身）が1938年8月に行った世論調査では、ローズヴェルトの3選に反対するという回答が69パーセントにのぼった（"American Institute of Public Opinion – Surveys, 1938–1939," *The Public Opinion Quarterly* 3, no. 4, October 1939: 584）。

たのだが——本以外のものも所蔵する施設を指す用語としてアメリカで広く使われていたために適当と考えられたのだった[52]。

　第1回会合のすぐ後、同日にホワイトハウスで開かれた会議で、「フランクリン・D・ローズヴェルト図書館（The Franklin D. Roosevelt Library）」という名称が実行委員会からローズヴェルトに対して提案された。ローズヴェルトは「図書館」という用語には賛成だった。だが、その前に自分の名前を入れることには否定的だった。というのも、ローズヴェルトに図書館を純粋な個人の記念館にする意図はなかったからである[53]。先述のように、ローズヴェルトは政権の他のメンバーの文書も受け入れるべきと考えていた。その背景には、図書館をより魅力あるものにしたいという考えがあったであろう。加えて、図書館建設に対する世論の支持を得る上で、個人の記念館という性格を強く打ち出すのは得策ではないという政治家としての判断もあったかもしれない。

　図書館の名称に関するローズヴェルトの提案は、「ハイドパーク図書館（Hyde Park Library）」というものだった。しかし、ハイドパークという地名は当時アメリカに7つもあり、図書館を建設しようとしていたニューヨーク州のハイドパークにはローズヴェルトの提案とまったく同じ名称の公立図書館が存在した。また、「ハイドパーク図書館」では魅力に乏しく、図書館の性格がはっきりしない。結局、実行委員会の説得により、ローズヴェルトは委員会提案の名称を受け入れた[54]。5日後の12月22日には、早速その名称を使った資金集めのための法人組織、「フランクリン・D・ローズヴェルト図書館社（Franklin D. Roosevelt Library, Inc.）」が発足している。

　12月17日のローズヴェルトと実行委員会の会議では、図書館の中にミュージアムを設けることについても議論された。実行委員会の委

52　McCoy, "The Beginning of the Franklin D. Roosevelt Library," 142.
53　R. D. W. Connor, "The Franklin D. Roosevelt Library," *The American Archivist* 3, no. 2（April 1940）: 86; Leland, "The Creation of the Franklin D. Roosevelt Library," 16.
54　Connor, "The Franklin D. Roosevelt Library," 87. 設立当初の正式名称は、実行委員会の提案どおり、「フランクリン・D・ローズヴェルト図書館（Franklin D. Roosevelt Library）」だった。いつから「フランクリン・D・ローズヴェルト大統領図書館（Franklin D. Roosevelt Presidential Library）」となったのかは不明である。

員長を務めた歴史家ウォルド・ルランド（Waldo Leland）の回想によれば、ローズヴェルトはミュージアムの問題に特に強い関心をもっており、相当のスペースを船の模型など個人のコレクションや写真、贈答品の展示に当てる考えだった。だが、ルランドは歴史家として文書保管の方に関心があった。その関心から、後日ミュージアムスペースが広すぎるのではないかという懸念を伝えたが、ローズヴェルトに取り合ってもらえなかったという[55]。

国立公文書館がローズヴェルトから所蔵品や土地、建物の寄贈を受け、それらの管理を行うには新たな法律の制定が必要だった。そこで法案がコナーを中心に起草され、1939年4月19日に上下両院に対して提出された。翌日、上院はそれを反対なしに可決する[56]。

他方、下院では審議が難航した[57]。共和党議員が少数派ながら強く反対したためである。彼らが言うには、ローズヴェルト大統領図書館は結局は個人の「記念館（memorial）」という性格をもつことになる。しかし、アメリカでは「郵便切手のデザインに生存中の人間の顔を使うということすらしない。」それがアメリカの「慣習であり、伝統であり、先例」である。ローズヴェルト大統領図書館に関する提案はそのすべてに反する「異例で、異常な」提案となっている。人間というものは長い時間が経ち、比較の視点を獲得するまで物事を正しく評価することはできない。そのため、「昔から賢明な人物は生存中に自身を記念するものを作るという今回のような行動を控えてきた」のである。その点、ローズヴェルトと彼の友人は「歴史の審判」を受けることに対する「不安」があるのであろう。その不安から、彼らは大統領生存中に記念館を作ろうと考えたにちがいない。

共和党議員にとっては、「記念館」を運営するに当たって、国庫に対する負担が生じることになることも問題だった。その点、法案にはミュージアムの入場者から25セントを超えない範囲で入場料をとるこ

55　Leland, "The Creation of the Franklin D. Roosevelt Library," 21.
56　*Cong. Rec.* 76th Cong., 1st sess., 1939, vol. 84, pt. 4: 4543–4544.
57　下院審議については、*Cong. Rec.* 76th Cong., 1st sess., 1939, vol. 84, pt. 6: 6622–6629; ibid., vol. 84, pt. 8: 9037–9066.

とができるとあり、法案の提出者であるケント・ケラー（Kent Keller）下院議員の説明ではその入場料で運営費を賄えることになっていた。だが、法案には図書館の運営に必要な資金を国が提供するという規定もあり、共和党議員はケラーの説明を信用しようとはしなかった。また、連邦政府の所有物、すなわち国民の所有物を見るのに国民から金銭を徴収することには問題があるとして、入場料に関する規定そのものを批判した。

　言うまでもなく、下院の共和党議員もローズヴェルトの文書の価値を認めていなかったわけではない。彼らの主張は、過去の多くの大統領文書と同じように、ローズヴェルトの文書も議会図書館に納められるべきというものだった。議会図書館には経験を積んだスタッフがいる。立地条件も良い。ホテルもレストランも十分になく、「何年か経てばほとんど忘れ去られてしまうであろう」僻地のハイドパークと比べ、はるかに便利でアクセスしやすいワシントンDCに議会図書館はあるからである。もしローズヴェルト大統領図書館の建設を許せば、それは将来の大統領にとっての重要な先例となろう。それにより大統領文書は分散することになり、将来の歴史家は国中を回ることを余儀なくされることになる。

　こうした共和党議員の批判に対して、法案の支持者であった民主党議員は今回のローズヴェルトの試みが先例となることで、これまで繰り返されてきた大統領文書の散逸を防ぐことができると反論した。記念館だという共和党の指摘については、あくまでも資料を保管する図書館だというのが民主党側の主張だった。

　こうした民主党の主張には世論の後押しもあったようである。ある民主党議員によれば、共和党系の新聞でさえ、その90パーセントがローズヴェルト大統領図書館の建設を支持していた。

　こうした世論の追い風もあり、法案は提出から3カ月後の1939年7月13日に下院を通過する。それが「ローズヴェルト図書館法（Franklin D. Roosevelt Library Act）」として、ローズヴェルトの署名を得て成立したのは7月19日のことだった。

その後、図書館が建設され、1940年7月に国立公文書館の管理下に置かれた。翌年6月にはミュージアムが一般に公開される。続いて、1946年5月に資料閲覧室が利用可能となった。

　だが、その時点で閲覧できる資料が多くあったわけではない。ローズヴェルトが大統領在任中に急死したため、図書館に移管されずホワイトハウスに残った文書が多くあり、その法的な帰属先が不明だったことがその1つの理由である。この問題は、ローズヴェルト大統領図書館のあるニューヨーク州ダッチェス郡の検認裁判所（Surrogate Court）が1947年7月に、生前ローズヴェルトはすべての文書を連邦政府に対して有効に寄付したという判断を下したことによって解決した[58]。

　もう1つの理由は、図書館でローズヴェルト文書の整理が続いており、公開するものと非公開とするものの選り分けが十分になされていなかったからだった。リンカーンの文書コレクションが1947年まで、アダムズ家のそれが1956年まで非公開とされたように、公開すべきでない文書がある場合、コレクション全体を非公開とするのが当時一般的な個人文書に対する扱いだった。だが、ローズヴェルトの文書の場合は公文書と同様、1枚1枚内容についてのチェックがなされ、公開の是非が決められることになっていたのである[59]。

　この方針がローズヴェルト本人の意向を受けたものであったことは明らかである。というのも、ローズヴェルトは1943年7月にローズヴェルト大統領図書館の初代館長フレッド・シップマン（Fred Shipman）に覚書を送り、文書を「決して公開されるべきではない文書」と「公開前の所定の期間、機密扱いにされるべき文書」、そして即座に公開すべき文書に分類する考えを伝えていたからである。また同じ覚書で、死亡や病気によって自身が分類作業に携わることができなくなったときのために、信頼できる3人の部下、ローゼンマンとハリー・ホプキンス（Harry Hopkins）、グレイス・タリー（Grace Tully）によって構成される

58　*Matter of Roosevelt*, 190 Misc. 341, 73 N.Y.S.2d 821 (N.Y. Surr. Ct. 1947).
59　この点は、Geselbracht, "The Origins of Restrictions on Access to Personal Papers at the Library of Congress and the National Archives"を参照。

「三人委員会」を組織する考えも示した[60]。

　この覚書から2年後（1945年4月）、ローズヴェルトは彼の言っていた「最高の日」を迎えることなく、この世を去った。それにより、ローズヴェルトが引退後に予定していた文書の分類作業は三人委員会に委ねられることになる。だが、シップマン宛の覚書でローズヴェルトが示していた分類の基準はあいまいで、実際に使えるようなものではなかった。それを使えるものにするには文書整理に関する相当の専門的知識が必要だったが、三人委員会のメンバーにそのような知識はなかった。しかも、1946年1月にはメンバーの1人、ホプキンスが死亡してしまう。結局、1949年11月、ローゼンマンとタリー、国立公文書館長との間で、国立公文書館が文書の詳細なカテゴリーを作り、文書のチェックも国立公文書館のスタッフが行うという合意が成立する[61]。この合意によって文書の選別は一気に進み、1950年3月にはローズヴェルト文書のおよそ85パーセントが閲覧可能となった。文書の所有権の問題と分類作業の問題という、予想外のローズヴェルトの死亡によって生じた2つの問題でやや手間取りはしたものの、ある歴史家の1958年出版の書籍によれば、ローズヴェルト大統領図書館が成し遂げた文書の公開はそのスピードと規模において、アメリカでは「前例のない」ものだった[62]。

　なお、ローズヴェルト図書館法には、政権の他のメンバーの文書も受け入れるべきというローズヴェルトの考えを反映して、ローズヴェルトに関係する文書であればその提供を受ける国立公文書館長の権限が規定された。その規定のもと、多くの個人や団体から文書がローズヴェルト大統領図書館に寄贈されていく。その中で最大のものは、ローズヴェルトの妻で、人権擁護の活動を生涯続けたエレノア（Eleanor Roosevelt）の文書となっている。

60　Ibid., 155.

61　Ibid., 158.

62　Thomas H. Greer, *What Roosevelt Thought: The Social and Political Ideas of Franklin D. Roosevelt* (Michigan: Michigan State University Press, 1958), 229. 同様の指摘をするものとして、Lloyd, "The Harry S. Truman Library," 107.

また、1937年4月のスケッチにあったとおり、ローズヴェルトの遺体はハイドパークの敷地内に埋葬された。1962年に死んだエレノアの遺体もローズヴェルトと同じ墓に納められる。現在、それはローズヴェルトがかつて住んだ邸宅とともに国立公園局が管理するところとなっている。

第 3 節

大統領図書館法の成立

1945年4月のローズヴェルトの急死を受け、大統領となったトルーマンは早い段階から自身の大統領図書館の建設へとつながる考えをもっていたようである。1946年初頭に地元のミズーリ州インディペンデンスの市長に対して書簡を送り、「歴史的価値があると思われるものがたくさん積み上がっている」、もしそれを望むならインディペンデンスを預け先として最優先に考えたいという意向を示している[63]。

だが、同時にトルーマンには偉大な大統領ローズヴェルトと同じように図書館を作ることに対するためらいもあった。1948年の大統領選挙で当選を果たし、2期目を開始させてしばらく経ったころ、トルーマンは側近に対して、図書館の建設を目指すことは「国立の聖堂（National Shrine）を自分自身に捧げたフランクリン・D・ローズヴェルトと同じ階級」を目指すことを意味すると述べている[64]。

こうした逡巡の気持ちからトルーマンが自身の大統領図書館を作らなかったならば、大統領図書館はローズヴェルト大統領図書館1館にとどまっていたかもしれない。この点、ゲーゼルブラハトも次のように述べている。ローズヴェルト大統領図書館は、同図書館に対してのみ

63　Raymond H. Geselbracht, "Creating the Harry S. Truman Library: The First Fifty Years," *The Public Historian* 28, no. 3 (Summer 2006): 38.
64　Ibid.

適用される法律で設立されており、「ユニークな唯一の機関となっていた可能性があった。だが、トルーマン大統領図書館が作られたことで、すべての大統領が図書館をもつという前提が形成された[65]。」

　1950年、トルーマンは自身の図書館建設に向け、本格的に動き出す。まず、図書館建設のための資金集めを目的とする法人組織、「ハリー・S・トルーマン図書館社（Harry S. Truman Library, Inc.）」を友人らが立ち上げることに対して許可を与えた。また側近の1人で、歴史学の博士号をもち、ローズヴェルト大統領図書館のプロジェクトにも関わった経験をもつジョージ・M・エルシー（George M. Elsey）を自身の図書館プロジェクトのリーダーに指名した[66]。加えて、議会から送られてきた「連邦記録法（Federal Records Act）」に署名をし、国立公文書館が「現在の大統領やその後継者、行政組織の長官、そして大統領が指名するその他政府職員の私文書」を歴史文書として受け入れることを可能にした。

　なお、このとき国立公文書館は行政改革の一環として前年6月に成立した「連邦財産および行政サービス法（Federal Property and Administrative Services Act）」によって大統領直属の独立機関としての地位を失い、新設の共通役務庁（General Services Administration）の傘下に置かれていた。そのため、「現在の大統領やその後継者」の文書を受けとる権限を連邦記録法によって与えられたのは、国立公文書館長の上司に当たる共通役務庁長官というのが正確となる。

　しかも、国立公文書館は共通役務庁長官の命により、その名称も変え、国立公文書・記録サービス局（National Archives and Records Services）となっていた。名称に「記録サービス」という文言が入れられたのは、国立公文書館が文書管理を支援するサービスを他の行政機関に対して提供するようになっていたからである。そのようなサービスの提供がもともと予定されていたわけではない。だが、各行政機関では文書の作成や破棄、ファイリングのルールが定まっておらず、そ

65　Ibid., 73.
66　Ibid., 39-40.

のことが歴史的価値のある文書とそうでない文書を選り分ける国立公文書館の本来の作業に大きな支障をもたらしていた。そうした事情から開始された文書管理の支援サービスを連邦財産および行政サービス法は追認し、行政機関における文書管理の促進を共通役務庁長官の役割と規定した[67]。

とはいえ、共通役務庁長官の権限が詳細に定められたわけではなく、審議に当たった上院の委員会レポートには、「文書管理の効果的なシステムを構築するには追加の立法が必要」と記された[68]。1950年9月にトルーマンの署名を得て成立した連邦記録法はそうした認識を1つの背景に制定されたものだった。同法は、文書管理のための基準や手続き、手段を定めるとともに、それらの適用を図るため行政諸機関を援助する共通役務庁長官の権限を規定した。また、行政諸機関における文書の管理状況を調査する権限を共通役務庁長官に与え、文書の不法な破棄、改竄が判明した場合、該当の政府機関の長に通知を行い、かつ文書の復元を助けると定めた。法律制定後、共通役務庁長官はこれら権限を、大統領などの文書を受け入れる権限とともに国立公文書・記録サービス局へと委任した[69]（以下、国立公文書・記録サービス局も国立公文書館と記す）。

連邦記録法によって、行政機関の文書管理に対する国立公文書館の役割は法的に確かなものになったと言える。しかも、ローズヴェルト以外の大統領の文書の受け入れも可能になったことから、大統領文書の保管という点で国立公文書館の役割は格段に広がることが想定された。

だが、後者の点で連邦記録法には問題があることがすぐに判明する。先述したように、その法律には「現在の大統領やその後継者」の「私文書」を受け入れる共通役務庁長官の権限が規定されていた。問題

67　国立公文書館による文書管理支援サービスが開始された経緯について、Oliver W. Holmes, "The National Archives at a Turn in the Road," *Society of American Archivists* 12, no. 4 (October 1949) を参照。

68　Ibid., 354.

69　Herbert E. Angel, "Federal Records Management since the Hoover Commission Report," *The American Archivist* 16, no. 1 (January 1953): 14–15.

は、「私文書（personal papers）」という用語にあった。それは、大統領
文書に公文書としてみなされるべき文書があることを認めた規定と読
めなくもない。そうした解釈のもと、後継の大統領が公的性格の強い
文書を公文書とみなし、文書に対する使用制限を解いてしまう恐れが
あった。というのも、公文書の場合、誰であれ、それを預けた機関
の長としての立場にある者が使用制限について判断できるようになっ
ていたからである。それに対して、私文書の場合は、文書を預けた本
人が課した使用制限を他者が変更することはできず、本人、もしくは
その法定相続人が変更を望まない限り、本人が生存している間、もし
くは25年のどちらか長い期間、使用制限が有効であり続けるという
定めになっていた[70]。

　言うまでもなく、文書の使用制限が解かれれば、それは容易に議
会によって利用されることにもなる。こうした文書の使用制限に関する
問題に加え、連邦記録法にはトルーマンが建設を考えていた図書館
やその土地の寄贈を受ける連邦政府の権限が規定されていないとい
う問題もあった。

　これらの欠陥を解消すべく、政権内では大統領補佐官のデイヴィッ
ド・ロイド（David Lloyd）と国立公文書館長のウェイン・グローバー
（Wayne Grover）を中心に新たな法案の起草が行われた。その作業は
1952年前半には完了する[71]。

　このとき作られた新たな法案は、ローズヴェルト図書館法と同じく、
トルーマン大統領図書館のみを対象とするものになっていた。当時、
民主党が上下両院で多数派であったことから、その法案の成立は固
かったはずである。だが、「ハリー・S・トルーマン図書館社」の一員
として図書館建設のための資金集めに関わっていたクリントン・アン
ダーソン（Clinton Anderson）上院議員は、世論の中で好感情が支配

70　From Ellis Lyons to Elsey, April 6, 1951, Folder: Truman, Harry S.–Library, Box: 90, George M. Elsey Papers, Harry S. Truman Presidential Library, Independence, MO; From the Attorney General to the President, September 6, 1974, Box: 2, White House Press Releases, 1974–77, Gerald R. Ford Presidential Library, Ann Arbor, MI; Geselbracht, "Creating the Harry S. Truman Library," 41.

71　Ibid., 44.

的となる退任直前の時期、すなわち1953年1月まで法案の議会送付を待つべきと主張した。アンダーソンが言うには、共和党が図書館建設について良からぬ噂を流していた。トルーマンは図書館近くの自分の農場にキャンプ場かモーテルを作り、資料調査に訪れる学生や研究者から金儲けをしようと企んでいるというのである。アンダーソンと同様、大統領特別顧問のチャールズ・マーフィー（Charles Murphy）も、1952年11月の選挙が終了し、政治が落ち着きを取り戻すまで法案の議会送付を行うべきではないという見解だった[72]。

1952年11月の選挙は共和党の大勝利に終わった。共和党候補のアイゼンハワーが大統領選挙を制するとともに、上下両院で共和党が多数派となったのである。この結果を受け、トルーマンは在任中に法案を議会に送付すること自体を取りやめた。在任中に法案を通したところで、新大統領と新議会によって覆されるなど、その実施が妨げられる可能性があったからだろう。

だが、トルーマンが図書館建設プロジェクトそのものを断念することはなかった。文書をミズーリ州ジャクソン郡の郡庁舎などに仮置きしてもらいつつ、図書館の建設場所の検討に当たったのである。その検討の結果、トルーマンが選んだのがやはりインディペンデンスだった。インディペンデンスはトルーマン夫妻が育った場所であり、1919年に結婚して以来、自宅を構えていたところだった。

当初トルーマンには、インディペンデンスから車で約30分のところにあるミズーリ州グランドビューの自身の農場に図書館を建てる考えもあった。だが、それは農場としての価値を高く見ていた家族の反対にあう。また、アンダーソンから聞いた噂もあってか、トルーマンはグランドビューをあきらめ、自宅があり、通うのに便利なインディペンデンスに図書館を建てることにしたのである。その決断の背景には図書館建設に対するインディペンデンス市長の強い支持もあった。市長はトルーマンに図書館建設のための土地の提供まで申し出ていた[73]。

---

72 Ibid., 42, 44.
73 Ibid., 39, 42, 47.

　1955年5月、インディペンデンスにおいてトルーマン大統領図書館
の建設が始まる。トルーマン大統領図書館はローズヴェルト大統領図
書館と同じく、ミュージアムをもつことになっていた。また、200人を
収容することのできる講堂を備えることにもなっていた。当時、ロー
ズヴェルト大統領図書館に講堂はなく、トルーマン大統領図書館は講
堂をもつ大統領図書館としては第1号となる。図書館に自分のオフィ
スを構え、毎日のように通っていた退任後のトルーマンはその講堂で、
ミュージアムを訪れた子どもたちに自分の経験や歴史を学ぶことの大
切さを語り伝えたという[74]。

　トルーマン大統領図書館建設の際に講堂についてのアイデアを出し
たのは、図書館プロジェクトを率いていたエルシーだった。エルシー
はミュージアムの展示にも力を入れ、「大統領職が醸し出す雰囲気」を
入館者が感じることができるよう、トルーマンの執務室を原寸大で再
現するよう求めた[75]。このアイデアは、講堂に関するそれと同じく、ト
ルーマンミュージアムで採用されて以降、他の大統領のミュージアム
でも広く取り入れられることになる。

　トルーマン大統領図書館の創設に力を入れたエルシーだが、大統領
文書の多くはミズーリではなく、ワシントンDCにあるべきと考えていた。
具体的には、トルーマンの私設秘書が管理していた文書（President's
Secretary's File）のみをトルーマン大統領図書館に移し、その他の公
的文書はワシントンにある国立公文書館に納めるべきというのがエル
シーの主張だった。トルーマンの私設秘書が管理していた文書は重要
文書を多く含んでいたとはいえ、トルーマンの大統領文書の20パー
セントを占めるに過ぎなかった。残りの80パーセントの文書をワシン
トンの国立公文書館に委ねるべきとエルシーが訴えた背景には、行
政諸機関の公文書と同じ場所にある方が研究者にとって良いという考
えがあった。エルシーは歴史学の博士号をもち、歴史家としての顔を

74　Raymond H. Geselbracht, "Harry S. Truman and His Library: Past Accomplishment and Plans for the Future," *Government Information Quarterly* 12, no. 1 (1995): 98.
75　Elsey, *An Unplanned Life*, 123, 183; Geselbracht, "Creating the Harry S. Truman Library," 42–43.

もっていたからか、研究者の便宜を重視する立場を取ったのである[76]。

　当初、トルーマンはこのエルシーの主張を受け入れる意向だった。だが、1951年末にホワイトハウスを異動で去ったエルシーに代わり、図書館プロジェクトのリーダーとなったロイドの説得によって考えを改める。かねてよりトルーマンは、図書館をアメリカ中西部の調査研究の一大センターにしたいという思いを語っていた。しかし、ロイドによれば、エルシーの主張はそうしたトルーマンの思いに反し、「図書館の将来の成長と有用性」を強く制限するものだった。そのような主張を受け入れてはならず、「大統領任期中にたまったホワイトハウスのファイルのすべて」を図書館に移さなければならない。たしかに、ミズーリを遠隔の地と感じるものはいるだろう。しかし、「アメリカ人の大半にとってワシントンも遠隔の地である[77]」。こうしたロイドの訴えが受け入れられた結果、ローズヴェルト大統領図書館がローズヴェルトの大統領文書を一括して管理しているのと同じく、トルーマン大統領図書館もトルーマンの文書をまとめて管理することになった。

　トルーマン大統領図書館の建設が始まった翌月の1955年6月、連邦記録法の不備を補うための法案が議会に提出された。この法案こそ、成立後、大統領図書館法と通称されることになる法案である。内容は大統領図書館の設立や運営に関わる一般的なルールを規定し、その制度化を図るものとなっていた。

　先述したように、ロイドとグローバーが3年前に起草した法案は、ローズヴェルト図書館法と同じく、トルーマン大統領図書館のみを対象とする内容になっていた。だが、1954年にはアイゼンハワー財団（Eisenhower Foundation）がアイゼンハワー大統領の地元であるカンザス州アビリーンに独自のミュージアムを開館させ、図書館の建設も考えるようになっていた。そのため、ロイドとグローバーはアイゼンハ

76　George M. Elsey, Memorandum, August 2, 1950, Folder: Truman Library, Box: 90, Elsey Papers, Truman Library; Elsey, "President Truman's Papers, Books, and Collection of Museum Objects," September 1, 1951, ibid; Geselbracht, "Creating the Harry S. Truman Library," 40.

77　Ibid., 43.

ワー財団と協議を行い、法案の内容を大きく改めたのである[78]。

　それにより55年の法案は、かつてローズヴェルト大統領図書館の建設に強く反対した共和党も賛成しやすいものになったと言える。実際、法案は共和党、民主党双方の議員から広い支持を得た。支持者の中にはかつてローズヴェルト図書館法に対して先頭に立って反対した共和党議員もいた。その内の1人、エドワード・リース（Edward Rees）下院議員は、アイゼンハワーの地元カンザス州選出ということもあってか、法案の提出者に名前を連ねていたほどである。

　法案は、超党派の支持のもと8月2日に議会を通過し、その10日後に大統領の署名を得て成立した。当然ながら、大統領図書館法では連邦記録法にあった「私文書」という表現は使われず、大統領の「文書（papers）」を受け入れる共通役務庁長官の権限が定められた。また、図書館とその土地の寄贈を受ける共通役務庁長官の権限も認められた[79]。

　超党派の支持があったとはいえ、議会審議において大統領図書館を制度化することに対して、否定的な意見がまったく表明されなかったわけではもちろんない。図書館を自分の地元に作るというローズヴェルトの立地の選択がトルーマンによっても、またアイゼンハワーによっても繰り返されようとしていたために、大統領図書館システムのもと資料がアメリカの至る所に分散することになるのは目に見えていた。そのことに対して、研究者の便宜を考えれば資料はやはりワシントンDCにあるべきであろうし、DCの議会図書館や国立公文書館で文書を保管することにすればコストを格段に抑えることができるという意見が表明された。

78　Ibid., 47–48. アイゼンハワー財団は、第二次世界大戦の英雄アイゼンハワーの記念館を作るため1945年に結成された。1947年には、アイゼンハワーが少年時代を過ごした家を譲り受け、一般に公開している（*New York Times,* June 23, 1947 and October 27, 1947; "About the Foundation," Eisenhower Foundation, https://www.eisenhowerfoundation.net/learn/about-the-foundation）。

79　大統領図書館法に関する議会審議については、*Hearings before a Special Subcommittee of the Committee on Government Operations,* H. J. Res. 330, H. J. Res. 331, and H. J. Res. 332, Bills to Provide for the Acceptance and Maintenance of Presidential Libraries, and for other Purposes, 84th Cong., 1st sess., June 13, 1955; *Cong. Rec.,* 84th Cong., 1st sess., 1955, vol. 101, pt. 8: 9934–9938. 大統領図書館法は1958年3月15日に一部改正され、ローズヴェルト大統領図書館にも適用されることになった。

このコストの問題について、ローズヴェルト大統領図書館の経験からミュージアム収入だけで大統領図書館を運営するのは難しく、連邦政府の財政的支援が必要であることが明らかとなっていた。法案の審議に当たった下院政府活動委員会の公聴会に出席したグローバーは、運営費のうち3分の1はミュージアムの入館料で賄うという前提に基づき、大統領図書館1館につき毎年10万ドルの財政負担が連邦政府に生じると証言している[80]。なお、入館料について、大統領図書館法には、25セントといったローズヴェルト図書館法にあった具体的な数字は記されず、入館者から「合理的な料金」を徴収するとだけ規定された。

　大統領図書館システムのもと文書が分散することについて、グローバーはむしろそれを肯定的にとらえる意見を公聴会で開陳した。研究者は図書館がどこにあろうと行くことができる。だが、子どもはそうはいかない。そのため文書が分散している方がよいというわけである[81]。加えて、下院政府活動委員会のレポートでは、文書の分散化は「いつの時代にあってもきわめて望ましい目標であるが、この原子力時代においては特にそうである」として、核兵器で都市が壊滅する可能性を考えればワシントンDCですべての文書を保管することには危険があるという認識が示された[82]。資料の分散化にはこうした重要な利点があるために、それに伴う多少のコストは致し方ないというのが大統領図書館法案の推進者側にあった大方の意見だった。

　議会審議では、文書の所有権の問題も取り上げられた。1950年の連邦記録法には、「預けられた文書に対する所有権はアメリカ合衆国に移され、帰属する」という規定があった。だが、大統領図書館法案には所有権に関する規定そのものが存在しなかった。それにより、大統領図書館に預けられた文書の返却が求められることになりはしないかという懸念が議会審議の中で示されたのである。この懸念を受け、

80　H. J. Res. 330, H. J. Res. 331, and H. J. Res. 332, *Hearing,* 16.
81　Ibid., 19-20.
82　ウェンディ・R・ギンズバーグ、エリカ・K・ランダー（米国大使館レファレンス資料室）「大統領図書館法と大統領図書館の設立」December 1, 2010, CRS Report for Congress, R41513, 9頁。

大統領図書館法には、「共通役務庁長官は、大統領歴史資料の寄託
のための交渉において、可能な限り、合衆国政府が当該資料に対す
る継続的、永続的な占有の権利を確保するための措置を講じる」と定
められた。

　だが、この規定も連邦記録法の規定と比べれば弱い。そのような
規定となったのは、あまりに厳格な規定にすると文書の提供を受ける
のが難しくなると懸念されたからだった。ただし、公聴会におけるグ
ローバーの証言によれば、トルーマンは図書館が完成次第、文書の
所有権を連邦政府に対して直ちに放棄する意向だった[83]。

　トルーマン大統領図書館は1957年9月に完成した。それを受け、ト
ルーマンは文書の大半を合衆国に寄贈した。しかも、1959年にはそ
のおよそ8割が、ローズヴェルトの文書と同様のチェックを経たのち、
利用可能になった。

　だが、トルーマンは2つのファイル、すなわち大統領秘書ファイル
と秘密ファイル（Confidential File）（ホワイトハウスが組織的に管理していた
ホワイトハウス・セントラルファイルの中で、特に重要な文書を集めたファイ
ル）を寄贈リストの中に含めず、図書館の自分のオフィスに置き続け
た。その閲覧を図書館スタッフに対しても許そうとしなかったと言われ
る[84]。これらの点を踏まえると、トルーマンは2つのファイルについては
寄贈はもちろん寄託の手続きすら取らなかったと思われる。

　だが、2つのファイルの内、大統領秘書ファイルは、エルシーの助
言に基づき、当初トルーマンが図書館に移そうとしていたものだった。
しかも、55年成立の大統領図書館法では共通役務庁長官の合意さえ
得られれば、文書の寄贈者、もしくは寄託者が有効期間を含め文書
に対する制限を自由に設定することができるようになっていた。この
規定のもと、トルーマンは図書館スタッフのアクセス権はともかく、一
般のそれを厳しく制限することができたはずである。

83　H. J. Res. 330, H. J. Res. 331, and H. J. Res. 332, *Hearing,* 21.
84　Robert H. Ferrell, ed., *Off the Record: The Private Papers of Harry S. Truman* (NY: Penguin, 1980), 6-7; Geselbracht, "Harry S. Truman and His Library," 98-99; Geselbracht, "Creating the Harry S. Truman Library," 48-49, 57-59.

こうした仕組みをトルーマンが知らなかったとは考えにくい。だが、結局トルーマンは2つのファイルを死ぬまで自分のオフィスに置き続けた。そして遺言により、死後に合衆国へと寄贈されるよう取り計らったのである。

　ちなみに、大統領図書館法には、ローズヴェルト図書館法と同様、大統領以外の文書を受け入れる共通役務庁長官の権限が規定された。この規定のもと、トルーマン大統領図書館2代目館長ベネディクト・ゾブリスト（Benedict Zobrist）は歴代館長の中でも特に個人文書の収集に力を入れた。トルーマン大統領図書館がもつ個人文書コレクションの数は、初代館長フィリップ・ブルックス（Philip Brooks）の時代（1957-1971）には100だったのが、ゾブリストの館長時代（1971-1994）には400に及んだ[85]。

　だが、いくら文書を集めても歴史的にわからないことはあるものである。そうした文書資料で欠落した部分を補うために、トルーマン大統領図書館が始めた画期的なプログラムがオーラルヒストリー・プログラムだった。初代館長ブルックスのリーダーシップのもと、1960年代初頭に始められたそのプログラムは、聞き取りの対象をアメリカ国内だけに限らず、海外にも広げた。その数はこれまでに約500に及ぶとトルーマン大統領図書館のウェブサイトにはある[86]。

　トルーマン大統領図書館は、「すべての大統領が図書館をもつという前提」を形成するとともに、大統領図書館の設立のパターンを確立した。すなわち、私的な資金で大統領の地元に図書館を建設し、それを合衆国に寄付する、ミュージアムを併置する、大統領文書を一括して管理するといったパターンである。まさにこのパターンに従い、大統領図書館法のもと、1962年5月にアイゼンハワー大統領図書館が開館する。

85　Ibid., 62-63.
86　"Oral History Interviews," Harry S. Truman Library and Museum, https://www.trumanlibrary.gov/library/oral-histories/oralhis. トルーマン大統領図書館のオーラルヒストリー・プログラムについては、Geselbracht, "Creating the Harry S. Truman Library," 56 と Philip C. Brooks, "The Harry S. Truman Library: Plans and Reality," *The American Archivist* 25, no. 1 (January 1962): 35-36 も参照。

　同年8月には、フーバー大統領図書館も開館した。1955年に大統領図書館法が成立したとき、フーバーはトルーマンと現職のアイゼンハワーを除き、生存していた唯一の大統領経験者だった。そのフーバーが大統領図書館法を利用して図書館を建設したことで、大統領図書館の中で一番古いのはローズヴェルト大統領図書館であるが、大統領の就任時期の順番ではフーバー大統領図書館が一番はじめにくるという、2つの異なる並びが生じることになった。

　初代大統領ワシントンが退任後、文書を自邸に移して以来、アメリカでは大統領文書を私文書として扱う伝統が形成されていった。その伝統のもと、文書の私的管理が行われる中、失われてしまった文書は多い。

　それにもかかわらず、私文書という位置づけが長く維持されたのは、大統領個人にとって、文書に対する管理権が自身にあった方が、後任の大統領や敵対的な議会によって文書が政治的に利用されることを防ぐうえで都合がよかったためである。また、権力分立制を守るためでもあった。在任中であろうと退任後であろうと、大統領本人の意向に関係なく、文書が議会によって利用されるならば、憲法上独立した大統領の地位が揺らぎかねない。

　たしかに、文書を公文書としても、その利用に厳しい制限を課すことはできる。まさにそれを行ったのが、1978年制定の大統領記録法である。だが、法律は時の多数派の意向によって容易に停止や改正、あるいは廃止されるものである。次章に明らかなように、ワシントン以来の伝統を否定し、大統領文書を公文書とするには、ウォーターゲート事件という未曽有の事件とそれに伴う大きな社会的ショックが必要だった。

　ただし、それ以前にも近代歴史学の発展に伴う文書保存に対する社会的関心の高まりを背景に、大統領文書を公的な管理のもとに置くことで、その損失を防ごうとする試みが見られた。まずその試みを大規模に行ったのが議会図書館だった。1903年にジャクソンの文書

を初の大統領文書コレクションにして以来、議会図書館は文書課を中心に大統領文書の収集に努めるようになる。

　だが、そうした議会図書館の試みに全面的に協力する大統領は少なかった。議会図書館が文書を保管する棚スペース以上のものを提供しようとしなかったためである。

　ローズヴェルトもやはり議会図書館の試みに積極的に応じる考えを持たなかった大統領の１人だった。だが、ローズヴェルトの文書はニューディール政策に伴う大統領権限の拡大を背景に、1930年代後半にはすでに私蔵するのは不可能なほどの量にのぼっていた。そこで、ローズヴェルトはオハイオ州建設のヘイズ記念館を参考に、自身の地元にミュージアム付きの大統領図書館を作り、その管理を国立公文書館に委ねるという新たな方式を編み出した。

　ただし、ローズヴェルト大統領図書館は、同図書館に対してのみ適用される特別法のもと設置されており、この意味でローズヴェルトの考案した方式がただちに一般化されたわけではない。それを行ったのは1955年の大統領図書館法であり、その法律の制定過程で重要な役割を果たしたのがトルーマンだった。当初トルーマンには、偉大な大統領ローズヴェルトと同じように、自身の図書館を作ることに対するためらいの気持ちがあった。だが、トルーマンが図書館の建設を決断し、1953年に退任した後もそれを断念しなかったことが大統領図書館法の制定を導くことになったのである。

　言うまでもなく、大統領図書館法で大統領文書の位置づけに変化があったわけではなく、図書館の設置が義務化されたわけではない。従来のように、議会図書館に文書を預けてもいいわけである。だが、大統領図書館法で制度化された大統領図書館の仕組みは、議会図書館の棚スペースでは味わうことのできない大きな満足感を大統領やその家族に与えるものだった。

　大統領図書館法の適用第１号としてトルーマン大統領図書館が1957年に開館して以降、アメリカではその法律のもと大統領図書館がつぎつぎに建設されていく。まさにローズヴェルトによって始められた

文書管理の仕組みが、ワシントン以来の伝統とうまく融合し、新たな伝統として継承されていったのである。

　そのことは、大統領の文書が、ローズヴェルトのそれであればニューヨーク、トルーマンのそれであればミズーリというように、アメリカ国内のさまざまな場所で保管されることを意味した。ローズヴェルト図書館法や大統領図書館法の制定過程で指摘されていたように、研究者は文書を求めて長距離の移動をしなければならないことになったのである。だが、大統領文書が散逸の危険から免れるようになったことの意義はやはり大きいと言うべきだろう。また、国立公文書館の管理のもと、大統領文書が公文書と同じく、1枚1枚チェックにかけられ、問題ないものについては早期に公開されることになった意義も大きいと言わなければならない。戦後、アメリカ政治外交史研究は目覚ましい発展を遂げ、アメリカ民主主義を支える欠かせない土台となる。こうした展開を可能にした1つの重要な仕組みとして、大統領図書館システムを無視するわけにはいかない。

（高橋慶吉）

〔付記〕本章はJSPS科研費22K01373の助成を受けている。

第 2 章

大統領文書の
公文書化

　第1章にて紹介したように、大統領図書館はローズヴェルトによって創始され、アイゼンハワー政権下の「大統領図書館法」により法制度として定着した。

　その制度は、任期終了後に自らの私的所有物である大統領文書を自発的に政府へ寄贈するという大統領の善意と、その善意に対する国民の信頼という2つの前提に依拠するものであった。しかし私文書としての大統領文書の位置付けは、カーター政権下の1978年に成立した「大統領記録法」により、その大部分が政府所有の公文書へと変更された。また、同法によりリンドン・B・ジョンソン（Lyndon B. Johnson）政権下の1966年に成立していた「情報自由法（FOIA）」に基づく情報公開請求の対象ともなった。

　本章は、以上の大統領文書の法的位置づけの変更が、いかなる経緯により生じたのかを確認・整理しようというものである。そこで次節

では、FOIAの成立経緯を詳述し、アイゼンハワー政権期に下院の民主党議員が中心となりFOIA法案の議論を開始したこと、11年もの長き議論を経て1966年にようやく法案が成立したこと、成立当初のFOIAは使い勝手が悪く、また、連邦記録のみが対象などの多くの課題が存在していたことを示す。第2節ではリチャード・M・ニクソン（Richard M. Nixon）政権成立前後より大統領文書の所有と管理のあり方をめぐり議論が高まっていたことを示した後、ニクソンの大統領文書を連邦政府の管理下に置くことを定めた「大統領録音・資料保存法（Presidential Recordings and Materials Preservation Act）」が1972年のウォーターゲート事件を契機として成立する過程を描く。その上で第3節では、レーガン政権以降の大統領文書の大半を公文書とする「大統領記録法」が1978年に成立するまでの過程と、FOIAとの関係を考察する。

第 1 節

情報自由法（FOIA）の誕生

　アイゼンハワー大統領の任期満了に伴う後継選挙が1960年11月に行われ、民主党のケネディがアイゼンハワー政権の副大統領ニクソンを破り、史上最年少の43歳で第35代大統領に就任することが決定した[1]。ケネディはその翌月には「大統領就任前文書（pre-Presidential papers）」の移送と保管について国立公文書館を所管する共通役務庁と議論を開始しており[2]、また、大統領に就任した直後より自身の大統領図書館建設について母校ハーバード大学と協議を開始していた[3]。

1　副大統領からの昇格を含めた場合は、大統領急逝に伴う第26代大統領セオドア・ローズヴェルトの42歳が最年少となる。
2　Letter from Wayne C. Grover（Archivist of the United States）to John F. Kennedy, December19, 1960, President's Office Files, Personal Secretary Files, Digital Identifier: JFKPOF-130-017, John F. Kennedy Presidential Library and Museum, Boston, MA（hereinafter, JFK Library）.
3　Letter from Paul Buck（Director of the University Library）to Arthur M. Schlesinger, Jr., February 15, 1961, Ibid, JFK Library.

ところがケネディは、大統領図書館の建設計画を具体化させることなく、また、私的所有物である自らの大統領文書を政府へ寄贈する手続きを完了せぬまま、1963年11月22日に暗殺された。しかし上述の経緯から、ケネディには大統領文書の遺贈と大統領図書館建設の意思があったものと推認され、遺族や政権スタッフによって図書館建設が進められることとなった。1965年2月26日には、ケネディの大統領文書や大統領任期中に授受した様々な記念品が、ケネディの遺産管理人となった妻ジャクリーン（Jacqueline B. Kennedy）や実弟ロバート（Robert F. Kennedy）によって政府へ寄贈された。

　このように突如として短命に終わったケネディ政権であったが、大統領図書館の制度はかろうじて継承された。ただしケネディ大統領図書館は、予期せぬ暗殺であったことや建設予定地の取得交渉に時間を要した結果、次のジョンソン大統領図書館の落成式（1971年5月22日）よりも8年遅れた1979年10月20日に落成式を迎えることとなった。

　これらケネディおよびジョンソン大統領図書館は、敷地内に大統領が埋葬されていない点が既設の大統領図書館と異なる。フーバー、ローズヴェルト、トルーマン、アイゼンハワーの4人の大統領は全て図書館の敷地内に埋葬されていたが、ケネディはワシントンDCの対岸に位置するヴァージニア州アーリントン国立墓地（Arlington National Cemetery）に埋葬された[4]。また、ジョンソンは大統領図書館を大学内（テキサス大学オースティン校）に設置した初の事例となったこともあり、自らの埋葬地をオースティンから西方約100キロメートルに位置するジョンソン家所有の広大な牧場内に定めた[5]。こうした大統領図書館と

4　ケネディが同墓地に埋葬された主要因は、図書館建設前の予期せぬ暗殺である。同墓地のウェブサイトはこの点について、ケネディの妻ジャクリーンがアメリカ市民に広く認知された場所での埋葬を強く希望したためと説明している。ちなみに同墓地に埋葬されている他の大統領経験者としては、第27代大統領ウィリアム・H・タフト（William Howard Taft）がいる。"President Kennedy's Grave in Arlington National Cemetery," Arlington National Cemetery, https://www.arlingtoncemetery.mil/Explore/Monuments-and-Memorials/President-John-F-Kennedy-Gravesite. 以下、本章のURL最終アクセス日は全て2023年12月13日である。

5　ジョンソンが自身の埋葬地を、同牧場に選定した正確な理由は不明だが、ジョンソンは自らの生家であり大統領退任後に暮らした同牧場に愛着を感じていたこと、さらに同牧場内に自身の先祖や家族が埋葬されていたことが関係しているものと考えられる。ちなみに同地はジョンソン一家により政府に寄付され、現在ではリンドン・B・ジョンソン国立歴史公園となっている。"All the World is Welcome Here," National Park Service, https://www.nps.gov/lyjo/index.htm.

埋葬地の分離は、後述するジェラルド・R・フォード（Gerald R. Ford）を除き後継政権に引き継がれることはなかった。もし引き継がれていたならば、次章で論じられるような大統領図書館の「神殿化」に対する一定の歯止めとなったかもしれない。

　ケネディおよびジョンソンの両民主党政権の成果で着目すべきは、情報公開制度、いわゆるFOIAの確立である。アメリカでは市民による政府文書へのアクセス確保の必要性が、一部の人々には古くより認識されていたものの、具体的な制度設計は遅々として進まず、本格的な議論は20世紀半ばに入ってから開始された[6]。その契機は、世界恐慌からの回復を目指したニューディール政策の拡大と、二度の世界大戦への参戦であった。これらによって政府部門が肥大化し、政府保有の情報量が増大した結果、どの政府機関がいかなる情報を有しているのかの把握が市民にとって困難となり、政府の情報へアクセスするコストが上昇した。そのため統一的な情報公開制度の確立を求める声が高まったのである[7]。

　そうした要求を政治的課題として取り上げたのが、アイゼンハワー政権下の民主党であった。1954年の中間選挙において下院の多数派を取り戻した民主党は、2年後の選挙で政権を奪取するべく、政府保有の非公開情報を利用した政権批判を目論んだのである。

　民主党の中心人物となったのが、1953年に連邦下院議員に初当選したばかりの若手議員、ジョン・モス（John E. Moss）であった。モスは下院議員1期目に「郵政・公務委員会（Post Office-Civil Service Committee）」に所属し、赤狩りの嵐の中で2,800名もの連邦職員が機密保持を理由として具体的理由が開示されないままに解雇されている実態を知ることとなった[8]。その経験からモスは、冷戦下とはいえ政府が

6　1950年代までのアメリカにおける各種の情報公開の状況については、Harold L. Cross, *The People's Right to Know: Legal Access to Public Records and Proceedings* (New York: Columbia University Press, 1953) が最も詳しい。

7　Paul Horowitz and Page Putnam Miller, "The Freedom of Information Act: Federal Policy and the Writing of Contemporary History," *The Public Historian* 4, no. 4 (Fall, 1982): 9.

8　Michael R. Lemov and Nate Jones, "John Moss and the Roots of the Freedom of Information Act: Worldwide Implications," *Southwestern Journal of International Law*, 24 (2018): 6.

理不尽なまでに情報を秘匿していることに強い問題意識を有していたのである。民主党はそのモスを、1955年6月9日に設立された「政府情報特別小委員会（Special Subcommittee on Government Information）」の委員長に抜擢したのであった[9]。

　モスの特別小委員会は、「権利の章典（Bill of Rights）」が制定された1789年の議会で同じく採択されていた、「組織管理法（Housekeeping Law）」の修正をまずは目指した。同法は、連邦行政府および軍の部局長に対して部局内の行政事項、具体的には職員の業務配分や部局内の記録の保管や使用などに関する規則制定権を付与するものであった。本来は初代大統領ワシントンの効率的な政権運営を支援するために制定された法律であったが[10]、時代が下るにつれ同法を根拠に多くの情報が非公開となっていたのである。モスの特別小委員会が主導した結果、1958年の第85回議会において「政府の記録を利用かつ保管する権力は、民衆から記録を秘匿する権力ではない」との一文を組織管理法に挿入することに成功した[11]。

　こうした下院民主党の盛り上がりに上院の民主党も乗じた。その1人が、ミズーリ州選出の民主党上院議員トーマス・ヘニングス（Thomas Hennings）であった。ヘニングスは上院の「議院運営委員会（Committee on Rules and Administration）」のトップとして、1960年に亡くなるまでの間、モスと協同して上下両院に複数の情報公開法案を提出していくこととなった[12]。それらの多くが1946年制定の「行政手続法（Administrative Procedure Act）」の修正というかたちをとった。

　行政手続法とは、行政機関が法令を制定する際に求められる公聴会や公示といった具体的な手続き要件を定めたもので、第3条「公的情報（public information）」において、「法律に別段の定めがある場合を除き、公的記録（official record）は、公示された規則に従い、正当

9　Sam Archibald, "The Early Years of the Freedom of Information Act. 1955 to 1974," *PS: Political Science and Politics* 26, no. 4 (December, 1993): 726.

10　William Bradley Russell Jr., "A Convenient Blanket of Secrecy: The Oft-Cited But Nonexistent House-keeping Privilege," *William & Mary Bill of Rights Journal* 14, no.2 (2005): 746.

11　Ibid., 727.

12　Ibid., 728.

な理由から秘匿化される情報を除いて、記録に適切かつ直接に関係する人物に提供される」と規定していた。つまり同法は、何が正当な理由なのかを含めて情報保有側の裁量が大きく、また、その開示対象者も限定されるなど多くの問題を含んでいた[13]。

これらを改善するべくモスやヘニングスらによって提出された情報公開法案に対する行政機関の拒否感は強く、また、議会内にも急速な情報公開への懸念が存在したことから、上下両院いずれの法案も頓挫する流れが続いていた。しかし幾度とない修正を経た1964年7月31日、ようやく上院にて法案（S.1666）が通過した。

S.1666法案は、行政手続法セクション3の修正案であり、行政機関に対して組織の機構・役割・所在地、情報公開請求のための手続などを官報にて公示することを定めるとともに、行政機関が保有する記録については「時間、場所、手順を公示した規則に従い、以下の8項目に該当する記録ないしその記録の一部分を除いて、全ての記録を何人にも直ちに利用可能にする」と規定していた[14]。

その公開免除8項目とは、以下のとおりであった[15]。①国防または対外政策の保護を目的として非公開の維持が大統領令（Executive order）によって明示的に要請されているもの。②行政機関内部の人事規則および慣行にのみ関するもの。③法律により公開を明示的に免除されているもの。④一般市民より入手した通商上の秘密およびその他の情報で、秘匿特権化または機密化されているもの。⑤行政機関内または機関間の覚書または書簡で、法または政策の問題のみを扱ったもの。⑥個人ファイル、医療ファイルおよびそれに類似するファイルで、開示が明らかに不当な個人のプライヴァシー侵害となり得るもの。⑦法執行を目的として作成された捜査資料で、法により第三者に利用可能なものを除いたもの。⑧金融機関の規制または監督に責任を有する機関により作成、規制・監督機関に代わって作成、または同機関

---

13 Ibid.; Horowitz and Miller, "The Freedom of Information Act: Federal Policy and the Writing of Contemporary History", 88.
14 *Congressional Record*, July 31, 1964, 17668.
15 Ibid.

の使用のために作成された、検査報告書、業務報告書、または状態報告書に含まれている、またはそれら報告書に関連しているもの。

　同法案は下院では、モスの特別小委員会を傘下に収める「政府運営委員会（Committee on Government Operations）」ではなく、行政手続法を所管する「司法委員会（Committee on the Judiciary）」にて審議されることとなった。しかし司法委員会を率いたエマニュエル・セラー（Emanuel Celler）は、自らが各種の政府情報を得られる特権的地位にいたためにこの法案に意義を見い出せず、結局 S.1666 は司法委員会の審査を通過できなかった[16]。

　翌 1965 年からの第 89 議会において、上院の民主党は、昨年の S.1666 とほぼ同じ内容の新法案 S.1160 をモスと共に作成し、提出した。審議過程において S.1160 は、油井やガス井に関する地質および地理に関する情報が S.1666 の公開免除項目に追加された上で、10 月 13 日に上院を通過した[17]。問題の下院においては、理由は不明ながらも、昨年審議した司法委員会ではなく、モスの特別委員会を管轄する政府運営委員会にて審議が行われることになり、これにより下院での通過が確定した[18]。

　こうしてモスの特別小委員会の設立から 11 年後の 1966 年 6 月 20 日、ようやく下院を通過した FOIA 法案は、第 36 代大統領に就任していたジョンソンへ 6 月 22 日に送付された[19]。最後に残った関門は、以前より同法案に否定的であったジョンソン大統領が、憲法が定める 10 日以内すなわち 7 月 4 日までに署名をするか否かであった。この時、連邦議会は独立記念日のために休会しており、大統領の署名が得られなければ両議院の再議に付すことができず、廃案となる定めにあった[20]。

16　Archibald, "The Early Years of the Freedom of Information Act. 1955 to 1974," 729.

17　*Congressional Record*, Senate, October 13, 1965, 26820-26823.

18　この点について本章が参考としてきた先行研究のアーチボルドは、モス自身も沈黙を続けており未解明の謎とする。また、レモフとジョーンズも、正確な理由は不明としつつ、世論の高まりから法案を通過せざるを得ないと悟ったセラーが法案に否定的なホワイトハウスとの関係悪化を恐れ、本法案の審議をモスに譲った可能性を指摘している。Archibald, "The Early Years of the Freedom of Information Act. 1955 to 1974," 729; Lemov and Jones, "John Moss and the Roots of the Freedom of Information Act: Worldwide Implications", 26.

19　*Congressional Record*, Senate, June 22, 1966, 13852.

20　アメリカ合衆国憲法第 1 編 7 節 2 項の、法案が大統領に送付されてから日曜日を除く 10 日以内に

各種メディアや推進派議員による請願、さらには世論の高まりを受けたジョンソン大統領は、期限最終日となる7月4日にようやく署名をおこなった[21]。

　こうしてアメリカにおいて初となる情報公開制度が誕生した[22]。ただし先述のとおり無制限の公開ではなく、同法は9つの公開免除規定を定めていた。最終的な文言は以下のとおりである。

① 国防または対外政策の利益に鑑み、非公開の維持が大統領令（Executive order）によって明示的に要請されているもの。

② 行政機関内部の人事規則および慣行にのみ関するもの。

③ 法律により公開を明示的に免除されているもの。

④ 第三者から入手した通商上の秘密および商業上または財政上の情報で、秘匿特権化または機密化されているもの。

⑤ 行政機関内または機関間の覚書または書簡で、行政機関に対して係争中の私的当事者が法により入手できないもの[23]。

⑥ 個人の診療ファイルおよびそれに類似するファイルで、開示が明らかに不当な個人のプライヴァシー侵害となり得るもの。

⑦ 法執行を目的として作成された捜査資料で、法により第三者に利用可能なものを除いたもの。

⑧ 金融機関の規制または監督に責任を有する機関により作成、規制・監督機関に代わって作成、または同機関の使用のために作成された検査報告書、業務報告書、または状態報告書に含

大統領が議会に差し戻さない場合は、大統領が法案に署名したものとみなす。ただし議会が開会されておらず法案を差し戻すことができない場合を除くとの規定による。

21 Thomas Blanton eds., "Freedom of Information at 40: LBJ Refused Ceremony, Undercut Bill with Signing Statement," *National Security Archive Electronic Briefng Book* No.194, July 4, 2006, The National Security Archive (https://nsarchive2.gwu.edu/NSAEBB/NSAEBB194/index.htm).

22 Ibid. こうした統一的な情報公開制度は、世界ではスウェーデン、フィンランドに続く3例目とされる。

23 第5項目については、当初よりその曖昧な語句が議論となっていた。その後の判例の積み重ねにより、現在では民事訴訟における証拠開示（civil discovery）手続の免除対象と同程度のものとして、主に以下3つの文書が該当すると考えられている。第1に、審議過程（deliberative process）の文書である。これは政策決定過程において質の高い、率直な議論を確保するためである。第2に、職務活動の成果の法理（attorney work-product doctrine）として知られているもので、訴訟を予期して作成または入手された文書である。第3に、弁護士・依頼者間特権（attorney -client privilege）であり、法的助言を求めた依頼者と弁護士とのやりとりが対象となる。The United States Department of Justice, "Exemption 5 of Department of Justice Guide to the Freedom of Information Act," https://www.justice.gov/oip/page/file/1573681/download.

まれている、またはそれら報告書に関連しているもの。

⑨　油井・ガス井に関する地質および地理の情報およびデータ（地図を含む）。

　ようやく誕生したFOIAであったが、当初の条文は簡素で詳細な手続き規定を欠いていたが故に、使い勝手の悪いものであった。第1に、公開請求に対する最初の応答まで平均して33日間かかっており、最終的な公開までさらに数カ月待たされることが常態化していた。第2に、情報公開に際して高額の費用が請求されていた。複写代金は省庁毎に異なるものの、例えば国務省では複写に1枚あたり10ドルもの料金が課されていた[24]。

　より根源的な問題として、請求可能な対象が連邦記録のみに限定されていた。すなわち連邦政府下の行政機関が作成した公文書のみを対象としており、立法府や司法府、地方政府が作成した公文書、さらには私文書として扱われていた大統領文書や連邦議員および連邦判事の作成文書をFOIAによって開示請求することは不可能であった。そうした状況下において発生したのが1972年のウォーターゲート事件であった。

第 2 節
....

ウォーターゲート事件

　ベトナム戦争の泥沼化により支持率が落ち込んでいたジョンソン大統領は、自らの再選を断念した。1968年11月の大統領選挙の結果、

24　Archibald, "The Early Years of the Freedom of Information Act. 1955 to 1974," 730. その後、FOIA は1974年11月21日にフォードの拒否権を乗り越えて大規模な修正案が成立し、開示請求に対する回答期限や、統一的・合理的な費用設定、公益目的の開示請求に対する費用減免措置などが定められた。さらにFOIAは、1976年、1986年、1996年にも修正されている。最新の修正は2016年で、25年以上経過した文書には免除規定⑤が不適用とされた。

共和党候補のニクソンが第37代大統領となった。

　ニクソンも大統領任期を円満に終えていたならば、新たに定着した大統領図書館の制度に従ったものと推定される。しかしニクソンは2期目の任期途中で辞任した結果、本人の予期せぬ形で大統領図書館制度にとって大きな逸脱事例をもたらすこととなった。すなわち、ニクソン個人の所有物である大統領文書が、本人の意に反し、連邦政府によって保管されることになったのである。この直接の契機はウォーターゲート事件であったものの、実はニクソン政権の誕生前よりアメリカ国内では大統領文書の所有と管理についての論争が高まっていた。

　その象徴的な出来事がライス大学フランシス・ローヴェンハイム（Francis L. Lowenheim）教授による1968年の告発であった。ローヴェンハイムの告発は、主に①ローズヴェルト大統領図書館はスタッフの1人が参画しているハーバード大学出版会からの出版企画のために資料を隠ぺいしている、②ハーバード大学出版会は社会の共有財産であるはずのローズヴェルト大統領図書館所蔵資料に著作権の設定を画策している、との2点であった[25]。

　こうした告発を受け、国立公文書館やハーバード大学、さらにはアメリカ歴史学会やアメリカ史学会（Organization of American Historians）を巻き込んだ調査が行われることになった。1970年8月に提出された最終調査報告書は、ローズヴェルト大統領図書館による意図的な資料隠ぺいについては、ローヴェンハイムの資料の請求方法が不適切であったことにより生じた誤解であると結論付けた[26]。

　しかし同報告書は、ローヴェンハイムの不適切な資料の請求と、ローズヴェルト大統領図書館への疑念が生じたことに対し、図書館側にも一定の非があることを認定した。当時のローズヴェルト大統領図書

25　Nancy Kegan Smith and Gary M. Stern, "A Historical Review of Access to Records in Presidential Libraries," *The Public Historian* 28, no. 3 (Summer 2006): 86.

26　なお、ハーバード大学出版会がローズヴェルト大統領図書館所蔵資料に対して著作権の設定を画策しているとの点については事実と認定された。ハーバード大学出版会は、出版予定の書籍の著者の一員にローズヴェルトを加えるなどの方法で、数度にわたり著作権の設定を試みていたことが明らかとなった。Richard Polenberg, "The Roosevelt Library Case: A Review Article," *The American Archivist* 34, no.3 (July 1971), 280.

館にはスタッフ向けの資料目録（finding aid）しか存在しなかったため、図書館を利用する研究者には資料の全体像を把握することが困難であり、また、ボックス（箱）[27]から抜き取られている非公開資料の存在の有無も判断できない状況にあったのである。

このようなローヴェンハイム騒動が契機となり、研究者向けの資料目録の整備が始まるとともに、非公開資料についてはその存在が一目でわかるようにボックス内に「大統領図書館引き出しシート（Presidential Libraries Withdrawal Sheet）」が置かれることとなった[28]。

大統領文書の所有と管理をめぐるもう1つの論争は、ニクソンの大統領就任前文書の国立公文書館への移送と、それに基づく税控除申請により引き起こされた。大統領就任から2カ月後の1969年3月、ニクソンは議員時代や副大統領時代の文書から主として構成される大統領就任前文書を国立公文書館に移送した上で、翌年3月に48万ドル強の税控除を申請していた[29]。有価値文書の寄贈による税控除の利用自体は、多くの大統領経験者が享受してきた恩恵であり、それ自体に何ら問題はなかった。

しかしそうした恩恵に対する批判は市民や議会内に根強く存在していた。それを背景として1969年12月30日、税控除額をそれまでの文書の歴史的価値から、その文書の作成に要した費用のみへと、大幅に削減することを定めた「1969年税制改革法案（Tax Reform Act of 1969）」が、ニクソン自身の署名によって成立した。ただし同法は、同年7月25日までに寄贈を完了したものについては、旧税法に基づく

---

27 アメリカの国立公文書館や大統領図書館では、フォルダ単位で文章を管理しているイギリスの公文書館とは異なり、文書は全てボックスに収められており、ボックス単位で請求・閲覧する。サイズには数種類あるが、通常サイズは内径が縦約37.94cm、横約32.86cm、高さ25.4cmであり、厚さ約3mmのBフルート段ボールで作られた紙製と規定されている。"Specifications for Cubic Foot Archival Storage Box," National Archives and Records Administration, October, 2015, https://www.archives.gov/files/preservation/storage/pdf/archives-box-cf.pdf.

28 Smith and Stern, "A Historical Review of Access to Records in Presidential Libraries," 87. 本書第5章にそのサンプルを提示している。

29 The National Study Commission on Records and Documents of Federal Officials, *Final Report of The National Study Commission on Records and Documents of Federal Officials*, 9 (Washington DC March 31, 1977); Ruth Dennis, "Presidential Libraries," *Encyclopedia of Library and Information Science* (New York: Marcel Dekker, Inc., 1978), 240.

大幅な税控除が適用可能と定めていた[30]。

　問題は、1969年3月に移送されたニクソンの大統領就任前文書の大半が、所有権限をニクソンから国立公文書館へ切り替える手続を行っておらず、所有権はニクソンのまま国立公文書館に預けられていたことにあった。つまり大幅な税控除額が適用可能な期限を逸してしまったのである。1970年3月になりニクソンのスタッフがようやくこの失態に気付き、慌てて前年3月の文書の移送時に所有権の変更が完了していたとの文書偽造を行った上で、前年分の税控除を申請した。この文書偽造はすぐには見破られることがなかったものの、こうした状況下でウォーターゲート事件が発生したのである[31]。

　事件の発端は、1972年6月17日夜、民主党全国委員会本部が入居するワシントンDC内のウォーターゲートビルに、男5人が不法侵入により現行犯逮捕されたことであった。彼らは、最初の侵入時となる5月28日に設置したものの故障した盗聴器の取り換えと、大統領選挙関連資料の撮影を目的としていた。

　逮捕直後より実行犯の所持品からニクソン再選委員会とのかかわりが明らかになったものの、ニクソン自身は逮捕された実行犯とのつながりを完全否定し、1972年11月に再選を果たした。しかし再選後、1972年6月にニクソン自身が連邦捜査局（FBI）の調査妨害を中央情報局（CIA）に指示していた録音テープの存在が明らかとなった。これにより少なくともニクソンが事件発生後に捜査妨害を行っていたことや、そのテープの提出をめぐり証拠資料のもみ消しを図っていたことが明らかとなり、弾劾裁判が不可避となった。こうした状況下でニクソンは有罪を恐れ、1974年8月9日に大統領職を辞したのであった。

　以上がウォーターゲート事件の顛末であるが、この捜査過程において先述した税控除に関する文書偽造の疑惑が露呈したことも重な

30　Matthew G. Brown, "The *First* Nixon Papers Controversy: Richard Nixon's 1969 Prepresidential Papers Tax Deduction," *Archival Issues* 26, no.1 (2001), 9-12.

31　Ibid., 13-14, 16-17.この文書偽造は、1973年6月のワシントンポスト紙によるスクープがきっかけとなり世に露見し、ウォーターゲート事件と併せて捜査された。最終的に文書偽造に直接関与した政権スタッフ数名が有罪となった。

り、ニクソン大統領文書の取り扱いに国民的な論争が巻き起こることとなった。とりわけ喫緊の問題は、ウォーターゲート事件の重要証拠品である録音テープの保全であった。大統領文書は大統領個人の私的所有物との慣行にのっとれば、ニクソンはそれら録音テープの破棄が可能だったからである。

ニクソンの辞任により第38代大統領に昇格したフォードは、ニクソンの大統領文書の取り扱いについて司法長官ウィリアム・サクスビー（William B. Saxbe）に助言を求めた。サクスビーは1974年9月6日、大統領文書を大統領の私的所有物とする歴史的慣行に反するいかなる法律も存在しないとして、大統領文書はニクソンの私的所有物であるとの判断を示した。しかし一方でサクスビーは、政府の活動記録に直接かかわる大統領資料（Presidential materials）に関しては、大統領経験者による絶対的な所有権はある種の制限を受けるべきであり、裁判所の召喚命令にも従うべきものとの見解を示した[32]。

サクスビーの判断を基に共通役務庁のアーサー・サンプソン（Arthur F. Sampson）長官は翌7日、ニクソンとの間で1つの合意に達した。ニクソン＝サンプソン合意（Nixon-Sampson Agreement）と呼称される本合意は、ニクソンの大統領資料についてニクソンの権利を認めた上で、大統領資料をニクソンの自宅があるカリフォルニア州内において連邦政府が保管することを主とする内容であった[33]。

さらに同合意は、ニクソンと共通役務庁が各々保持する2種類の鍵を使用しなければアクセスできない区域内にニクソンの大統領資料を保管することを定めていた。そしてニクソンの大統領資料の内、録音テープ以外の資料については、合意から3年の間、ニクソン自身とニクソンが書面にて許可を与えた者のみがアクセスできるとされた。ニクソンは原本資料を持ち出さないことに同意した一方で、複写および

32　Memorandum from Benton L. Becker to Trever Ambruster, "Annotated History of the Nixon-Sampson Agreement," May 3, 1978, *Nixon-Sampson Agreement- History, the Benton L. Becker Papers*, Box no. 2, the Gerald R. Ford Presidential Library, Ann Arbor, MI.

33　The Nixon-Sampson agreement in Appendix A of Nixon v. Sampson, 389 F. Supp. 107 (D.D.C.1975) Fritz Veit, *Presidential Libraries and Collections* (New York: Greenwood Press, 1987), 6.

複製と、その持ち出しや利用については自由が認められていた。また、合意から3年が経過した後は、ニクソンは原本資料を持ち出し、自由に利用、もしくは破棄できるものとされていた[34]。

　一方で録音テープに関してニクソンは、この合意から5年後の1979年9月1日まで政府へ寄託し、同日より以下の条件で政府へ寄贈するとした。その条件とは、第1にニクソンが引き続き録音テープにアクセス可能であること、第2に寄贈から5年後の1984年9月1日、またはニクソン死亡のいずれか早い方が訪れた時点で録音テープを破棄すること、第3に1979年9月1日以降、ニクソンの指示があれば共通役務庁長官はテープを破棄すること、であった。最長で1984年9月1日にテープが破棄されるまでの間、録音テープへのアクセスは、ニクソン自身かニクソンが書面で許可を与えた者に限定される一方で、ニクソンは原本テープを持ち出しせず、また、共通役務庁との相互了解が無い限りテープを複製しないことに同意した[35]。

　合意成立の翌日、フォード大統領は、ニクソンが辞職によって相当程度の社会的制裁を受けたとして恩赦を決定したことと、合意締結の事実を公表した。前大統領ニクソンへの義理立てとも思われるフォードの対応は、議会を中心にアメリカ国内に強い反発を生じさせた。そこで1974年9月18日、同合意の履行を阻止すべく法案S.4016が民主党より上院に提出され、翌月4日に上院を通過した。S.4016は一部修正された上で12月3日に下院を通過し、両院協議を経て12月9日に大統領へ送付された。ニクソンの恩赦によって予想以上の世論の反発に見舞われていたフォードは、ニクソン＝サンプソン合意の見直しをすでに表明していたこともあり[36]、同法案は12月19日に成立した。

　同法は2つの章より構成されており、第1章が「大統領録音・資料保存（Preservation of Presidential Recordings and Materials）」、第2章が「公

34　Ibid.
35　Ibid.
36　"Ford Defends Withholding Some Nixon-Taped Talks," *Washington Star-News*, November 13, 1974, available at Nixon Pardon of Gerald R. Ford Presidential Digital Library, https://www.fordlibrarymuseum.gov/library/exhibits/pardon/pardon.asp#docs.

文書委員会（Public Documents Commission）」となっている。同法第1章は、共通役務庁長官が録音テープに対する完全な占有権および管理権を取得および保持すること、そして、録音テープが法に依らない限り破棄してはならないことを定めた。また、録音テープ以外の全資料、すなわち「大統領歴史資料（Presidential historical materials）[37]」についても、共通役務庁長官が完全な占有権および管理権を取得および保持することへの合理的努力を定めた。ニクソン＝サンプソン合意では大統領資料への罰則付召喚令状などに対して、資料の唯一の所有者および管理者としてのニクソンに抗う余地を認めていた。これに対して同法第1章は、ニクソンの資料は権利、抗弁、または特権に従うとしつつも、裁判所の罰則付召喚状やその他の司法手続に利用可能であることを明確に定めた。なお、ニクソン資料の保管場所はカリフォルニア州からワシントンDCへと変更され、同地区外への移転が禁止された。その上で同法第1章は、ウォーターゲート事件に象徴されるニクソン政権の権力乱用の実態を明らかにするべく、同法の発効から90日以内にニクソン大統領資料への市民のアクセスを確保するための規則を議会に提出することを定めた。なおその規則制定に際しては、政府権力の乱用に関係のない、または歴史的意義のない資料についてはニクソン側に返却されることを定めていた[38]。

　このように「大統領録音・資料保存法」の第1章は、ニクソンのみを対象とするものであった。しかし、いまや大統領文書の所有や管理は国民的な関心事項となっていた。この点については同法第2章によって次のように規定されていた。

　すなわち「公文書委員会」は、連邦職員を大統領、副大統領、上院議員、下院議員、ワシントンDCや自治領からの議会代表（delegate）、プエルトリコからの議会常駐代表（resident commissioner）、立法・行

37　「歴史資料」とは大統領図書館法に見られる用語であり、書籍、通信、書類（documents）、文書（papers）、パンフレット、美術品、模型（models）、絵画、写真、図面（plats）、地図、フィルム、動画（motion pictures）、音声録画（sound recordings）、その他の歴史的・記念的価値を有する物体（objects）や資料（materials）を指す。

38　上田伸治「アメリカ大統領の著作権──ニクソンの書類・録音テープの公開問題」『通信教育部論集』第13号（2010年8月）、89-90頁。

政・司法府の全ての職員と定義した上で、委員会を立ち上げて連邦職員の「記録と書類（records and documents）[39]」について、1976年3月31日までに議会に対して立法勧告を行うよう定めていたのであった。

　そこで組織されたのが「連邦職員の記録および書類に関する全国研究委員会（National Study Commission on Records and Documents of Federal Officials）」（以下、全国研究委員会）であった。全国研究委員会は、とりわけ大統領の記録と書類が私的所有物とされてきた慣行を今後も継続するべきか否かの是非を検討し、もし新たな制度へ移行するのならば、議員や判事といったこれまで大統領文書と同様に私的所有物の扱いとされてきた公職者の文書にも適用すべきか否かの審議を開始した。

　他方でニクソンは、大統領録音・資料保存法が成立した翌日には同法の差し止めとニクソン＝サンプソン合意の履行を求めて連邦裁判所に提訴していた。ニクソンによる訴えは、主として大統領録音・資料保存法は立法府による行政権への侵害であり三権分立原則を毀損しているという点に加えて、同法は所有権を侵害しており、憲法第1編9節3項および第4修正において禁止されている私権剥奪法（bill of attainder）に該当しているというものであった。

　連邦最高裁は1977年6月28日、ニクソンのこれらの訴えを全て退け、大統領録音・資料保存法の合憲性を認めた（Nixon v. General Services Administration）。最高裁はニクソンによる三権分立侵害の訴えについて、大統領文書の保護が三権分立において重要とは認めつつも、大統領録音・資料保存法はニクソンの大統領文書を同じく行政府の一角を占める国立公文書館の管理下に置くことを規定しているのみとして、三権分立の侵害を認定しなかった。また、所有権の侵害については、現職および大統領経験者には大統領文書を秘匿する特権があることや、ニクソンのプライバシーも秘匿される権利があることを認定

39　同法における「記録と書類」は、手書きやタイプされた書類、動画、テレビ映像（television tapes）および録音、磁気テープ、様々な形態の情報処理データ（automated data processing documentation in various forms）、国家の歴史を示すその他の記録と定義された。

しつつも、それらは文書の保全という公益を毀損するものであってはならず、ニクソンの権利は国立公文書館による資料の保管と内容の精査を通じて保護され得ると結論付けたのであった[40]。

　こうしてニクソンの大統領文書は、本人の意に反して、ワシントンDCにて共通役務庁の管理下に置かれるものと、ニクソン側が保有するもの（同庁による精査後に返却されたものを含む）に大別されることとなり、後者の保管施設として1990年7月19日にニクソンの生家があるカリフォルニア州ヨーバリンダにニクソン図書館が設置された。こうした経緯により、同館は長らく国立公文書館の管轄外に置かれ、ニクソン財団による私設の図書館として管理・運営されることとなった[41]。

　続くフォードおよびカーター政権においては、再び大統領の善意に依拠する従来の大統領図書館制度に立ち戻ることとなったものの[42]、大統領文書に対する所有権および管理権に一定の制限を加える大統領録音・資料保存法が違憲ではないとの1977年6月の最高裁の判断は、結局のところ大統領文書は誰の所有物であるべきかという問いに国民的な関心が高まった[43]。この点について検討を行っていたのが先述の

40　Pamela R. McKay, "Presidential Papers: A Property Issue," *The Library Quarterly: Information, Community, Policy* 52, no. 1 (January, 1982): 34-36; Smith and Stern, "A Historical Review of Access to Records in Presidential Libraries," 89-90.

41　ニクソンと政権スタッフは、この後も国立公文書館の管理下に置かれたニクソン大統領文書の管理と公開をめぐり複数の裁判闘争を仕掛け、ニクソンの大統領文書の公開は大幅に遅延することとなった。特に1992年11月、ワシントンDC巡回区連邦控訴裁判所は、ニクソン対合衆国判決（Nixon v. U.S., US 978 F.2d 1269 (D.C. Cir.1992)）において、大統領録音・資料保存法はニクソンから不当に所有物を奪っており違憲との判断を示した。しかしニクソンが1994年に逝去したことを契機として遺族との間に和解が成立し、ニクソンの私的財産を違法に侵害した補償として2000年に1,800万ドルがニクソンの遺族に支払われた。その後、2007年7月11日にニクソン図書館が国立公文書館の管轄下に入った。それに伴い、ニクソン大統領文書のほぼ全てがニクソン大統領図書館へ移管されることになった。Smith and Stern, "A Historical Review of Access to Records in Presidential Libraries," 91-95; 上田伸治「アメリカ大統領の著作権」、92-98頁参照。

42　ただしフォード大統領図書館は、アーカイブ機能を有する大統領図書館と、ミュージアム施設が異なる地で建設された唯一の事例となっている。また、フォードの埋葬地はミュージアム施設内となっており、ケネディ、ジョンソンに続く図書館敷地内に埋葬されていない3例目となっている。図書館はミシガン州アナーバーのミシガン大学内に設置された一方で、ミュージアム施設は図書館から200kmも離れた同州グランド・ラピッズに設置された。この経緯についてフォード大統領図書館アーキビストのステイシー・デービス（Stacy Davis）は、本章筆者の問い合わせに対して以下のとおり回答した。フォードは大統領就任以前より自身の文書管理を母校であるミシガン大学の図書館に委ねていた。フォードが予期せぬかたちで大統領に就任した後も以上の経緯より大統領文書の管理をミシガン大学に委ねることとなり、同大学敷地内に大統領図書館が建設された。しかし彼が育ち、24年もの間自身の選挙区でもあったグランド・ラピッズも図書館建設の誘致に必死であった。そこで妥協案としてミュージアム施設のみを同地に設立することになったという（2023年2月1日、電子メールにて回答）。

43　McKay, "Presidential Papers: A Property Issue," 36.

全国研究委員会であり、実は最高裁による判断の3カ月前に最終報告書が議会へと提出されていた。

第 3 節

大統領記録法の成立

　前節で紹介した全国研究委員会は1975年9月9日、アイゼンハワー政権において司法長官を務めたハーバート・ブラウネル（Herbert Brownell）を委員長とし、図書館司書や、アーキビスト、大学教員、上下両院の議員、司法ならびに政府関係者など総勢18名が委員としてフォード大統領により任命された。同年12月15日に初回会合が開催されたものの、当初の期限である1976年3月31日ではあまりに時間的猶予がないことから、1年延長された上で、全米各地において公開集会を実施するなど精力的な議論が行われた。

　その結果をまとめた最終報告書は、1977年3月31日付で議会に提出された。同報告書は「連邦政府職員が憲法および法律の義務にともなって作成または受領した全ての書類資料（documentary materials）は、合衆国の財産[44]」と結論付けた上で、政府記録は、連邦記録と公文書のいずれかに大別すべきものと勧告した。

　以上を踏まえて本報告書は、それまで全てが大統領の私物とされていた大統領文書、すなわち大統領および直属スタッフないし大統領府（Executive Office of the President）が組織や個人として作成または授受した書類資料を、連邦記録、大統領公文書（Presidential public papers）、大統領個人文書（personal papers of the President）の3つに大別するべきとの勧告を行ったのである[45]。

44　National Study Commission on Records and Documents of Federal Officials, *Final Report of the National Study Commission on Records and Documents of Federal Officials*, March 31, 1977, 4–5.
45　Ibid., 29.

それらの中で連邦記録は、大統領に対する助言と支援のみを単独の目的としない大統領府内の部局が作成または授受した書類資料が該当するとされ、それらは他の行政機関と同様に、1950年の連邦記録法やFOIAの適用対象とすべきとの勧告がなされた。

　他方、大統領公文書については、大統領および直属スタッフが大統領の憲法または法律上の職務遂行に関して作成または授受した書類資料、および大統領への助言と支援を単一の目的とする大統領府内の部局が作成または授受した書類資料が該当するものとされ、これら大統領公文書についても連邦政府の所有物とすべきと勧告したのであった[46]。

　ただし全国研究委員会の議論においては、大統領公文書をFOIAの請求対象とすべきかについてはコンセンサスの形成ができなかった。これは大統領が自身のスタッフから率直な助言を受けられなくなるといった懸念が委員会で提起されたためであった。そのため最終報告書の本体は、大統領公文書は連邦記録などの他の公文書とは異なる取り扱いが必要であると指摘した。そして、大統領任期終了後から最大15年間は一律非公開とし、その後もFOIAの対象外としつつも、国家安全保障上の利益のために必要な制限や、明らかに不当なプライバシー侵害は開示から保護されることを条件として、一般市民のアクセスを可能にすべきとの勧告を行った[47]。一方で報告書に付属されたマイノリティーレポートにおいては、大統領公文書をFOIAの対象とすべきとの意見が示された[48]。

　なお、全国研究委員会では大統領図書館制度のあり方についても議論された。特に大統領図書館が全米各地に分散している状況は研究者にとって不便であるとの批判や、ミュージアム施設の展示物が大統領を過度に神格化・美化しているとの批判、各大統領図書館の維持に多大なコストを要している点が議論となった。しかし最終報告書

46　Ibid.
47　Ibid., 31.
48　Ibid., 68.

では、全米各地に分散している大統領に特化した図書館の存在は、アメリカの市民教育に大きく貢献しており、また、個々の大統領に特化しているがゆえに研究者に対してハイレベルなサービスを提供できているとして、現状の制度継続が好ましいとの判断が示された[49]。

　同報告書の提出を受けた議会では、コンセンサスが得られなかったFOIA適用の有無を中心に更なる検討を行い、その結果1978年11月4日、「1978年大統領記録法（Presidential Records Act of 1978）」が成立した[50]。

　同法は、「大統領記録（Presidential records）」を連邦政府の所有物と定めた。大統領記録とは、全国研究委員会の報告書における大統領公文書の内容とほぼ等しく、「大統領、その直属のスタッフ、または大統領としての憲法上、法律上、もしくは他の公的や儀礼上の義務の遂行に関係もしくは影響を及ぼす行為の実施において大統領に助言および補佐する職務を有する大統領府内の部局もしくは個人が、作成または授受した書類資料[51]またはその合理的に分離可能な部分」と定義された。

　ただし同法は、1981年1月20日に誕生するレーガン政権以降を対象とし、カーター政権までの大統領文書については引き続き私文書扱いとした。

　こうして大統領記録法により、大統領府内には作成または授受した文書が連邦記録となる部局と、大統領記録法の対象となる部局に分かれることになった。大統領府の構成は歴代政権によって異なるものの、大まかな内訳は次のとおりである[52]。

49　Ibid., 32.
50　McKay, "Presidential Papers: A Property Issue," 36.
51　書類資料とは、全ての書籍、通信、覚書、書類、文書、小冊子、芸術品、模型、絵画、写真、図面、地図、フィルムおよび、音声、視聴覚またはその他の電気的もしくは機械的記録を含むがこれらに限定されない動画と定義された。本書の巻末資料にある邦訳を参照のこと。
52　National Archives and Records Administration, *Guidance on Presidential Records*, 2020, 2, https://www.archives.gov/files/presidential-records-guidance.pdf.

大統領記録法対象部局

- ホワイトハウス・オフィス（White House Office）
- 副大統領オフィス（Office of the Vice President）
- 政策立案局（Office of Policy Development）
- 経済諮問委員会（Council of Economic Advisors）
- 国家安全保障会議（National Security Council）
- 大統領外国情報活動諮問会議（President's Foreign Intelligence Advisory Board）
- 大統領情報活動監督会議（President's Intelligence Oversight Board）
- 国家経済会議（National Economic Council）
- 政権オフィス（Office of Administration）

連邦記録法対象部局

- 管理・予算局（Office of Management and Budget）
- 合衆国通商代表部（Office of the United States Trade Representative）
- 環境諮問委員会（Council on Environmental Quality）
- 科学技術政策局（Office of Science and Technology Policy）
- 国家薬物管理政策局（Office of National Drug Control Policy）

　また、表1に示すように、大統領記録法にもFOIAに類似した全6項目の免除規定が設けられた。これらの免除規定が適用されない非機密情報については、大統領任期終了後に国立公文書館館長が大統領記録を保全した日から5年後、ないし、アーキビストによる文書の確認が終了した日の、いずれか早い方よりFOIAの対象となることが定められた。他方、大統領記録法の免除項目のいずれかが適用される機密資料については、任期終了から最大12年間は非公開とされ、その後はFOIAの申請対象となる。ただし表1に示すように、大統領記録法の免除規定に基づく非公開期間が終了した後も引き続きFOIAの免除規定を適用することが可能となっている。しかし情報公開を促す観点からFOIAの免除規定の第5項目については適用ができないこと

表1　大統領記録法とFOIAの公開免除規定

大統領記録法 （政権終了から最大12年適用可能）	継続 可否	FOIA （大統領記録法の適用終了後）
大統領令による基準の下で、国防又は対外政策の利益のために秘匿化を維持することが明確に認められたもの	⇒ ○	国防または対外政策の利益に鑑み、非公開の維持が大統領令によって明示的に要請されているもの
連邦政府職への任命に関するもの	⇒ ○	行政機関内部の人事規則および慣行にのみ関するもの
他の法律で公開を明示的に免除しているもの	⇒ ○	左に同じ
第三者から入手した通商上の秘密及び商業上又は財政上の情報で、秘匿特権化又は機密化されているもの	⇒ ○	左に同じ
大統領と大統領補佐官の間、又は補佐官の間の機密通信で、助言を要請又は提出しているもの	⇒ ×	行政機関内または機関間の覚書または書簡で、行政機関に対して係争中の私的当事者が法により入手できないもの
個人の診療ファイル及びそれに類似するファイルで、開示が明らかに不当な個人のプライヴァシー侵害となり得るもの	⇒ ○	左に同じ
規定なし		法執行のために作成された捜査資料で、第三者に入手可能な範囲を除いたもの
規定なし		規制・監督機関による金融機関の検査、業務、状態報告書に関するもの
規定なし		油井やガス井に関する地質および地理に関する情報およびデータ

（出典：筆者作成）

が定められた。

　これら大統領記録法に定められた6項目以外に大統領が免除規定を新たに付加することは許されていないものの、これらの項目を全て自らの記録に適用させるか、6項目から任意に選択した項目のみを適用させるかの判断は大統領の自由とされる。また、免除項目に該当する文書全てを一律で非公開とするのか、文書毎に公開の是非を判断する

かについても大統領の自由とされている[53]。さらに、最大12年の範囲内ならば、非公開期間の設定も大統領の裁量に委ねられている。

　こうして遂にレーガン政権より大統領文書は、初代大統領ワシントンから続いてきた私的所有物としての慣行が改められ、大統領個人文書以外は連邦政府の所有物となった。これにより大統領記録法の成立当時、国立公文書館や各大統領図書館が所蔵する大統領文書には3つのタイプが生じることとなった。すなわちニクソンを除くカーターまでの個人の所有物として寄贈または寄託された大統領文書と、大統領録音・資料保存法に基づいて国立公文書館が管理・保全しているニクソン政権の大統領文書、公文書として大統領記録法、連邦記録法、FOIAの適用を受けるレーガン大統領以降の大統領文書である。

　以上、本章は1960年代から70年代の大統領図書館制度の展開を、大統領文書の法的な位置付けならびにFOIAとの関係を中心に論じてきた。1950年代に創設された大統領図書館制度は、私的所有物である大統領文書の寄贈という大統領経験者による善意と、その善意に対する国民の信頼という2つの前提に依拠していた。しかしニクソン政権によるウォーターゲート事件を直接の契機として、大統領の善意に対するアメリカ国民の信頼は大きく毀損した。大統領文書は誰のものなのか、アメリカでは全国的な議論が行われ、最終的には大統領記録法が成立した。これによりレーガン政権以降、大統領個人文書を除く全ての大統領文書は連邦政府所有の公文書となり、FOIAの対象ともなったのである。

　こうした大統領文書の法的位置付けの変化に伴い、大統領図書館は1980年代以降、主に2つの面で変革を迫られることになる。第1に、新たに登場し始めた電子媒体資料を含む、増大し続ける資料の保管とその管理費用への対応である。第2に、図書館とミュージアムとの関係性や、物理的施設の必要性の有無を含んだ、大統領図書館とし

53　Veit, *Presidential libraries and collections*, 13.

てのあるべき姿をめぐる模索である。これらの問題に大統領図書館はどのように対応してきたのだろうか。次章で論じることとする。

（田中慎吾）

第 3 章

変容し続ける
大統領図書館

　一般的に「大統領図書館」と呼ばれるものは、国立公文書館のウェブサイトで「大統領図書館とミュージアム（Presidential Library and Museum）」と表記されている。ここからもわかるように、大統領図書館には、資料の保管・管理を担うアーカイブ機能に加えて、大統領ゆかりの品々を展示し一般に公開するミュージアムとしての機能があり、通常は大統領図書館にミュージアムが併設されている[1]。本章では、これら 2 つの機能に着目して、レーガン政権以降の大統領図書館の歴史をひもといていこう。

1　National Archives, "Visit Presidential Libraries and Museums," https://www.archives.gov/presidential-libraries/visit. 第 2 章で指摘したように、フォード大統領図書館（Presidential Library）は、ミュージアム（Presidential Museum）と別の場所にある。また、オバマとトランプ大統領図書館のミュージアムはまだ完成していないため、「ミュージアム」の表記がなく、それぞれ「バラク・オバマ大統領図書館（Barack Obama Presidential Library）」「ドナルド・J・トランプ大統領図書館（Donald J. Trump Presidential Library）」となっている。なお、以下、明記のない限り、本章の URL 最終アクセス日は 2023 年 12 月 21 日である。

　第1節で、アーカイブ機能に焦点を合わせ、大統領記録法の適用と資料の増大への対応を概観する。第2節において、アーカイブ機能とミュージアム機能に加え、政治的な象徴としての側面と宗教的側面から今日の大統領図書館の役割を論じる。第3節にて、オバマが目指すデジタル化された大統領図書館が、従来のアーカイブとミュージアムの枠組みを本質的に変化させるものであることを明らかにする。そして、第4節では、トランプ政権期の資料の管理が、そもそもアーカイブ機能の実効性に疑問符を投げかけていることを示す。

第 1 節

増大する資料・維持費と電子記録

　1991年11月、焼けるような太陽の下、ロサンゼルス郊外のシミ・ヴァレーで5人のアメリカ大統領経験者が一堂に会した。レーガン大統領図書館の落成式が執り行われたのである。不名誉なかたちで職を辞したニクソン、その後を継いだフォード、フォードをホワイトハウスから追い出したカーター、そのカーターを放逐したレーガン、そして現職のジョージ・H・W・ブッシュ（George H. W. Bush）と、過去の軋轢を超えて、存命の大統領経験者が集まった。彼らの家族や、すでに世を去った大統領の配偶者たちも参集した[2]。

　新たな大統領図書館の落成式に元大統領たちが集うのは、今や恒例となっている。元大統領の集いは最も入会が困難なクラブだとしばしば評されつつ、大統領経験者たちは、国家的な話題について意見を交わしたり慈善事業について話したりするべく、党派を超えて集うのである[3]。

2　Robert Reinhold, "4 Presidents Join Reagan in Dedicating His Library," *New York Times*, November 5, 1991, accessed July 1, 2022, https://www.nytimes.com/1991/11/05/us/4-presidents-join-reagan-in-dedicating-his-library.html.

3　Sharon K. Fawcett, "Presidential Libraries: A View from the Center," *The Public Historian* 28, no. 3

レーガン大統領は、アイゼンハワー以来約30年ぶりに、2期8年の任期を全うした。そのため、資料の量も膨大になった。記録は約4,300万頁に（その内約800万頁は機密記録）、物品は数万点にも上った。当時としては過去最大の規模である。また、レーガン政権には1978年の大統領記録法が初めて適用された。前章までで見てきたように、従来大統領の文書は私文書とされ、どの文書を連邦政府に寄贈するかは各大統領に委ねられていた。だが同法では、大統領記録は私文書ではなく連邦政府の公文書になると定められ、レーガンの文書は政権最後の日の正午に国立公文書館に移管された[4]。

　アメリカの各省庁の文書の内、連邦記録法対象の「永久保存文書」として国立公文書館に送られてくるものは、5パーセント未満にすぎないと言われる。だが、大統領記録法の下、大統領記録は国立公文書館長の書面による許可がなければ何も破棄することが基本的に許されなくなり、すべてを国立公文書館が整理・管理することになった。これは新たな負担を国立公文書館に課した[5]。

　ただでさえ当時問題となっていたのが、大統領図書館の維持費の増大である。概して、フーバー大統領以降の大統領文書については、保管や管理などのアーカイブ機能を国立公文書館が担うことになっており、その費用は連邦政府が支出していた。大統領図書館法に関する上院報告書によると、大統領図書館制度の年間維持費は、1955年には6万3,745ドルだった。それが、1985年には1,573万4,000ドルに増加しており、長期政権となったレーガンの大統領図書館は、これに拍車をかけた[6]。

（Summer 2006）: 25.

4　なお、第1章で論じたように国立公文書館は共通役務庁の下に置かれていたが、1980年に国立公文書館長に就任したロバート・M・ワーナー（Robert M. Warner）は、この状態に不満を持っていた。「米国の歴史において最も偉大な文書を保管するために専念しているこの文化的な機関が、政府の歯車」になっていたからである。そこで、ワーナーは国立公文書館の独立運動を展開し、議会の有力者やメディアの支持を受け、レーガン政権期の1985年に、国立公文書館は共通役務庁から独立した。ロバート・D・エルドリッヂ「序幕は過去に開く──公文書公開と民主主義」『アステイオン』69号（2008年）、137頁。

5　豊田恭子「岐路に立つアメリカ大統領図書館」『情報の科学と技術』73巻3号（2023年）、105頁。

6　Wendy R. Ginsberg, Erika K. Lunder and Daniel J. Richardson, "The Presidential Libraries Act and the Establishment of Presidential Libraries," *CRS Report* R41513 (February 2015): 12.

　こうした予算面の問題に対処するために、1986年に大統領図書館法が改正され（The Presidential Libraries Act of 1986）、大統領図書館の管理運営費として民間団体からの寄付が必要となった。これによって、連邦政府の財政負担を軽減し、大統領記録の保存環境を向上させ遅滞なく一般に公開することが目指された[7]。

　他方、施設の建設や計画の策定、大統領のレガシーに関連する展示といったミュージアム機能の一部は、通常、各大統領図書館の「財団（Foundation）」などと呼ばれる団体の資金で賄われる[8]。これは民間団体であり、大統領図書館とは別の法人である。また、財団という名称であっても、税法上は財団ではなく、非課税の公共慈善団体である。そのため、財団の収入から利害関係者が利益を得ることや、財団が実質的なロビー活動に従事することなどは制限されている[9]。

　改正された大統領図書館法では、ジョージ・H・W・ブッシュ以降の大統領図書館の財団は、施設やその設備の購入、建設、および設置の総費用の少なくとも20パーセントを、連邦政府に管理運営費として寄付することが定められた[10]。その額は、図書館の面積が7万平方フィート（約6,500平方メートル）を超えると増加する[11]。そのため、大統領図書館の大きさに事実上一定の歯止めがかけられることになった。さらに、図書館の改修や増築が運営費の増加につながる場合にも、財団から連邦政府への十分な寄付金が必要であると同法に盛り込まれた[12]。

　同法の立法過程では、1期のみの大統領は2期務めた大統領よりも資料が少ないことを加味するべきである、との議論もあった。だが、最

7　"Presidential Libraries Act of 1986," https://www.archives.gov/presidential-libraries/laws/1986-act. html. ただし、今日でも、大統領図書館の予算と職員数は頭打ち状態となっており、これがFOIA請求に対する開示の遅れにつながっているとの指摘がある。豊田「岐路に立つアメリカ大統領図書館」105頁。

8　Ginsberg, Lunder and Richardson, "The Presidential Libraries Act and the Establishment of Presidential Libraries," 1.

9　Ibid., 16.

10　Ibid., 13.

11　Fawcett, "Presidential Libraries," 24.

12　Ginsberg, Lunder and Richardson, "The Presidential Libraries Act and the Establishment of Presidential Libraries," 13.

終的には両者が区別されなかったため、より広いスペースを必要とする2期務めた大統領は、資料の保管面で本質的に不利になっている。

　たとえば、ウィリアム・J・クリントン（William J. Clinton）大統領図書館には、追加の資料を保管するスペースがほとんどない状態となってしまったため、苦肉の策として、同図書館は移動式の10段にも及ぶ棚を導入した。これは高い収容量を誇るものの、アーキビストが資料を出すためには棚を移動させ、はしごを使わなければならなくなり、効率性を損なうことになった[13]。

　加えて国立公文書館は、クリントン以降の大統領図書館の建築に際して、記録の保管と展示に関する環境基準を厳しくし、リノベーションに多額の費用がかかる建物も認めないとした。これは、財団が図書館を建築する初期費用の増加につながった[14]。

　2003年には、大統領図書館の建設をする際に、大統領の財団が政府に譲渡しなければならない資金が増額され、必要な寄付額が総費用の40パーセントに引き上げられた。さらに、2008年の大統領歴史記録保存法（Presidential Historical Records Preservation Act of 2008）により、その割合は60パーセントとなった。この規定は、オバマ以降の大統領図書館の財団に適用されている[15]。第3節で見るように、これはオバマ大統領図書館のあり方に影を落とすことになる。

　また、資料の増大に伴い問題となるのは、資料の保管や管理だけではない。大統領任期終了時の移管の労力も増えることになる。

　政権が終了してから大統領図書館が開設されるまでの数年間、国立公文書館の職員が記録を整理し処理する。しかし、大量の資料を保管する場所を見つけるのは容易ではない。アーキビストらが業務を遂行するのに適しており、かつ国立公文書館が定めた、資料の保管やセキュリティに関する基準を満たす必要があるからである。そこで、レーガン大統領図書館の仮施設は、パスタ工場を改造して場所を確

13　Fawcett, "Presidential Libraries," 23–24.
14　Ibid., 19.
15　"Presidential Historical Records Preservation Act of 2008," https://www.archives.gov/presidential-li-braries/laws/2008-act.html.

保した。ジョージ・H・W・ブッシュ大統領図書館の仮施設はボウリング場と隣接する中華料理店を合わせてスペースを確保し、クリントンの場合は元自動車販売店を利用した。

　レーガンは先述のとおり8年の任期を全うしたため、国立公文書館は記録を計画的に保管・管理する準備ができた。国立公文書館はコンピュータシステムを活用して、資料が入ったボックスを管理し、各ボックスをあらかじめ指定した棚の位置に割り当てた。さらに、資料は空輸され、空軍基地を往来するトラックの警備を連邦保安局やカリフォルニアのハイウェイ・パトロールが担当した。こうした移管の方法は、後任の政権においても引き継がれることになる。

　以上のように、政権移行期には大きな労力が必要となる。そうした作業を支援するために、政権移行改善法（Presidential Transitions Improvement Act of 2015）が制定され、大統領令第13727号が発出された。これらによって、移行プロセスは従来とは大きく異なることとなった。大統領の任期が満了する年度には、議会への大統領の年次予算要求に、国立公文書館による大統領記録の管理・保管の予算を含めなければならなくなったのである。そして、従来は、移行計画のためのスペースと資金が大統領選挙の当選者にのみ選挙後に提供されていたが、2016年の大統領選挙では、主要候補者に選挙前に提供されることになった[16]。

　かくして、大統領図書館をめぐっては、物理的な資料の増加の問題が顕在化している。これに加え、インターネットが登場し、新たな技術への対応を迫られることにもなった。

　たとえば、レーガン政権が初めてEメールを使用したことにより、Eメールも大統領図書館が保管すべき資料に加わった[17]。ただし、その保管方法について、当初はコンセンサスがあったわけではない。

16　David McMillen, "Moving Out, Moving In: The National Archives' Important Role When the Presidency Changes Hands," *Prologue* 48, no. 4 (Winter 2016), https://www.archives.gov/publications/prologue/2016/winter/presidential-transitions.

17　Nancy Kegan Smith, "Escorting a Presidency into History: NARA's Role in a White House Transition," *Prologue* 40, no. 4 (Winter 2008), https://www.archives.gov/publications/prologue/2008/winter/transitions.html.

国立公文書館の法務顧問ゲーリー・M・スターン（Gary M. Stern）によると、レーガン政権が終了する直前の1989年1月18日、ホワイトハウスのスタッフが、資料の整理をするとともに、コンピュータのデータを削除していた。

　実はこのとき、イランに秘密裡に武器を輸出して得た代金の一部をニカラグアの反政府ゲリラ支援に流用した、イラン・コントラ事件時のEメールが一部のコンピュータに残っていた。ジャーナリストのスコット・アームストロング（Scott Armstrong）は、こうした情報が破棄されかけていることを知り、異議を申し立てた。だが国立公文書館は、Eメールは印刷されることになっており電子データとして保存される必要はなく、そもそも電子データは記録ではない、との旨を述べたという。

　アームストロングは、Eメールの削除を中止するよう、ホワイトハウスに対して訴訟を起こした。同日、連邦判事はホワイトハウスに対して、その削除を中止しEメールのシステムすべてのバックアップを作成するよう命じた。

　この裁判は何年も続き、最終的に、政府の電子データは紙に印刷したものと別の記録として扱わなければならない、との法的原則が確立された。これは、紙ベースの記録と同様に、Eメールの記録が管理義務の対象になったことを意味している[18]。

　その後、2014年に大統領記録法と連邦記録法が改正され、大統領記録に電子記録が含まれると明文化されるとともに、何が大統領記録となるかについては国立公文書館に最終決定の権限が付与されることになった[19]。

18　ゲーリー・M・スターン「公文書館記録の開示及び利用審査」『アーカイブズ』23号（2006年3月）、17頁。
19　Meredith R. Evans, "Presidential Libraries Going Digital," The Public Historian 40, no. 2 (May 2018): 116.

第 2 節

大統領図書館の4つの役割

　こうした多大な予算と労力をかけてまで、なぜ大統領図書館は設立され、そして維持されているのであろうか。今日の大統領図書館の役割は、大きく分けて4つに整理することができる。

　第1章で論じたように、もともとは文書の散逸を防ぐことが大統領図書館の目的であった。つまり、アーカイブの機能が大統領図書館の出発点だったのである。このような機能は、後世、政策の詳細な検証や評価を可能とするものであり、民主主義の根幹をなす。これが第1の役割である。

　1978年の大統領記録法によって公文書となった大統領の資料の一部は、任期終了後5年が経過すれば、FOIA請求の対象となる[20]。これは他国と比べても珍しい制度と言える。たとえば、レーガン大統領図書館は1996年に、マーガレット・サッチャー（Margaret Thatcher）元イギリス首相に関するFOIA請求をイギリスの研究者から受けた。そして、レーガン政権終了からわずか8年で、大統領図書館は機密解除した文書を公開することができた。それに対して、イギリス政府は文書が作成されて30年が経過してから公開するため、同様の文書を公開し始めたのは2011年になってからである[21]。

20　"Presidential Records Act（PRA）of 1978," https://www.archives.gov/presidential-libraries/laws/1978-act.html. なお、類似の制度として、文書開示強制審査（Mandatory Review: MR）があった。これはクリントン政権期の大統領令第12958号によるものである。同大統領令で、作成から25年以上が経過した各省庁保有の文書は、開示審査が義務づけられた。そこで非開示決定されたものに関して、開示請求できるのがMRである。MRは、非開示決定された文書とフーバーからカーターまでの大統領図書館所蔵文書の内、国家安全保障に関わる文書に適用された。また、同大統領令は、行政府だけではなく立法府や個人から寄贈された文書にも適用された。他方、FOIAは行政府が保有する文書とレーガン以降の大統領図書館所蔵文書に適用される、などの違いがある。仲本和彦『研究者のためのアメリカ国立公文書館徹底ガイド』凱風社、2008年、66-69頁。なお、この大統領令は、オバマ政権期の大統領令第13526号で取って代わられ、今日ではMRを引き継いだ、機密開示強制審査（Mandatory Declassification Review: MDR）を利用することができる。
21　Jennifer Torres, et al, "The Special Relationship Revealed: US–UK Materials in the Ronald Reagan Presidential Library," *Journal of Transatlantic Studies* 18, no. 4 (October, 2020): 510–513.

ただし、前章で示したように、国家安全保障に関する記録や個人的な記録などについて、最長12年間は、アクセスを制限できる権限を現職の大統領らは有している。それでも、2001年にレーガン文書の12年間の制限が切れたとき、すべてが公開されたわけではなかった。1981年1月にレーガンが大統領記録に関する大統領令第12667号を発令し、現職の大統領か元大統領が大統領記録の公開を望まない場合は、公開を制限する権限が認められたからである。

　さらに、2001年11月にはジョージ・W・ブッシュ大統領が、レーガンの大統領令を上書きする、大統領記録法の施行に関する大統領令第13233号に署名し、公開を制限する権限が拡大された。これに対しては、現職の大統領や元大統領の裁量をあまりにも広く認めるものであるとして、学界や情報公開を求める団体などからの批判もあった[22]。

　ここからは、党派性を帯びた資料管理の問題を垣間見ることができる。ブッシュはこの大統領令によって、自分の政権のメンバーがかつての共和党政権で勤務した際に起草した文書など、公開を望まない資料の開示を差し控えることができるようになったのである。共和党政権や民主党政権で働いたスタッフは、後に同じ党の政権でふたたび働くことが多い。そのため、大統領記録法を無視してでも、かつての政権の特権を守ろうとする傾向があると指摘されている[23]。

　ブッシュの大統領令は、2009年1月にオバマが署名した大統領令第13489号によって廃止された。その結果、元大統領が記録の公開について行政特権を申し立てた場合には、裁判所の命令による場合を除き、現大統領か現大統領が指定した者の指示に従い、国立公文書館館長がその是非を決定することになった。これは、大統領記録を積極的に公開する方向に改めたと言える。だがこの内容でも、現職の大統領の権限を広く認めている点で、大統領記録の原則公開を

22　廣瀬淳子「大統領記録の公開──大統領記録法とオバマ政権の大統領記録に関する大統領令」『外国の立法』240号（2009年6月）、77–78頁。

23　Jill Lepore, "Will Trump Burn the Evidence?" *The New Yorker*, November 23, 2020, accessed February 19, 2022, https://www.newyorker.com/magazine/2020/11/23/will-trump-burn-the-evidence.

定めている大統領記録法の趣旨に反するとの批判もある[24]。

　加えて、こうしたアーカイブ機能は、アメリカ政治上の重要な道具ともなる。日本の場合、公文書の利用者の多くは歴史研究者とされるが、アメリカの場合は、現職の大統領や議員が過去の大統領記録を利用することも多いからである。

　大統領や議会、裁判所などは、過去の大統領記録に対して、政権終了後5年間を待たずに「特別リクエスト」を出すことが認められている。国立公文書館は、文書の整理が完了していない段階から、このリクエストを最優先事項として扱わなければならない。それゆえ、リクエストが頻繁に行われれば行われるほど、文書の整理に遅滞が生じる。実際に、大統領退任後の5年間に処理できた記録は、レーガンで全体の9パーセント、ジョージ・H・W・ブッシュで7パーセント、クリントンでは1パーセントに満たなかった。こうした要因や予算の伸び悩みが相まって、近年の大統領図書館では、FOIA請求によって文書が開示されるまでに、10年を超える年月がかかることもあるという[25]。

　以上のように、資料を保管し公開するアーカイブ機能を大統領図書館は有している。だが、今日の大統領図書館の役割はそれだけにとどまらない。第2の役割として、一般の人々を呼び集める、ミュージアムとしての機能もより強調されるようになってきているのである。

　先述のとおり、大統領図書館の設立にあたり、民間の財団は多額の寄付をしなければならなくなった。そのため大統領図書館財団は、建設費のローンを払い、図書館の企画を支援し、場合によっては慈善活動に携わるために、収入源を必要としている[26]。

　こうした財団の収入源の1つとなっているのが、ミュージアムの入館料である。そのため財団には、集客に力を入れようとする誘因が強まり、交通の便がよい場所に図書館を設立することも重要になっていると言える。たとえば、クリントン大統領図書館は州都の主要なハイ

24　廣瀬「大統領記録の公開」78頁。
25　豊田恭子「アメリカ大統領図書館制度の現状と今後の課題」『レコード・マネジメント』85号（2023年11月）、10–13頁。
26　Fawcett, "Presidential Libraries," 24.

ウェイ付近に位置し、レーガン大統領図書館も大都市圏に位置しており、多くの来訪者を見込める[27]。また、各大統領図書館は展示に工夫をこらしており、レーガン大統領図書館のミュージアムは、レーガンを含む7人の大統領のエアフォースワンとして使用されたボーイング707型機を展示している。来場者は飛行機の中に入ったり、記念写真を撮ったりすることができる。同様に、マリーン・ワンとして用いられた大統領専用ヘリコプターも展示されている[28]。

　さらに、大統領図書館は設置された街に大きな経済効果をもたらす可能性がある[29]。たとえばクリントン大統領図書館は、アーカンソー州リトルロックにおいて都市化と経済的発展のきっかけとなった。この大統領図書館は廃れた倉庫街に建設され、活気のなかったところに10億ドル近くもの民間の投資をもたらした。そのインパクトを調べた研究によると、年間30万人もの人が訪れ、1,700万ドルの経済効果をもたらすと見積もられた[30]。実際に、クリントン大統領図書館付近のアーカンソー川流域にリバーマーケットという商業地域ができ、ホテルやレストランが増えることになった[31]。クリントンも、大統領図書館のデザイン披露会で、「この図書館が市や州に利益をもたらすものとしたかった」と語っている[32]。

　同様に、オバマの大統領図書館の設立をめぐっても、経済効果を見込んで、多くの関係者がプロジェクトの推進に積極的な姿勢を示した。たとえば、シカゴのラーム・エマニュエル（Rahm Emanuel）市長[33]やニューヨークのビル・デブラシオ（Bill de Blasio）市長は、それぞれ

27　Ibid., 25.
28　R. Duke Blackwood, "Ronald Reagan Presidential Library and Museum," *White House History* 40 （Winter 2016）, 83.
29　なお、環境破壊につながるなどとして、大統領図書館建設に反対する声が出ることもある。Joseph Guzman, "Environmental Controversy Erupts over Obama's Presidential Library," *The Hill*, August 19, 2021, accessed March 5, 2023, https://thehill.com/changing-america/sustainability/environment/568563-environmental-controversy-erupts-over-obamas/.
30　Benjamin Hufbauer, *Presidential Temples: How Memorials And Libraries Shape Public Memory* （University Press of Kansas, 2006）, 193.
31　大原ケイ「壮大なバイオグラフィーとしての大統領図書館」『LRG』18号（2017年冬）、28頁。
32　The White House, "Remarks by The President at William J. Clinton Presidential Center Design Unveiling," December 9, 2000 https://clintonwhitehouse6.archives.gov/2000/12/2000-12-09-remarks-by-president-at-william-j-clinton-presidential-center.html.
33　2021年に駐日アメリカ合衆国大使に就任した。

の都市においてプロジェクトを支援する姿勢を示した[34]。オバマ自身も、そのプロジェクトが雇用拡大と経済発展のきっかけになるだろうと語っている[35]。また、各大統領図書館は、地元の学校と提携し、就学児童・生徒向けの教育プログラムを提供するようになっており、地域社会との関係も深い[36]。

　また、大統領図書館は、「パスポート」を発行して各大統領図書館のスタンプラリーを実施している。来訪者は、各大統領図書館の情報が掲載された冊子を購入し、各大統領図書館で記念スタンプを押す。スタンプを集めるとプレゼントをもらえる仕組みである。空欄となっている将来の大統領図書館のページも用意されており、持ち主は、この「パスポート」を長く使えるようになっている[37]。こうした取り組みは、観光地としての大統領図書館の姿を端的に表している。

　こうした傾向に対しては批判もある。大統領図書館が存在する根本的な理由は、資料を保管し研究者や国民がそれらを使用するアーカイブ機能だというのである。観光用のアトラクションや文化的センター、教育機関としての大統領図書館の役割は、本来の設立の趣旨からすれば付け足しのようなものである、とも指摘される[38]。

　さらに、国立公文書館と財団双方がミュージアムの運営に携わる方式をめぐっても議論がある。両者の関係は友好的な官民協働となるかもしれないが、ときには緊張関係をもたらしうるのである。

　たとえば、展示のどの部分が政府から支出されたもので、どこがそうではないのかが不明確になる可能性もある[39]。国立公文書館は、す

34　Jennifer Schuessler, "The Obama Presidential Library That Isn't," *New York Times*, February 20, 2019, accessed February 19, 2022, https://www.nytimes.com/2019/02/20/arts/obama-presidential-center-library-national-archives-and-records-administration.html.

35　Neil Vigdor, "Obama Breaks Ground on Presidential Center in Chicago After Lengthy Discord," *New York Times*, September 28, 2021, accessed February 19, 2022, https://www.nytimes.com/2021/09/28/us/obama-presidential-center-chicago.html.

36　Fawcett, "Presidential Libraries," 25.

37　The U.S. National Archives and Records Administration, "Passport to Presidential Libraries," accessed March 5, 2023, https://www.archives.gov/presidential-libraries/visit/passport.html.

38　Richard J. Cox, "America's Pyramids: Presidents and their Libraries," *Government Information Quarterly* 19（2002）: 57.

39　Ginsberg, Lunder and Richardson, "The Presidential Libraries Act and the Establishment of Presidential Libraries," 3.

べての展示内容の承認に関して最終的な権限を有している。だが、多くの場合、財団が大統領図書館の一般展示の作成を担っている[40]。こうした関係は、責任の所在が見えにくくなることにつながる。

　大統領図書館の入館料についても、連邦政府と財団で分けることがあるが、それが必ずしも来訪者に明確に示されるわけではない。一部の図書館では、連邦政府所有の設備の使用に際して、財団が使用料を払っている。たとえば、レーガンとクリントンの大統領図書館では、ミュージアムで無料のイベントを開催した際、参加者数に応じて財団が連邦政府に使用料を支払っている[41]。

　他にも、第3の役割として、大統領図書館は政治的なメッセージを発信する、象徴的な場としても活用されている。たとえば、近年、大統領選挙予備選挙における共和党の討論会は、根強い人気を誇るレーガンの大統領図書館で、たびたび開催されている。

　また、2020年7月、トランプ政権のマイク・ポンペオ（Mike Pompeo）国務長官が、ニクソン大統領図書館で中国に対して批判的な演説を行った。その場が選ばれたのは、米中接近を成し遂げたニクソンの政策が失敗であったと強調するためであった[42]。

　さらに2023年4月にはレーガン大統領図書館で、ケヴィン・マッカーシー（Kevin McCarthy）下院議長をはじめとする下院の超党派のメンバーと、台湾の蔡英文総統一行が会談した。反共主義者であったレーガンを引き合いに出したのである[43]。これに対して中国政府は、「台湾分離主義者の活動に場を提供し便宜を図った」として、レーガン大統領図書館などに制裁を科し、中国の組織が関係をもつことを禁じた。

40　Ibid., 29. 通常、財団の関心は1人の大統領に限られる。その財団が大統領図書館の企画を主として支援している以上、複数の大統領図書館同士が協力し文書や物の貸し借りを越えて企画展を運営することは基本的にない、という問題も指摘されている。Larry J. Hackman, "Toward Better Policies and Practices for Presidential Libraries," *The Public Historian* 28, no. 3 (Summer 2006): 176.

41　Ginsberg, Lunder and Richardson, "The Presidential Libraries Act and the Establishment of Presidential Libraries," 31.

42　Edward Wong and Steven Lee Myers, "Officials Push U.S.-China Relations Toward Point of No Return," *New York Times,* July 25, 2020, accessed April 15, 2023, https://www.nytimes.com/2020/07/25/world/asia/us-china-trump-xi.html.

43　Karoun Demirjian and Chris Buckley, "U.S. Tensions With China on Display as McCarthy Hosts Taiwan's Leader," *New York Times*, April 5, 2023, accessed April 15, 2023, https://www.nytimes.com/2023/04/05/us/politics/mccarthy-tsai-taiwan-china.html.

このように、大統領図書館は政治的な象徴ともなっている[44]。

　以上に加えて、第4の役割として、宗教的側面を指摘できる。大統領図書館研究で知られるベンジャミン・ハフバウアー（Benjamin Hufbauer）は、アメリカの市民宗教を体現するものであるとして、大統領図書館を「大統領の神殿（Presidential Temples）」と呼ぶ。大統領図書館は、神聖な国家的空間となることを意図され、遺物や再構成された大統領の歴史をめぐる巡礼の旅がなされる。そして、国民的な意識において、過去の大統領たちを愛国的な崇敬に値する存在へと高めることを目的としている、とハフバウアーは論じる[45]。

　第1章や第2章でも見たように、フーバー以降の多くの大統領やその夫人は、自身の大統領図書館の敷地内に埋葬されている[46]。一般の訪問者が、墓参りをできるようになっていることからも、大統領図書館の宗教的側面を見て取れよう。

　この点に関しても、レーガンは1つの契機であった。たとえば、2004年6月5日にレーガンが世を去ったとき、多くのメディアがその葬儀に注目した。大統領図書館から始まり大統領図書館で終わる、1週間近くにもおよぶ儀式が執り行われたのである[47]。

　レーガンの遺体は、6月7日にまず大統領図書館に安置され多くの人々が弔問に訪れた。その数は10万人に上ったと見られる[48]。その後、棺はワシントンDCに運ばれ、議会議事堂の円形大広間に安置された。従来の大統領とは異なり、レーガンの棺は議事堂の東側ではなく西側から運び込まれることになった。これは、東側が改修作業で閉鎖され

44　Huizhong Wu, "China Sanctions Reagan Library, Others over Tsai's US Trip," *Washington Post*, April 7, 2023, accessed April 15, 2023, https://www.washingtonpost.com/politics/2023/04/06/china-sanctions-taiwan-us/33313b9a-d4ed-11ed-ac8b-cd7da05168e9_story.html.

45　Hufbauer, *Presidential Temples*, 7. 市民宗教については、Robert N. Bellah, "Civil Religion in America," *Daedalus* 96, no.1 (Winter 1967): 1-21; 藤本龍児『アメリカの公共宗教──多元社会における精神性』NTT出版、2009年を参照。

46　ただし、ローズヴェルトの墓は、大統領図書館に隣接するフランクリン・D・ローズヴェルト国立史跡（Home of Franklin D. Roosevelt National Historic Site）に、ケネディの墓はアーリントン国立墓地に、ジョンソンの墓はリンドン・B・ジョンソン国立歴史公園（Lyndon B. Johnson National Historical Park）に、フォードの墓はジェラルド・R・フォード大統領ミュージアムにある。

47　Hufbauer, *Presidential Temples*, 193-196.

48　John M. Broder and Charlie Leduff, "The 40th President: Paying Respects," *New York Times*, June 9, 2004, accessed June 30, 2022, https://www.nytimes.com/2004/06/09/us/the-40th-president-paying-respects-100000-one-by-one-pay-tribute-to-a-president.html.

ていたためであるが、象徴的な意味も持った。レーガンは、議事堂の東側ではなく西側で就任演説を行った、初めての大統領だったからである。そこには、レーガンが西部カリフォルニアに政治的なルーツがあることを強調する目的もあった[49]。

　安置された棺に別れを伝えるべく、ここでも10万人もの人が34時間にわたって訪れ、最高で7時間の列ができたという。11日にワシントン大聖堂で執り行われた国葬では、ジョージ・W・ブッシュ大統領が弔辞を読んだ。そこには、ジョージ・H・W・ブッシュ元大統領をはじめ、ソ連のミハイル・ゴルバチョフ（Mikhail Gorbachev）元大統領、イギリスのサッチャー元首相、カナダのブライアン・マルルーニー（Brian Mulroney）元首相、ポーランドのレフ・ワレサ（Lech Walesa）元大統領、それに日本の中曽根康弘元首相など、世界各国からレーガンと親交があった指導者たちが集った。故人に敬意を表し、ニューヨーク証券取引所は同日の営業を休止した。ケーブルテレビでは、レーガンの追悼番組や出演映画が24時間放送され続けた[50]。

　アメリカでは他にも、アイゼンハワーやケネディ、ジョンソンらの国葬がワシントンDCで行われており、同地での国葬は20世紀の大統領の標準的な手続きとなっている。これは、部分的にはテレビの登場と関係があると指摘される。テレビを通じて、アメリカ人は儀式に参加する機会を得ることになったのである[51]。長らくテレビでも活躍したレーガンの葬儀は、まさにその真骨頂であった[52]。

　最終的に、レーガンの棺は丘の上の大統領図書館に戻り、カリフォルニアの金色に輝く日の入りに埋葬された。これは、レーガン自身が、人生の終のイメージとして思い描いていたものであった[53]。2016年に世

49　Elisabeth Bumiller and Elizabeth Becker, "The 40th President: The Plans; Down to the Last Detail, a Reagan-Style Funeral," *New York Times*, June 8, 2004, accessed June 30, 2022, https://www.nytimes.com/2004/06/08/us/the-40th-president-the-plans-down-to-the-last-detail-a-reagan-style-funeral.html.
50　村田晃嗣『銀幕の大統領ロナルド・レーガン──現代大統領制と映画』有斐閣、2018年、509-510頁。
51　Bumiller and Becker, "The 40th President."
52　レーガンとテレビについては、村田晃嗣『レーガン──いかにして「アメリカの偶像」となったか』中公新書、2011年、特に4章を参照。
53　Bumiller and Becker, "The 40th President."

を去った妻ナンシー（Nancy Reagan）もレーガンの隣で眠っている。

　亡くなった大統領や「ファーストレディー」を記念する人々は、彼らを歴史と社会的記憶の領域へと転換しようとする。大統領図書館は、対象とする元大統領になおも意味があることを示し、訪問者が故人を思い起こせるように努める。大統領図書館は、文書や展示、音声、映像などを使って、大統領の働きを卓越した価値があるような「神話」とすることにもなる[54]。

　こうしたあり方にハフバウアーは批判的である。大統領図書館がアメリカの歴史を熟考するためのものではなく、大統領が自己申告した成果を無批判に売り込み、市民宗教において個人崇拝につなげるようになっているというのである[55]。たとえば、レーガン大統領図書館のミュージアムの展示では、イラン・コントラ事件が当初は扱われず、ケネディ大統領図書館のミュージアムでは、ケネディの健康上の問題や愛人関係に関する詳しい説明がなく、ニクソン大統領図書館ではニクソンにフォードが恩赦を与えたことに触れられていなかった、とハフバウアーは指摘する[56]。

第 3 節

オバマによるデジタル化

　以上のように大統領図書館という制度は多面的である。そこに、一石を投じたのがオバマであった。大統領図書館の新たなかたちを模索し、その役割自体をも変えようとしているのである。

　2025 年開館予定のオバマ大統領図書館では、「オバマ大統領図書館」が担うアーカイブ機能と、「オバマ大統領センター」が担うミュー

54　Hufbauer, *Presidential Temples*, 198-199.
55　Ibid., 198-199.
56　Ibid., 124.

ジアム機能が分離されている。これまでの大統領図書館では、国立公文書館の館長がアーカイブ部門とミュージアム部門の両方を管轄し、公文書館の職員がミュージアムにも配置されていた。だが、オバマ大統領図書館のミュージアムは、国立公文書館から完全に切り離されるのである[57]。

国立公文書館は記録や収蔵品を貸し出すものの、ミュージアム機能を担うオバマ大統領センターは、連邦政府ではなく民間の財団によって運営される。そのため、大統領センターを運営するオバマ財団も寄付金集めに奔走しており[58]、たとえば、ナイキ財団からは500万ドルの寄付を受けている[59]。

オバマ大統領センターは、シカゴ大学の協力を得つつ、イリノイ州シカゴ南部のサウスサイド地区にあるジャクソン・パーク内に設立されることになった。サウスサイドは一時期犯罪率が高く、スラム化した都市部として悪名をはせた場所であった。ジャクソン・パークも例外ではなく、1893年に万博が行われて以来、施設も荒れていた[60]。そこを再開発することとなったのである。

オバマ曰く、シカゴは、政治家、夫、父親として成長した場所である。オバマはハーバード大学ロースクールを修了後、2004年に上院議員に当選するまでの12年間、シカゴ大学ロースクールで憲法を教えていた。また、後の夫人ミシェル・オバマ（Michelle Obama）と出会ったのもシカゴの法律事務所であり、2人はこの地で家庭を築いた。2008年の大統領選挙で24万人の観衆を前に勝利演説をした場所も、シカゴのグラント・パークであった[61]。

これまでの大統領図書館は、基本的に各大統領の出身地に建設されてきた。そうすることによって、大統領の青少年期の人間形成に影響を及ぼした、環境や社会的要因を研究者がより深く理解できるとい

57　豊田「岐路に立つアメリカ大統領図書館」107頁。
58　Schuessler, "The Obama Presidential Library That Isn't."
59　Nike News, "Upping Our Game: Nike and Obama Foundation Team Up in Chicago," January 14, 2020, accessed February 19, 2022, https://news.nike.com/news/nike-and-obama-foundation.
60　大原「壮大なバイオグラフィーとしての大統領図書館」36頁。
61　Vigdor, "Obama Breaks Ground on Presidential Center in Chicago After Lengthy Discord."

う面もある。だが、ジョージ・W・ブッシュの大統領図書館は、ブッシュの妻ローラ（Laura Bush）の母校、サザンメソジスト大学のキャンパス内に設置された。こうした、必ずしも大統領の出身地にこだわらない傾向は、オバマの大統領図書館にも引き継がれた[62]。

　他にも、最近の大統領図書館は、資金力のある民間財団が運営に参画し、大学と提携するなどの特徴があり、オバマの大統領図書館もそれらの多くを共有している[63]。

　しかしながら、アーカイブ機能に関して、オバマ大統領図書館は従来のそれと本質的に異なる。同図書館は、大統領の資料を閲覧する研究用の施設を設置しないのである。大統領図書館法は、図書館を建てる場合の条件を規定しているが、大統領に図書館を建てる義務があるわけではない。第1節で述べたように、大統領図書館を建てる場合は総費用の60パーセントも連邦政府に納める必要がある。そのため、大統領図書館を建設するのではなく、その資金を他の案件に直接投資した方が自由度が高く効果的である、と判断する大統領が出てきても不思議ではない[64]。

　アーカイブとしての物理的な大統領図書館は建設しない代わりに、オバマ財団が資金を提供し、約3,000万頁に及ぶ紙の記録をデジタル化し、オンラインで利用できるようにすることを目指している。すなわち、デジタルアーカイブである。

　たしかに、デジタル化は時代の趨勢である。他の大統領図書館でも、紙の資料をデジタル化し、インターネットで公開する作業を進めている[65]。さらに、近年の大統領の記録の多くが、そもそもデジタルで

62　Ginsberg, Lunder and Richardson, "The Presidential Libraries Act and the Establishment of Presidential Libraries," 12. なお、オバマはハワイ州生まれであり、同州やインドネシア、カリフォルニア州などで育った。

63　Ibid., 31–32.

64　豊田「岐路に立つアメリカ大統領図書館」107頁。

65　全大統領図書館の文書のうち、デジタル化されオンラインで公開されているものは、2023年11月時点で3.006パーセントにすぎないが、今後進んでいくものと思われる。National Archives, "Presidential Library Explorer," https://www.archives.gov/findingaid/presidential-library-explorer?_ga=2.52278569.1696744382.1674044423-796994510.1661867376. なお、1995年に、中央情報局（CIA）と国立公文書館・大統領図書館が協力して、リモート・アーカイブ・キャプチャー（RAC）というプロジェクトを立ち上げた。これは、機密指定された大統領文書をワシントンDCに持ち込み、CIAの協力を得てデジタル化・機密解除の手続きを行うものである。審査終了後、資料が大統領

作成されているという事情もある[66]。オバマの記録には大量の紙媒体のものもあるが、それに加えて、約3億通のEメール、画像・動画投稿アプリケーションの「スナップチャット」の投稿、「ツイッター（現X）」の投稿、その他デジタルで生成された記録が含まれている[67]。オバマ政権期の電子記録は、約200テラバイトに及ぶと推定されている[68]。

　しかし、完全なデジタルアーカイブはオバマ政権に関する将来の研究を阻害する、という懸念も示されている。

　繰り返しになるが、大統領図書館の目的の1つは、大統領に関連する歴史的な資料を一カ所に集めて公開すること、すなわちアーカイブ機能である。大統領図書館は政府が所有・運営し、法律で定められた大統領の記録のみならず、個人的な書類や配偶者の書類、閣僚や補佐官などの記録を保管し、誰でも利用できるようにしている[69]。

　したがって、こうした専用の保管施設がなければ、関連資料が収集されない可能性がある。オバマの大統領記録は国立公文書館に保管されるが、そのニュアンスや文脈を伝える他の関連資料が収集・保管されることはない。そうした資料は、大学や議会図書館に寄贈されるか、収集家に購入されるか、あるいは散逸してしまうだろう[70]。大統領図書館の設立をめぐり議論された資料の保管への懸念が、再燃しているのである。

　また、デジタルアーカイブたるオバマ大統領図書館には、その時代や人物、イシューについて深く理解する専任のスタッフが必要ではない。他の大統領図書館には、筆跡を見分けたり写真の顔を判別した

　　図書館に返却され、順次、大統領図書館閲覧室内のパソコンから、その画像にアクセスできるようになっていた。National Archives, "The Remote Archives Capture Program (RAC)," https://www.archives.gov/presidential-libraries/declassification/rac.html. これは、2018年に機密統合（Classified Consolidation）プログラムに引き継がれた。National Archives, "Types of Presidential Collections," https://www.archives.gov/presidential-records/research/types-of-presidential-collections.

66　デジタル化は、予算の限界と記録の増大に直面している国立公文書館の傾向とも一致している。国立公文書館の全所蔵資料は、約125億ページに相当すると推定されており、それらすべてのデジタル化が計画されている。Schuessler, "The Obama Presidential Library That Isn't."
67　Schuessler, "The Obama Presidential Library That Isn't."
68　McMillen, "Moving Out, Moving In."
69　Bob Clark, "In Defense of Presidential Libraries: Why the Failure to Build an Obama Library Is Bad for Democracy," *The Public Historian* 40, no. 2 (May 2018): 101.
70　Ibid., 102.

りする、生き字引のようなスタッフがいるものだが、オバマ大統領図書館には期待できない[71]。専門のアーキビストの助けがなければ、デジタル資料は、容易には閲覧しにくいデータの山に変わってしまうかもしれない[72]。

国立公文書館が管理するこうしたアーカイブは、既述のように、オバマの財団が運営するミュージアムと分離される。そのため、ミュージアムの運営を民間の財団に委ねれば、大統領の業績を「美化」ないし「神格化」することにつながるのではないかとの懸念も出ている[73]。

さらに、オバマ大統領センターが担うミュージアム機能の内容も、これまでの大統領図書館とは異なる方向性が模索されている。同センターの設立に際し、オバマは「このセンターを単なる退屈なミュージアムや資料調査の場所以上のものにしたい」と述べた。「大統領センターは、選挙活動の記念品やミシェルの夜会服を集めただけの場所にとどまらない」、「ノスタルジアに浸ったり過去を振り返ったりするだけのものでもない。私たちは前を向きたいのだ」とオバマは言う。そして、サウスサイドを、オバマ大統領について学ぶためだけでなく、未来のリーダーのためのものにする、と意気込みを語っている[74]。

オバマ大統領センターは、その言葉を体現するような施設になろうとしている。ミュージアムに加えて、敷地内には、シカゴ公立図書館の分館、講堂、子供向けのエリア、コミュニティの集会やパフォーマンスのための広場も設置される予定である。多くが無料で、一般に開放される。誰でもダンスクラスに参加したり、バスケットボールのゲームに加わったりすることもできる。こうした地域のレクリエーション施設が作られるのは、大統領図書館として初めてである[75]。

オバマの大統領図書館は、従来の大統領図書館の定義とは大きく

71　Ibid.
72　Schuessler, "The Obama Presidential Library That Isn't."
73　同様に、ジョージ・W・ブッシュ大統領図書館に関しても、2023年に国立公文書館がミュージアム部分の運営権をブッシュ財団に移譲することになった。今後、こうした分離方式が広まったり、踏襲されたりする可能性もある。豊田「アメリカ大統領図書館制度の現状と今後の課題」11-12頁。
74　Vigdor, "Obama Breaks Ground on Presidential Center in Chicago After Lengthy Discord."
75　Nike News, "Upping Our Game."

異なるものとなろうとしている。すなわち、単なるアーカイブでもミュージアムでもなく、今後の大統領図書館のあり方や存在意義自体の再考を迫っているのである。

第 4 節

トランプと資料の管理

2017年1月20日、トランプが大統領に就任した。就任以前にいかなる行政経験も軍歴も持たない、異色の大統領である。トランプは既存の大手マスメディアとの対立をいとわず、ツイッターを用いて、国民や世界の人々に自ら直接訴えかける手法をとった（なお、アメリカ大統領として初めてツイッターを使用したのはオバマである）。

そのツイッターの扱い方が、トランプ政権期に議論となった。トランプはツイッターの記録をしばしば削除していたからである。トランプの大統領就任直後、国立公文書館は、ホワイトハウスと協議して記録の保存のルールを定め、すべての投稿（ツイート）を保存するようトランプに助言した。だが、トランプはツイートを削除するのをやめなかった。その代わりに、ホワイトハウスはツイートの内容を保存するシステムを導入することになった[76]。

国立公文書館は、トランプが退任した2021年1月20日に、トランプ大統領図書館のウェブサイトを立ち上げた[77]。そこでは、トランプ政権期のホワイトハウスのウェブサイトやソーシャルメディアでの発信が公開されている。ただし、個人アカウントのツイートなどは、2023年12月時点では公開されていない。

インターネット上の情報の保存に関しては、新たな潮流も生まれて

76　Lepore, "Will Trump Burn the Evidence?"
77　National Archives and Records Administration, "The Donald J. Trump Presidential Library," 2022, https://www.trumplibrary.gov/.

いる。それが、民間の機関が情報を収集し、保存・公開する「インターネットアーカイブ」である。たとえば、ウェブサイト「ファクトベース（Factba.se）」は、動画やツイートなどを幅広く収集している。トランプは、大統領就任以前の 2011 年から 2014 年にインターネット上で公開した動画の大部分を、2015 年までに削除した。ファクトベースは、そのほとんどを記録し公開している[78]。また、「トランプ・ツイッター・アーカイブ（Trump Twitter Archive）」は、56,571 件のトランプのツイートを、削除されたものも含めて公開している[79]。

　こうしたインターネットアーカイブにより、大統領が発言を削除しようとも、それらが保存され、国民の目が届くようになっている。開かれた民主主義の健全性を担保しようとする試みである[80]。これまで大統領図書館や国立公文書館が担ってきた大統領に関するアーカイブ機能を、民間の機関が補完しようとしているのである。

　さらに、トランプ政権における資料の問題はトランプ個人にとどまらなかった。

　政権発足の翌月、ドナルド・F・マクガーン（Donald F. McGahn）大統領法律顧問は、大統領記録法の義務に関するメモを大統領行政府で働く人すべてに送り、E メールの保存などの方法について、次のような詳細な指示を出した。

　公務を遂行するにあたり、インスタントメッセージやソーシャル・ネットワーキング・システム（SNS）、インターネットベースの電子的なコミュニケーション手段を許可なく使用してはならない。そうしたプラットフォームで大統領記録を作成したあるいは受信した場合は、保存するために、スクリーンショットなどで大統領行政府の自分の E メールアカウントに送らなければならない。その通信を保存した後は、大統領行政府以外のプラットフォームからデータを削除しなければならな

78　Factba.se, "Donald Trump. Speeches. Tweets. Policy. Unedited. Unfiltered. Instantly." https://factba.se/trump/.

79　"Trump Twitter Archive," https://www.thetrumparchive.com/.

80　リチャード・オヴェンデン（五十嵐加奈子訳）『攻撃される知識の歴史──なぜ図書館とアーカイブは破壊され続けるのか』柏書房、2022 年、278-279 頁。

い、などである。

　だが、マクガーンのメモを無視した人が多かったようである。たとえば、トランプの娘のイヴァンカ・トランプ（Ivanka Trump）大統領補佐官は、公務の通信に私的なEメールアカウントを使った。また、その夫のジャレッド・クシュナー（Jared Kushner）大統領上級顧問は、設定次第でメッセージが自動的に削除される暗号化メッセージアプリケーション「ワッツアップ」を、サウジアラビアの皇太子との通信に使用した。ホワイトハウスと国立公文書館のガイドラインでは、そのようなアプリケーションの使用が禁止されているにもかかわらずである。

　もっとも、こうした電子データをめぐる問題はトランプ政権に限られたものではない。たとえばジョージ・W・ブッシュ政権では、ホワイトハウスの高官の多くが、共和党全国委員会が運営するメールサーバーを使用して問題となった。オバマ政権のヒラリー・クリントン（Hillary Clinton）国務長官も、公的な通信を行うために私用メールサーバーを使用したことが連邦記録法違反であると指摘されている[81]。

　以上のようなデジタルデータに加えて、トランプ政権では、紙の資料や物品に関しても適切に処理されていなかった疑いがある。トランプは文書保存の要件を無視して公文書を頻繁に破る癖があり、スタッフがテープでとめて元に戻すこともあった[82]。

　また、トランプ政権期のホワイトハウスでは、私物と在任中に受け取った贈り物が混在しており、大統領執務室がある西棟のあちこちに散らばったりガラスケースに入れられてプライベートエリアに飾られたりした。さらに、そうした公文書や贈り物の一部は、トランプのフロリダの別荘マー・ア・ラゴに不適切に運ばれた[83]。

　415ドル以上の贈り物は、国立公文書館に寄付するか、自分のものとしたければ買い取る必要がある。だが、トランプの場合、寄付さ

81　Lepore, "Will Trump Burn the Evidence?"
82　Jacqueline Alemany, Josh Dawsey, Tom Hamburger and Ashley Parker, "National Archives Had to Retrieve Trump White House Records from Mar-a-Lago," *Washington Post*, February 7, 2022, accessed February 10, 2022, https://www.washingtonpost.com/politics/2022/02/07/trump-records-mar-a-lago/.
83　Ibid.

れずに行方不明となっている贈り物は100点以上、25万ドル相当に及び、その中には安倍晋三首相から送られた3,040ドルのゴルフドライバーや460ドルのパターも含まれる[84]。

　たしかに、トランプ政権末期には、大統領記録法に基づき、国立公文書館が大統領資料の移管に関してホワイトハウスと話し合いを始めていた。そこでは、トランプが手元に置いている資料をいかにして適切に管理しつつ引き渡すかについて議論がなされた。だが、すべての資料が国立公文書館に引き渡されたわけではなかったのである。

　政権終了後、国立公文書館のスターン法務顧問がトランプの弁護士に連絡をとった。トランプが「ラブレター」と称した、北朝鮮の最高指導者金正恩の手紙の原本や、オバマがホワイトハウスを去る際にトランプに残した手紙などが見当たらなかったのである。実は金正恩の手紙はトランプが所持しており、別荘で来訪者に見せていたという。トランプ側は手紙の返還を申し出て、その方法を訊ねた。国立公文書館側は物流サービスのフェデックスを使って送ることを薦めたが、結局返還されなかった。

　国立公文書館側は、トランプが大統領記録法に従うことを拒否し続けるのであれば、本件を司法省に委ねるか議会に通告する可能性があると警告した。トランプの側近たちは、機密指定された文書を確認するのに適切な資格を持っていないとして、マー・ア・ラゴにある文書の調査に二の足を踏んだ。そこで、最終的にはトランプ自身が文書を確認したが、すべて確認したわけではなかったようである。

　2021年12月末、トランプの弁護士は文書を引き渡す準備が整っている旨を国立公文書館に伝えた[85]。そして翌月に、国立公文書館が

84　もっとも、クリントン大統領らも、連邦政府の所有物となっていた、贈り物のソファ、絨毯、椅子を政権終了時にホワイトハウスから持ち去ったとして批判され、最終的にこれらの家具を返却した。Michael S. Schmidt, "Trump Failed to Follow Law on Foreign Gifts, House Democrats Say," *New York Times*, March 17, 2023, accessed April 12, 2023, https://www.nytimes.com/2023/03/17/us/politics/trump-gifts.html. なお、2023年4月には、大統領就任以前に安倍首相から送られた金色のゴルフクラブを国立公文書館に寄贈することをトランプが発表した。『産経新聞』2023年4月12日、2023年4月15日アクセス、https://www.sankei.com/article/20230412-2L4OFCVUDVP5NHMIBXBGNE53OA/.

85　Luke Broadwater, Katie Benner and Maggie Haberman, "Inside the 20-Month Fight to Get Trump to Return Presidential Material," *New York Times*, August 26, 2022, accessed September 20, 2022, https://www.nytimes.com/2022/08/26/us/politics/trump-documents-search-timeline.html.

マー・ア・ラゴから15箱の資料を回収した。これは、本来であれば退任時に国立公文書館に移管されるべきだった文書や記念品などである。そこには、上述の金正恩やオバマの手紙も含まれていたという。事後的にこれほど大量の移管が行われたのは、初めてのことであった。トランプ側は悪意を否定しており、トランプが2020年の大統領選挙での敗北をなかなか受け入れなかったため、政権末期に大慌てで荷造りが行われた結果であると説明している[86]。

　国立公文書館はトランプの記録管理についての声明を発表し、トランプ政権末期に受け取った記録の中にはトランプに破られた紙の記録もあったと批判した。さらに、マー・ア・ラゴから回収した文書についての声明も出し、トランプが国立公文書館に返却すべき大統領記録をなおも保持し続けていると主張した。国立公文書館は、1月に回収した15箱の予備調査を行った結果を司法省に伝えた。そこには「多数の機密記録」があり、「綴じられておらず、他の記録と混ざっているか、不適切に分類されている」状態であったという[87]。

　そこで、2022年8月には、トランプがホワイトハウスから機密文書を違法に持ち出した疑いがあるとして、連邦捜査局（FBI）がマー・ア・ラゴを捜索した[88]。そこには、核兵器関連の最高機密文書も含まれていたとされる[89]。そして、合計で300を超える機密指定された文書が回収されることになった[90]。トランプが保持していた政府の記録は1万点

86　Jacqueline Alemany, Josh Dawsey, Tom Hamburger and Ashley Parker, "National Archives Had to Retrieve Trump White House Records from Mar-a-Lago," *Washington Post*, February 7, 2022, accessed February 10, 2022, https://www.washingtonpost.com/politics/2022/02/07/trump-records-mar-a-lago/.
87　Broadwater, Benner and Haberman, "Inside the 20-Month Fight to Get Trump to Return Presidential Material."
88　Alex Leary, Aruna Viswanatha and Sadie Gurman, "FBI Recovered 11 Sets of Classified Documents in Trump Search, Inventory Shows," *Wall Street Journal*, August 13, 2022, accessed August 15, 2022, https://www.wsj.com/articles/fbi-recovered-eleven-sets-of-classified-documents-in-trump-search-inventory-shows-11660324501.
89　Devlin Barrett, Josh Dawsey, Perry Stein and Shane Harris, "FBI Searched Trump's Home to Look for Nuclear Documents and Other Items, Sources Say," *Washington Post*, August 11, 2022, accessed August 11, 2022, https://www.washingtonpost.com/national-security/2022/08/11/garland-trump-mar-a-lago/.
90　Maggie Haberman, Jodi Kantor, Adam Goldman and Ben Protess, "Trump Had More Than 300 Classified Documents at Mar-a-Lago," *New York Times*, August 22, 2022, accessed August 25, 2022, https://www.nytimes.com/2022/08/22/us/politics/trump-mar-a-lago-documents.html.

以上に及ぶ[91]。

　先述のとおり、大統領記録法で大統領の記録は公文書として規定されている。それゆえ、元大統領ですら、国立公文書館が自らの大統領記録をどこで、そしていかに保管するかについて、影響力を及ぼす権限を有していない。たとえばオバマは、大統領退任後に768頁に及ぶ回顧録を執筆した際、大統領記録を参照しようとするたびに側近が詳細な請求を国立公文書館に行った。資料の保存を定めた1978年の大統領記録法成立以降、こうした大統領記録を参照する手続きは、党派を問わず各大統領が基本的に従ってきたものである[92]。

　ただし、その後、バイデン大統領やマイク・ペンス（Mike Pence）前副大統領も、オバマ政権とトランプ政権でそれぞれ副大統領を務めた時期の機密文書を違法に所持していたことが発覚した。これを受け、レーガン政権期以降の大統領・副大統領の代理人に、機密文書などを所持していないか確認するよう国立公文書館が要請するなど、問題は広がりを見せている[93]。もっとも、バイデンやペンスのケースでは、機密文書が少数であったことに加え、両者とも当局に協力的であり、問題発覚後ただちに資料を返却した。これらの点において、トランプのケースとは異なっていると言える[94]。

　そして、2023年6月、国防に関わる情報を権限なく保持したスパイ防止法違反や、司法妨害の共謀、偽証など、トランプは37の罪状で起訴された[95]。連邦法違反でアメリカの大統領経験者が起訴されたの

91　Peter Nicholas, "Trump Suggests the Mar-a-Lago Documents Were Bound for His Library. But Advisers Say He's Rarely Talked about It," NBC News, September 4, 2022, https://www.nbcnews.com/politics/donald-trump/trump-suggests-mar-lago-documents-bound-library-advisers-say-rarely-ta-rcna46129.

92　Michael D. Shear, "Trump Flouted Rules About Presidential Records. That's Not How It Usually Works," *New York Times*, August 24, 2022, accessed September 11, 2022, https://www.nytimes.com/2022/08/23/us/politics/trump-presidential-records.html.

93　Glenn Thrush and Peter Baker, "National Archives Asks Ex-Presidents and Vice Presidents to Scour Their Files," *New York Times*, January 26, 2023, accessed March 26, 2023, https://www.nytimes.com/2023/01/26/us/politics/presidents-classified-files-national-archives.html.

94　Linda Qiu, "Trump's Misleading Defenses in the Classified Documents Case," *New York Times*, June 13, 2023, accessed June 19, 2023, https://www.nytimes.com/2023/06/13/us/politics/trump-indict-ment-documents-fact-check.html.

95　Rachel Weiner, "Here Are the 37 Charges against Trump and What They Mean," *Washington Post*, June 6, 2023, accessed June 22, 2023, https://www.washingtonpost.com/dc-md-va/2023/06/09/trump-charges-classified-documents/.

は、史上初めてである[96]。

　こうした中、トランプの大統領図書館建設に関する具体的な見通し
は立っていない。トランプのアドバイザーたちによると、そもそもトラ
ンプは自らの大統領図書館に興味を示していないという。大統領図
書館の建設は、政治家としてのキャリアの終焉を意味するからである。
ふたたび大統領に返り咲くことを目指すトランプにとって、自らの焦
点がレガシーに移ったという印象は与えたくないのである。

　これまで論じてきたように、大統領図書館の建設には多額の資金も
必要となる。たとえば、オバマ大統領センター建設には8億3千万ド
ル以上が必要と予想されており、オバマは大統領在任中から資金集
めを始めていた。だが、トランプの資金調達はもっぱら再選のための
ものであり、大統領図書館設立に必要な資金を調達できるかも不透
明である[97]。

　大統領記録法が適用されるようになったレーガン政権期以降、資
料の増大やその保管のためのコストが特に問題視されるようになって
きた。さらに、電子記録という新たな技術への対応も迫られることに
なった。

　それでも大統領図書館という制度が存続してきたのは、そのアーカ
イブ機能が民主主義の根幹をなすからである。だが、今日の大統領
図書館は、収入を確保すべく、ミュージアム機能の充実も一層迫られ
るようになった。そのため、アーカイブ機能とミュージアム機能の相
剋も浮き彫りになっている。さらに、大統領図書館には政治的な象徴
としての側面や宗教的な側面もある。このように大統領図書館の役割

96　Shayna Jacobs, David Ovalle, Devlin Barrett and Perry Stein, "Trump Arraigned, Pleads Not Guilty
　　to 37 Classified Documents Charges," *Washington Post*, June 14, 2023, accessed June 21, 2023,
　　https://www.washingtonpost.com/national-security/2023/06/13/trump-court-miami-indictment/. な
　　お、トランプは2023年3月にニューヨーク州法違反の疑いで34の罪状で起訴された。これは、不倫
　　の口止め料を事業費として計上するために事業記録を改竄したとして訴えられたものである。Jonah
　　E. Bromwich, William K. Rashbaum, Ben Protess and Maggie Haberman, "Donald Trump Has Gone
　　from President to Defendant," *New York Times*, April 5, 2023, accessed April 8, 2023, https://www.
　　nytimes.com/live/2023/04/04/nyregion/trump-arrest-arraignment.
97　Nicholas, "Trump Suggests the Mar-a-Lago Documents Were Bound for His Library."

は多面的なのである。

　大統領図書館の役割が問われる中、オバマは、大統領図書館の
アーカイブ機能をデジタル化し、さらに、財団が運営するミュージアム
を国立公文書館が管理する大統領図書館から分離することにした。ま
さに大統領図書館という制度そのものが変わろうとしている。

　続くトランプ政権をめぐる一連の動きによって、資料の収集・保管
という基本的なアーカイブ機能の実効性に疑問符がついた。トランプ
は、オバマとは別の意味で、大統領図書館のあり方を問うことになっ
たのである。はたして今後の大統領図書館は、いかなるものとなって
いくのだろうか。

（山口航）

〔付記〕本章は JSPS 科研費 20K13434 の助成を受けている。

第 2 部

各大統領図書館の
紹介と
リサーチ・ガイド

第 4 章

事前準備

本章では、大統領図書館において初めて資料調査を行う大学院生や研究者を主たる対象として、渡米前になすべき準備作業と用意すべき持ち物を紹介する。

事前準備 0

先行研究を読み込む

まずは先行研究を読み込み、いかなる一次資料が用いられているのかを整理することが肝心である。それにより現地にて確認すべき資料の目星を付けることができるようになるからである。また、先行研究を読み込んでいないと、現地の大統領図書館にて目にする多数の

一次資料が、他の研究者が使い古した既知の資料なのか、あるいは
新発見の資料なのかといった評価を下すことができない。

事前準備 1

日本国内で利用可能な資料を調査する

　限られた日数の中で効率良く現地にて資料調査を行うためには、日
本国内で閲覧可能な一次資料については事前に目をとおしておくこと
が望ましい。

　なお、一次資料（史料館にある一次資料だけではなく、公刊文書やオン
ライン資料なども含む）の調査方法については、冷戦史家マーク・トラ
クテンバーグ（Marc Trachtenberg）がまとめているので一読をお勧めす
る[1]。

　大統領図書館は、議会や省庁の作成文書を一部所蔵しているもの
の、主たる所蔵コレクションは大統領を中心としたホワイトハウスが
作成または授受した文書となる。それゆえに議会や省庁作成の文書
に興味関心がある場合には、国立公文書館での調査を先に行うべき
である[2]。

　アメリカの国立公文書館は、ワシントンDCのアーカイブⅠと、メリー
ランド州カレッジパークのアーカイブⅡに大別される[3]。アーカイブⅠは
連邦議会や連邦最高裁の文書に加えて、いくつかの連邦行政機関や
第一次世界大戦以前の軍部の文書を所蔵している。アーカイブⅡは大
半の連邦行政機関と、陸軍は第一次世界大戦以降、海軍は第二次世

1　マーク・トラクテンバーグ（村田晃嗣・中谷直司・山口航訳）『国際関係史の技法―歴史研究の
　組み立て方』ミネルヴァ書房、2022年。同著の「附録Ⅰ・Ⅱ」が、山口航のresearchmap（https://
　researchmap.jp/wataruyamaguchi/資料公開）にて公開されている。以下、本章のURL最終アクセス
　日は2023年9月27日。大統領図書館や国立公文書館については、附録Ⅱの「Ⅳ．資料館の資料」
　を参照。
2　ただし大統領を警護するシークレットサービスなど、いくつかの連邦記録の原本は大統領図書館に
　存在する。
3　その他、連邦政府が地方の出先機関にて作成した資料などは全米の12の分館に収蔵されている。

界大戦以降の各文書とともに、写真・映像・音声資料、デジタル記録などを所蔵している。

　ちなみにアーカイブⅠとアーカイブⅡの間には無料のシャトルバス（定員20名ほど）が運行されている。本来は国立公文書館の職員用であるが、実際の利用者の大半は研究者である。バスの所要時間は45分程度である。

　さて、日本国内において各大統領図書館の所蔵資料を閲覧する方法としては主に以下が考えられる。

（1）公刊資料集の活用

　第1に、公刊資料集の活用であり、代表的なものとして石井修監修の『アメリカ合衆国対日政策文書集成』（柏書房）と、*Documentary History of the Presidency*（University Publications of America）がある。

　前者は1996年に出版が開始され、シリーズ第1期は1959–1960年の日米外交防衛問題、シリーズ第2期は1959–1960年の日米経済問題といったように、アメリカの国務省文書を中心に体系的に掲載・解説を加えてきた価値ある資料集である。同シリーズは2007年の第20期よりニクソン大統領図書館所蔵の大統領文書の収録および解説を開始し、本章執筆時点（2023年5月）ではフォード大統領を経てカーター大統領図書館所蔵文書を扱っている。

　後者のシリーズはローズヴェルトからケネディまでの歴代政権の大統領文書を収録したものである。前者のシリーズが収録文書の意義や位置づけを解題している一方で、後者のシリーズにはそれがない。また、前者には文書の作成日、人名、機関別の目次が存在するものの、後者にはない。ただし後者には、前者にはない主題別の目次が存在している。

　他には、国務省の*Foreign Relations of the United States*（以下、*FRUS*）を活用する方法もある。*FRUS*は重要な対外政策に関して国務省文書を中心に収録したものであるが、国防総省などの他省庁の作成文書や大統領文書も一部収録している。同シリーズはリンカーン政

権から、本章執筆時点ではクリントン政権期まで公刊されているものの、収録資料が量的に充実しているのはタフトからカーター政権までである。ちなみに *FRUS* は国務省のウェブサイト上にて無料公開されている[4]。

（2）オンライン資料の活用

　コロナ禍の長期閉館を経験した各大統領図書館では、所蔵資料のデジタル公開作業を進めている[5]。いかなる資料がオンラインにて閲覧可能かを、各大統領図書館または国立公文書館のウェブサイトで検索すべきである[6]。国立公文書館のウェブサイトにて検索を行う場合は、詳細検索（advanced search）にて「アーカイブ資料の場所（location of archival materials）」を選択すると検索が容易になる。

　なお、歴代の大統領による公式声明や発表・談話、大統領令などの公表された文書については、カリフォルニア州立大学サンタバーバラ校運営のウェブサイト「American Presidency Project[7]」にて検索および確認ができる。アメリカ合衆国政府出版局（United States Government Publishing Office）が運営するウェブサイト「GovInfo[8]」でも同様の情報を閲覧可能であるが、こちらは製本版の *Public Papers of the Presidents of the United States* の PDF 版がダウンロードできるのみとなっている。

　さらにウェブサイト「National Security Archive」には数多くの機密解除資料が無料で掲載されており、お勧めである[9]。さらに同ウェブサイト内の有料データベース「デジタル・ナショナルセキュリティ・アー

4　Office of the Historian, *Department of State, Historical Documents*, https://history.state.gov/historicaldocuments.

5　2023 年 3 月現在、クリントン大統領図書館が所蔵資料の 1.801 パーセントをオンライン公開しており、最多となっている。ちなみに最少は、フーバー大統領図書館の 0.003 パーセントである。National Archives and Records Administration, "Presidential Library Explore," （https://www.archives.gov/findingaid/presidential-library-explorer?_ga=2.52278569.1696744382.1674044423-796994510.1661867376）.

6　国立公文書館の検索 URL は、https://catalog.archives.gov/ である。

7　American Presidency Project, https://www.presidency.ucsb.edu/.

8　Public Papers of the Presidents of the United States, GovInfo, https://www.govinfo.gov/app/collection/PPP.

9　National Security Archive, https://nsarchive.gwu.edu/virtual-reading-room.

カイブ（Digital National Security Archive：DNSA[10]）」には、貴重な一次資料が数多く掲載されており一見の価値がある。データベースの閲覧には高額の購読登録が必要であるものの、日本の国立国会図書館内のパソコン端末から一部のコレクションが閲覧可能となっている。

　DNSAと同様のデータベースとして、「U.S. Declassified Documents Online」が存在する。こちらも閲覧には高額の購読登録が必要である。DNSAが外交・安全保障問題（とりわけ戦争や危機）に特化している一方で、こちらはアメリカの内政問題（人権問題、反戦問題、権力乱用・汚職問題など）についても収録対象としている。

（3）国立国会図書館憲政資料室の利用

　日本で大統領図書館の所蔵資料を閲覧する第3の方法としては、国立国会図書館憲政資料室の利用が挙げられる。本資料室は、日本の立憲政治の形成過程を明らかにするべく、アメリカの民間会社が作成したマイクロフィルムの購入か、大統領図書館で直接撮影して大統領文書を収集している。所蔵資料の概要は以下のとおりである。

①ローズヴェルト[11]大統領図書館

マップルーム・ファイル（Map Room Files of President Roosevelt）
1942年1月にホワイトハウス内に設置されたマップルームは、戦時下のローズヴェルト政権にとって重要な政策決定の場となった。憲政資料室は同室にて作成・管理された文書の内、以下を収集している。
- 陸・海軍通信文（Army and Navy Messages, December 1941–May 1942）
- 諸会議および特別ファイル（Conference and Special Files, 1942–1945）
- 地上作戦ファイル（Ground Operations Files, 1941–1945）
- 軍事関係主題別ファイル（Military Subject Files, 1941–1945）
- 海軍作戦ファイル（Naval Operations Files, 1941–1945）

10　Digital National Security Archive, https://nsarchive.gwu.edu/digital-national-security-archive.
11　憲政資料室の表記はルーズベルトであるが、本書ではローズヴェルトの表記で統一する。また、文書名も憲政資料室による訳を参照しつつ、本書独自の訳とした。

上記を含むマップルーム文書の全てがローズヴェルト大統領図書館にてオンライン公開されている[12]。

エレノア・ローズヴェルト文書（The Papers of Eleanor Roosevelt, 1945–1952）

ローズヴェルトの妻エレノアの文書より、彼女の書簡を寄せ集めてアメリカの民間会社がマイクロフィルム化したもの。1945–1947年のパート1と、1948–1949年のパート2に分かれている。憲政資料室は「一般書簡」のタイトルで公開している。なお、ローズヴェルト大統領図書館にてパート1のみがオンライン公開されている[13]。

モーゲンソー日記（The Morgenthau Diaries, 1933–1945）

ローズヴェルト政権の財務長官を12年間務め、ローズヴェルトと個人的親交も深かったヘンリー・モーゲンソー（Henry Morgenthau, Jr.）の日記。憲政資料室は、1940–1942年のパート1と、戦後構想が含まれている1943–1945年までのパート2を収集している。上記を含む全期間の日記（1933年4月27日–1945年7月27日）がローズヴェルト大統領図書館にてオンライン公開されている[14]。

日系アメリカ人の強制収容（Internment of Japanese Americans）

ローズヴェルト大統領図書館所蔵の「オフィシャルファイル（Official File）」、「大統領個人ファイル（President's Personal File）」、「大統領秘書ファイル（President's Secretary's File）」、「エレノア・ローズヴェルト（Eleanor Roosevelt）文書」など複数の文書群より標記にかかわる文書を集め、アメリカの民間会社がマイクロフィルム化したもの。

12　Roosevelt Presidential Library, http://www.fdrlibrary.marist.edu/archives/collections/franklin/?p=collections/findingaid&id=511&q=&rootcontentid=145183" \l "id145183.

13　Roosevelt Presidential Library, http://www.fdrlibrary.marist.edu/archives/collections/franklin/?p=collections/findingaid&id=506.

14　Roosevelt Presidential Library, http://www.fdrlibrary.marist.edu/archives/collections/franklin/index.php?p=collections/findingaid&id=535

②トルーマン大統領図書館

大統領秘書ファイル（President's Secretary's File）

トルーマンの私設秘書ローズ・コーンウェイ（Rose Conway）が管理した文書群で、全32シリーズからなる。憲政資料室ではこの内、「主題別ファイル（Subject File）」、「朝鮮戦争ファイル（Korean War File）」、「インテリジェンスファイル（Intelligence File）」の3シリーズを収集している。

ただし主題別ファイル（全12のサブシリーズより構成）は、以下のサブシリーズのみを収集している。

- 中国ロビー（China Lobby）
- 会議（Conferences）
- 外相理事会報告書（Council of Foreign Ministers Reports）
- FBI
- 対外関係（Foreign Affairs）
- 国家安全保障会議（National Security Council：NSC）
- NSC―原子力（NSC-Atomic）
- NSC―会合（NSC-Meetings）

ホワイトハウス・セントラルファイル（White House Central Files）

同文書群は、ホワイトハウス内で作成または業務に用いられた文書管理を所管した、「セントラルファイル編成班（Central File Unit）」が重要と判断した文書によって構成される。憲政資料室はこの内、「オフィシャルファイル」内の、以下のファイルを収集している。

- OF20　国務省
- OF85　国連
- OF150　中国
- OF197　日本
- OF198　ドイツ
- OF203　フランス
- OF220　ロシア
- OF223　イタリア
- OF246　オランダ
- OF339　タイ
- OF471　朝鮮（Korea）
- OF544　極東（Far East）
- OF548　アメリカ戦時生産訪中使節団（American

War Production Mission in China)	– OF692 原子力（Atomic Power）
– OF584 ダグラス・マッカーサー（Douglas MacArthur）元帥	– OF1055 フィリピン – OF1283 インドネシア

大統領付海軍武官ファイル（Naval Aide to the President Files）

トルーマン政権はマップルームを1946年に閉鎖した。以降、トルーマン政権の外交や安全保障分野の機密文書を主に取り扱ったのは、大統領付の海軍武官であった。同武官が管理した本文書群は、憲政資料室が収集した時点の構成と、トルーマン大統領図書館における今日の構成との間に差異が生じている。その概要は以下の表のとおりである。

表1　大統領付海軍武官ファイル構成

収集時点	現行の構成	備考
ベルリン（ポツダム）会議ファイル (Berlin (Potsdam) Conference File)	ベルリン（ポツダム）会議ファイルとして統一	オンライン公開
マップルームファイル (Map Room File 1945)		
通信ファイル (Communications File 1945–1946)	変化なし	
主題別ファイル (Subject File 1945–1953)	アルファベット順ファイルの一部を取り込み拡大	
アルファベット順ファイル (Alphabetical File)	左記に含まれていた陸軍省インテリジェンス・レビューファイル（War Department Intelligence Review File）が独立	
	他は主題別ファイルへ	
国務省ブリーフファイル (State Department Briefs 1945–1953)	変化なし	オンライン公開
右記ファイルを未収集	海軍サービス・ケース・ファイル (Naval Service Case File)	

（出典：筆者作成）

国務省・国防総省朝鮮戦争文書選集（**Selected Records of the Department of State and the Department of Defense Relating to the Korean War**）

朝鮮戦争下において、大統領の求めに応じて国務省と国防総省がホワイトハウスへ送付した報告書の写しを主体としたもので、第1シリーズが国務省（全12箱）、第2シリーズが国防総省（全2箱）となっている。憲政資料室が現地にて撮影した。なお、トルーマン大統領図書館における現在の名称は、「朝鮮戦争ファイル（Korean War File）」となっている。

この他に憲政資料室では、国務長官ディーン・アチソン（Dean Acheson）や、駐日大使ジョン・M・アリソン（John M. Allison）など、13の個人および1団体の文書を収集している。アチソン文書の内、会談覚書（Memoranda of Conversations File, 1949–1953）は、新規公開文書も含めて全てがオンライン公開されている [15]。

③アイゼンハワー大統領図書館所蔵資料

ホワイトハウス・セントラルファイル（**White House Central Files**）

アイゼンハワー大統領図書館の所蔵資料において最大となる650万ページを超える同文書群より、憲政資料室では「オフィシャルファイル」の以下の項目を収集している。

- OF107　歳出予算（Appropriations）
- OF108　原子エネルギー（Atomic Energy）・原子力（Atomic Power）
- OF133　国防（National Defence）
- OF154　戦争（Wars）
- OF168　中国・台湾（China, Formosa）
- OF195　日本・琉球（Japan, Ryuku Islands）
- OF196　韓国（Korea）

15　Truman Presidential Library, https://www.trumanlibrary.gov/library/personal-papers/dean-g-acheson-papers#mocf.

アン・ホイットマン・ファイル（Ann Whitman File）

アイゼンハワー大統領の私設秘書アン・ホイットマン（Ann Whitman）
が管理した同文書群は、全18シリーズから構成されている。憲政
資料室は、国務長官ジョン・F・ダレス（John F. Dulles）と国務次官
クリスティアン・A・ハーター（Christian A. Herter）の名を冠する「ダ
レス＝ハーター・シリーズ（Dulles-Herter Series）」、「国際シリーズ
（International Series）」、「NSCシリーズ」を収集している。

NSCスタッフ文書（National Security Council Staff: Papers, 1948–1961）

全11シリーズの内、「作戦調整委員会（Operation Coordinating Board:
OCB）」のセントラルファイルから以下の主題を収集している。

- 原子力　　　　　　　　– 韓国
- 中国　　　　　　　　　– 経済
- 台湾　　　　　　　　　– アジア
- 日本　　　　　　　　　– 極東

国家安全保障問題担当特別補佐官室文書（Office of the Special Assistant for National Security Affairs（Robert Cutler, Dillon Anderson, and Gordon Gray））

全14シリーズの本文書群より、「NSCシリーズ」、「OCBシリーズ」、
「特別補佐官シリーズ」それぞれの「主題別サブシリーズ」を収集
している。また、「特別補佐官シリーズ」内の「大統領サブシリーズ」
からは、1954年4月から7月にかけて北東アジア諸国の軍備状況を
視察したジェームズ・ヴァン・フリート（James Van Fleet）大統領特命
大使の報告書（「ヴァン・フリート報告書」）を収集している。

アメリカ対外経済政策会議議長室文書（U.S. Council on Foreign Economic Policy, Office of the Chairman:（Joseph M. Dodge and Clarence B. Randall））

対外経済政策会議（CFEP）は、複数の省庁に分散していたアメリカ
の対外経済政策分野の権限を一組織に集中させるべく1954年12
月に設立された。憲政資料室は全11シリーズの内、初代議長ジョセ

フ・ドッジの文書から「通信（Correspondence）」と「主題別」を、二代目議長クラレンス・ランダルの文書から同じく「通信」と「主題別」、さらに「CFEP文書（CFEP Papers）」を収集している。

個人文書

国務長官等を歴任したジョン・F・ダレスや、国防次官などを務めたゴードン・グレイ（Gordon Gray）を含む5名の個人文書を収集している。

④ケネディ大統領図書館

国家安全保障ファイル（National Security Files）

本文書群は国家安全保障問題担当大統領特別補佐官マクジョージ・バンディ（McGeorge Bundy）の作業ファイルとして位置づけられている。全16シリーズの内、憲政資料室は以下のシリーズについて、アメリカの民間会社が作成したマイクロフィルムを購入している。

- 「主題別ファイル」
- 「地域安全保障ファイル（Regional Security File）」
- 「省庁別ファイル（Departments and Agencies File）」
- 「国別ファイル（Countries）」よりアジア・太平洋地域の国々（日本を除くオーストラリアからタイまで）

なお、「主題別ファイル」についてはその全てが、その他のシリーズは一部がケネディ大統領図書館においてオンライン公開されている[16]。

⑤ジョンソン大統領図書館

ホワイトハウス・セントラルファイル（White House Central Files）

全10シリーズの内、憲政資料室は、「主題別ファイル」内の「対外関係（Foreign Affairs）」の全てと、「国家安全保障と防衛（National Security and Defense）」ファイルよりヴェトナム戦争関連文書（ND 19/CO 312）のマイクロフィルムを購入している。

16　Kennedy Presidential Library, https://www.jfklibrary.org/sites/default/files/archives/JFKNSF/JFKNSF-FA.xml.

国家安全保障ファイル（National Security Files）

本文書群は全41シリーズより構成されており、憲政資料室は「国別ファイル」内の、「アジア・太平洋関係（Asia and Pacific Country File, 11/22/1963-1/20/1969）」と、「国別ファイルの補遺（Country Files addendum 11/22/1963-1/20/1969）」のマイクロフィルムを購入している。

⑥ニクソン大統領図書館

ホワイトハウス・セントラルファイル（White House Central Files）

全7シリーズの内、憲政資料室は「主題別」シリーズの「対外関係」のマイクロフィルムを購入している。

国家安全保障ファイル（National Security Files）

憲政資料室は、全28シリーズの内、「大統領訪問ファイル（President's Trip Files）」と「大統領用ファイル―対中／ヴェトナム交渉（For The President's Files- China/Vietnam Negotiations）」のマイクロフィルムを購入している。なお、ニクソン大統領図書館における名称は「National Security Council File」となっている。

ヘンリー・A・キッシンジャー・オフィスファイル（Henry A. Kissinger Office Files）

全11シリーズの本文書群の内、「国別ファイル―極東（Country Files-Far East）」のマイクロフィルムを購入している。なお、同ファイル内の3文書のみがオンライン公開されている[17]。

（4）沖縄県立公文書館の利用

　大統領図書館所蔵資料を調査する第4の方法としては、沖縄県立公文書館の利用が考えられる。本館は沖縄戦から本土復帰過程に関する資料収集の一環として、ローズヴェルトからニクソンまでの各大統

17　Nixon Presidential Library, https://www.nixonlibrary.gov/finding-aids/henry-kissinger-hak-office-files#Country%20Files%20-%20Far%20East.

領図書館が所蔵する資料を収集・公開している。なお、憲政資料室の収集文書とは可能な限り重複しないよう、現地にて撮影・収集していることが特徴となっている[18]。

　　所蔵資料の概要紹介：
　　https://www.archives.pref.okinawa.jp/uscar_document
　　所蔵資料の検索：
　　http://www2.archives.pref.okinawa.jp/opa/OPA_SSMK.aspx

　なお同館は、大統領図書館の所蔵資料についてはオンライン公開をしていないものの、国立公文書館の所蔵資料や琉球政府文書については多くを公開している。上記の所蔵資料検索のURLにおいて、「デジタル資料有り」を選択した上で検索してみるとよい。沖縄県立公文書館が所蔵する大統領図書館の資料概要は次のとおりである。

①ローズヴェルト大統領図書館
ハリー・L・ホプキンス文書（Papers of Harry L. Hopkins）
ローズヴェルト政権において商務長官や大統領特別補佐官などを務めたホプキンスの文書より、沖縄の地位や戦時における日系人の活用に関する文書。

ジェームズ・H・ロウ・ジュニア文書（Papers of James H. Rowe, Jr.）
ローズヴェルト政権の司法次官補（Assistant to the Attorney General）ロウの文書より、戦時の日系人の活用に関する文書。

ジョン・トーランド文書（Papers of John Toland）
ノンフィクション作家トーランドが、執筆用資料として収集した沖縄戦関連文書。

18　仲本和彦「在米国沖縄関係資料調査収集活動報告III：大統領図書館編」『沖縄県公文書館研究紀要』第10号（2008年3月）、8頁。

②トルーマン大統領図書館

大統領秘書ファイル（**President's Secretary's Files**）

– 「一般ファイル（General File, 1940-1953）」内の、太平洋地域の信託
統治領に関する文書。

– トルーマン大統領とマッカーサー双方の友人であったフランク・
E・ロウ（Frank E. Lowe）少将が、1950年8月から1951年4月にか
けて日本および韓国を視察した報告書。

NSCファイル（**Staff Member and Office Files: National Security Council File**）

1949年7月25日に中央情報局（CIA）が作成した沖縄を含むアジア
の安全保障に関する諜報メモと、日本・沖縄と共産圏との貿易に関
する文書（1951年10月）。上記の「大統領秘書ファイル」にも同名の
ファイルがあるので注意が必要。

大統領付海軍武官ファイル（**Staff Member and Office Files: Naval Aide to
the President Files**）

1945年7月6日に国務省がベルリン会議（ポツダム会議）用に作成し
た、領土研究の文書。本文書は憲政資料室と重複しており、かつ、
トルーマン大統領図書館がオンライン公開している。

心理戦略委員会ファイル（**Staff Member and Office Files: Psychological
Strategy Board Files**）

アメリカの安全保障政策における日本の位置付けを1951年から52
年にかけて検討した文書。

③アイゼンハワー大統領図書館

ホワイトハウス・セントラルファイル（**White House Central Files**）

– 「オフィシャルファイル（OF）」より、「OF 147-K Ryukyu Islands（1）
（2）」フォルダ内の、琉球政府とアメリカ政府間の書簡および報
告書。

- 「一般ファイル（GF）」より、「GF122 Ryukyu」フォルダ内の、1956年6月にメルヴィン・プライス（Charles Melvin Price）下院軍事委員会特別分科委員長が作成した沖縄の軍用地問題に対する勧告書など。
- 「大統領個人ファイル（President's Personal File）」より、「PPF-1-F-139 Japan-Okinawa」フォルダ内の、アイゼンハワー大統領の沖縄訪問（1960年6月）に関連して受け取った書簡など。
- 「秘密ファイル（Confidential File）」より「主題別シリーズ」内の、岸信介の第1次訪米（1957年6月）に際して作成されたブリーフィング文書、フランク・C・ナッシュ（Frank C. Nash）元国防次官補が1957年11月にアイゼンハワー大統領へ提出した、海外基地に関する包括的な再検討報告書（ナッシュ・レポート）、さらには1960年の日米安全保障条約改定関連文書。
- 「永久保存ファイル（Permanent File（Office of Executive Clerk, William Hopkins））」より、沖縄住民に対する不当な扱いを是正するべく、アメリカ市民が1956年1月に陸軍省に提出した陳情書など。

アン・ホイットマン・ファイル（Ann Whitman File）

- 「行政シリーズ（Administration Series）」より、ナッシュ・レポート関連。
- 「アイゼンハワー日記シリーズ（DDE Diary Series）」より、大統領から琉球政府主席宛ての1954年3月16日付けの手紙や、軍用地料一括払いについての国務長官と大統領の1958年4月9日の電話会談記録。
- 「ダレス＝ハーター・シリーズ（Dulles-Herter Series）」より、B型軍票（B円）からドルへの通貨切り替え（1958年9月16日実施）に関する1958年6月と8月の大統領メモ（憲政資料室と重複）。
- 「国際シリーズ」より、通貨切り替えや安保改定に関するメモ（憲政資料室と重複）。
- 「立法会合シリーズ（Legislative Meeting Series）」より、議会指導者

との朝鮮半島問題を中心とした1954年1月5日の協議の議事録。
- 「NSCシリーズ」より、沖縄に関する1953年3月から1960年7月までのNSC議事録。憲政資料室も1992年度に現地にて撮影しており大半が重複しているが、同館は新規公開文書も含めて1996年に収集している。

NSC スタッフ文書（White House Office, National Security Council Staff）
- 「災害ファイル・シリーズ（Disaster File Series）」より、ナッシュ・レポートや1948年から1960年にかけての対日政策文書（NSC13、60、125、5516、6008）。
- 「心理戦略委員会セントラルファイル・シリーズ（Psychological Strategy Board Central File Series）より「PSB 091. Japan（2）」フォルダ内の、1953年1月策定の対日心理戦略計画（Psychological Strategy Program for Japan）」。
- 「特別スタッフファイル・シリーズ（Special Staff File Series）」より、1953年から1960年までの対日および対沖縄政策文書。

国家安全保障問題担当特別補佐官室文書（Office of the Special Assistant for National Security Affairs（Robert Cutler, Dillon Anderson, and Gordon Gray））
- 「NSCシリーズ」より、NSC125、NSC5516/1、NSC6008/1関連、およびナッシュ・レポート関連（憲政資料室と一部重複）。
- 「作戦調整委員会（OCB）シリーズ」より、1957年から1960年にかけての対沖縄政策文書およびナッシュ・レポート関連（憲政資料室と一部重複）。
- 「特別補佐官シリーズ（Special Assistant Series）」より、ヴァン・フリート報告書や、1959–1960年作成の対日政策文書、1956年7月9日付けのOCB進捗報告書など（憲政資料室と一部重複）。

秘書室ファイル文書（**White House Office, Office of the Staff Secretary**）

－「国際シリーズ」より、アイゼンハワー大統領の沖縄訪問関連。

－「海外訪問・会合（International Trips and Meetings）シリーズ」より、大田政作琉球政府主席とアイゼンハワー大統領との1960年6月19日の会談記録。

－「主題別シリーズ」より、1958年2月策定の対沖縄政策文書、ナッシュ・レポート、藤山愛一郎外相の訪米（1957年9月）関連。

サイモン・B・バックナー文書（**Papers of Simon Bolivar Buckner, Jr.**）

沖縄戦の最高指揮官バックナー中将の個人文書より、1944年1月から戦死する前日の1945年6月17日までの日記。

④ケネディ大統領図書館

大統領オフィスファイル（**President's Office Files**）

「国別ファイル」より、池田勇人首相の1961年の訪米関連、カール・ケイセン（Carl Kaysen）大統領特別補佐官が率いた調査団（1961年10月訪沖）の報告書など。

国家安全保障ファイル（**National Security Files, 1961–1963**）

－「国別ファイル」より、1961年から1963年にかけての沖縄および日本関連の各種文書。内容としては偵察機U2の沖縄駐留、核弾頭搭載可能なメース地対地巡航ミサイルおよびナイキ地対空ミサイル導入、日本への核兵器貯蔵を含む防衛政策、1961年6月のケネディ大統領と池田首相の会談、1962年5月のケネディ大統領と吉田茂元首相の会談など多岐にわたる。

－「会合・覚書（Meetings and Memoranda）」より、ケイセン調査団報告と、それに基づく国家安全保障会議行動覚書（National Security Action Memorandums: NSAM）68、133、188関連。

－「カール・ケイセン」より、沖縄の人権問題関連。

ホワイトハウス・セントラルファイル（White House Central Files）

「主題別」より、沖縄の地位向上に関する請願書、全日空の鹿児島
―沖縄間の航空路開設申請、ケネディ大統領から大田政作主席へ
宛てた書簡の草稿など。

個人文書

- 大統領特別補佐官ジェームズ・C・トンプソンJr.（James C. Thompson, Jr.）文書より、琉球列島の管理に関する1957年6月5日の大統領令10713の改正関連。
- その他には、在日アメリカ大使館首席公使ウィリアム・K・レオンハート（William K. Leonhart）と、国務次官を務めたジョージ・W・ボール（George W. Ball）文書の一部が存在。

オーラルヒストリー

- ケイセン（1966年7月11日実施）および駐日アメリカ大使エドウィン・O・ライシャワー（Edwin O. Reischauer）（1969年4月25日実施）。
- ケネディ大統領図書館は上記を含めて大半のオーラル・ヒストリーの音声とトランスクリプトをオンライン公開している。

⑤ジョンソン大統領図書館
国家安全保障ファイル（National Security File）

- 「国別ファイル」より、原子力潜水艦寄港問題、B29爆撃機のベトナム爆撃、小笠原・沖縄返還、1963年11月の池田首相訪米、1964年と1967年の佐藤栄作首相の訪米、B52爆撃機および核兵器の飛来と通過、日米安全保障協議委員会議事録、佐藤首相とジョンソン大統領との会談関連文書など。
- 「特別国家元首通信（Special Head of State Correspondence）」より、1965年8月の佐藤首相の沖縄訪問、1967年11月の佐藤首相の訪米関連。
- 他に、「主題別ファイル」や「人名別ファイル（Name File）」、「国別

インテリジェンス評価（National Intelligence Estimate）」、「NSC 会合」
より、日本の核武装や沖縄返還関連の文書。

ホワイトハウス・セントラルファイル（**White House Central Files**）
– 「主題別ファイル」シリーズより、「政治関係ファイル（Political Af-
fairs）」、「国家—領域ファイル（States-Territories）」、「秘密ファイル
（Confidential File）」の各サブシリーズに含まれる、沖縄関連の文書。

その他の大統領文書
– 「ホワイトハウス補佐官オフィスファイル（Office Files of the White
House Aides）」内の沖縄関連、「大統領面会ファイル（The Presi-
dent's Appointment File）」内の1967年3月の松岡政保主席、同年
11月の佐藤首相との会談資料など。

個人文書
– 国防副次官補モートン・ハルペリン（Morton Halperin）の文書より、
1966–1969年にかけての対日防衛協議、沖縄返還、返還後の基
地使用に関する資料。
– 駐日アメリカ大使アレクシス・ジョンソン（U. Alexis Johnson）の文
書より、大使の回想録およびオーラルヒストリー（1969年6月14日
実施）。
– 人事採用を所管した公務委員会（Civil Service Commission）の委員
長ジョン・メイシィー（John Macy）文書より、民生官と高等弁務官
の任命資料。

⑥ニクソン大統領図書館
ホワイトハウス・セントラルファイル（**White House Central Files**）
– 「主題別ファイル」シリーズ内の「国別」と「国家—領域」の各サ
ブシリーズより、および「秘密ファイル」シリーズより、以下の主
題を含む多様な文書を収集。第二次佐藤首相訪米（1969年11

月）、尖閣諸島および沖縄返還、日米繊維交渉問題、昭和天皇訪
欧（1971年9月、給油地のアラスカにてニクソンと会談）、岸元首相＝
ニクソン会談（1972年1月）、佐藤首相＝ニクソン会談（1972年1月）、
田中角栄首相＝ニクソン会談（1972年9月および1973年8月）。

ホワイトハウス特別ファイル（White House Special Files）

- 「大統領オフィスファイル（President's Office Files）」より、福田赳夫
  外相とニクソンの会談記録（1971年9月）、岸元首相とニクソンな
  どによる沖縄返還協議（1971年10月）、大平正芳外相とニクソンに
  よる日中国交正常化に関する協議記録（1972年10月）。
- 「大統領個人ファイル（President's Personal Files）」より、キッシン
  ジャーと毛沢東との会談記録（1973年2月24日）。
- 大統領補佐官H.R. ハルデマン（H.R. Haldeman）のファイルより、沖
  縄返還に伴う核兵器の撤去に関する情報漏洩の取り調べ記録。

NSC ファイル（National Security Council Files）

- 「VIP来訪（VIP Visits）」シリーズより、佐藤首相＝ニクソン会談
  （1969年9月および1972年1月）、昭和天皇＝ニクソン会談（1971年
  9月）、田中角栄＝ニクソン会談（1972年9月）関連。
- 「国別ファイル―極東（トンガ、信託統治、ベトナム）（Far East (Tonga,
  Trust Territories, and Vietnam)）」より、1969年8月就任の民政官ロ
  バート・A・フィアリー（Robert A. Feary）の指名およびリチャード・
  L・スナイダー（Richard L. Sneider）公使からキッシンジャー宛の沖
  縄に関するメモなど。

キッシンジャー（HAK）オフィスファイル

- 「HAK管理・スタッフファイル（HAK Administrative and Staff Files）」
  より、日本・沖縄関連。
- 「HAK訪問ファイル（Trip Files）」より、キッシンジャー訪日（1972年
  6月）関連。

（5）東京大学アメリカ太平洋地域研究センターの利用

　大統領文書を閲覧するための更なる方法としては、東京大学アメリカ太平洋地域研究センター所蔵資料の利用が考えられる。東日本におけるアメリカ研究の中心的機関である同センターは、憲政資料室同様にアメリカの民間会社が作成・販売しているマイクロフィルムやマイクロフィッシュを購入して公開に供している[19]。

　憲政資料室と重複しない同センターの独自資料として、University Publications of America刊行のケネディ政権の公民権政策 *Civil Rights During The Kennedy Administration, 1961–1963* がある。また、ケネディ政権のものとしては他に、1960年の大統領選挙関連資料 *John F. Kennedy 1960 Campaign pt.1-2* も存在する[20]。

　同センター独自のジョンソン大統領図書館所蔵資料としては、同政権の公民権政策 *Civil rights during the Johnson Administration, 1963–1969* や、オーラルヒストリー集 *Oral Histories of the Johnson Administration, 1963–1969* がある。

　ニクソン関係の独自資料としては、University Publications of America による Research Collections in American Politics シリーズ内の *Papers of the Nixon White House* がある。

（6）同志社大学アメリカ研究所の利用

　西日本におけるアメリカ研究の中心的機関が同志社大学アメリカ研究所であり、同研究所の所蔵資料も参考となろう。同研究所の所蔵資料は、米英両国の国立公文書館のものが中心である。大統領図書館所蔵資料については、University Publications of America刊行の *The Presidential Documents Series* と、*Research Collections in American Politics* の両シリーズのマイクロフィルムを購入している。それらのコレクションにはローズヴェルトからニクソンの大統領文書まで

19　所蔵資料の一覧は、東京大学アメリカ太平洋地域研究センターのウェブサイト（http://www.cpas.c.u-tokyo.ac.jp/lib/shiryo.html）にて確認できる。
20　ケネディ大統領図書館が一部をオンライン公開している、https://www.jfklibrary.org/sites/default/files/archives/JFKCAMP1960/JFKCAMP1960-FA.xml.

幅広く収録されているものの、大半は憲政資料室や東京大学アメリカ太平洋地域研究センターと重複している[21]。

　以上、紹介してきたように、先行研究の読み込みと、日本で閲覧可能な資料を十分に確認した上で、高額な費用がかかる大統領図書館での資料調査が真に必要なのかを今一度考えてみよう。目当ての資料が明確に特定できている場合には、各大統領図書館に複写請求する方法もある。ただし、日本において閲覧可能な大統領文書の大半は、マイクロフィルム化された時点から、あるいは現地での撮影した時点から20年以上の年月が経過しているものが大半である。そのため新資料が公開されている可能性があることから、やはり重要なボックスについては現地で改めて調査する必要があるだろう。

　様々な事情により渡航が困難な場合は、調査代行を担うリサーチャーを雇うことも選択肢となる。国立公文書館のウェブサイトにて各大統領図書館に登録しているリサーチャーの一覧が紹介されている[22]。

事前準備 2

渡米の諸手続を済ませる

（1）大統領図書館への訪問予約

　新型コロナウイルス蔓延以前は、多くの大統領図書館で訪問予約が推奨されてはいたものの必須ではなかった。しかし現在では大半の大統領図書館が予約の取得を必須としている。

　各大統領図書館のウェブサイトに予約用のEメールアドレスが公開されているので（本書第6章以降にも掲載）、氏名や所属、訪問日時と

21　同志社大学学術情報検索システム（https://doors.doshisha.ac.jp/opac/opac_search/?lang=0）においてシリーズ名にて検索すれば一覧が表示される。

22　"Independent Researchers Available for Hire", National Archives and Records Administration, https://www.archives.gov/research/hire-help.

滞在日数、調査したい関心事項などを簡潔に伝えよう。調査したい特定の資料がすでにあれば、予約時に伝えておくと訪問初日に手配してくれる場合が多い。

（2）航空券を予約・購入する

訪問予約とともに航空券の予約・購入を早めにしよう。例外もあるが航空券は早期購入した方が最も安価である。

科研費などの公費利用の場合には、所属の大学生協や公費の取り扱いに慣れた旅行会社を通した方が会計上は便利である。自ら手配する場合には、Travelocity や Expedia などのウェブサイトを利用するとよい。これらのサイトは、航空会社や飛行時間、経由地や乗り換え回数など様々な項目で検索が可能である。希望する便が見つかったら、まれに当該航空会社のウェブサイトから直接購入した方が安価な場合があるので、確認した上で購入するとよい。

また、日本からアメリカへの入国には、出発72時間前までにビザ免除申請をオンラインにて行うことが求められている[23]。本章執筆時点（2023年6月）の申請費用は21ドルである。

（3）宿を予約する

宿の選定には、大統領図書館が宿泊先リストを公開している場合があるので確認するとよい。そのリストを参照しつつ、Travelocity やExpedia、あるいは Hotel.com といったウェブサイトにおいて検索しよう。候補の宿が見つかった場合、Google Map などの地図ソフトを利用し、空港から宿まで、そして、宿から大統領図書館までの所要時間および経路を確認しよう。

ケネディ大統領図書館のように最寄り駅から無料シャトルバスが運行されているケースや、近隣の駅や大統領図書館までの送迎サービスを提供している宿がまれにあるので、候補宿のウェブサイトも確認

23　通称エスタ（Electronic System for Travel Authorization）、https://esta.cbp.dhs.gov/.

するとよい。

　なお、アメリカでは都市部の宿泊費が高騰している。宿泊費を抑えるためには、1部屋を複数人でシェアするホステルが候補となり得るが、多くの大統領図書館の所在地域には存在しない。ちなみにアメリカのホステルには、男女を区別しない共同部屋（mixed dorm）があるので利用の際には注意を要する。

　滞在費を抑える他の工夫としては自炊がある。自炊する場合は、部屋にキッチンが有る部屋を選択しよう。その際キッチンには、広めの台所、冷蔵庫（fridge）、電子レンジ（micro wave）、食洗機や調理器具などが備わったフルキッチン（full kitchen）と、ワンルームマンションにあるような簡易キッチン（kitchenette）の両方が含まれるので、どちらかを確認すること。食料品店（grocery store）やスーパー（supermarket）が宿の徒歩圏内にあることも重要であり、Google Mapなどで確認すること。

　自炊をしない場合でも、部屋に電子レンジや冷蔵庫があると便利である。宿によっては有料でレンタルできる場合や、共同利用の冷蔵庫や電子レンジが設置されているので確認するとよい。

　さらに長期滞在の場合には洗濯も問題になる。宿泊施設内に洗濯（laundry）設備があるかを確認すること。ホテルにない場合は、徒歩圏内にコインランドリー（laundromat）の有無を確認すること。

（4）図書館までの交通手段を確保する

　いくつかの大統領図書館は、公共交通機関でたどり着くことが困難な場所にある。各大統領図書館へのアクセス方法は本書第6章以降にて示すが、一般論としてGoogle Mapによる経路探索を行うとともに、ウーバー（Uber）やリフト（Lyft）といったライドシェアの利用を検討するとよい。

　また、レンタカーの利用も選択肢になり得るだろう。レンタカーの予約は上述の旅行サイトや、大手レンタカー会社（例としてHertz、AVIS、Budget）のサイトから簡単に行うことができる。

免許については、カリフォルニア州のように日本の運転免許証のみで運転が可能な州も存在するが、基本的には国際運転免許証が必要である。国際運転免許証は、運転免許センターや一部の警察署で取得できる。ただし、自身の免許証に登録している住所地の都道府県でしか申請できないので注意を要する。

　運転については、運転席が日本とは左右反対のため、車の死角に違いがあるので気をつけよう。道路も左右反対であるから、駐車場から右折にて道路へ合流する際には自身の左側を最優先で確認することが求められる。なおアメリカでは信号が赤でも右折禁止の標識が無い限り右折可能であるから、直進車に十分注意して右折しよう。道路標識は速度も距離もマイル単位であり（1マイルは約1.6キロ）、また、古いレンタカーだと速度計がマイル表示のみの場合があるので注意を要する。高速道路では左側の車線が追い越し用であり速度域も高いので気をつけること。なお自身のスマホなどを利用したナビは、キロ単位としたほうが運転しやすい。

　レンタカーを利用する場合、車両トラブルや事故に備えて通話可能な携帯電話が必携である。日本の携帯電話を国際ローミングしても問題はないが、事故やトラブルの際に自分の電話番号を伝える必要があることを踏まえると、現地でSIMを調達し、アメリカの電話番号があることが好ましい。

　給油・給電は日本と同じ仕組みなので困ることはないだろう。ただし支払いには注意が必要で、ガソリンスタンド（gas station）では日本発行のデビットカードはほぼ使用できず、VISAやMastercardブランドのクレジットカードであっても日本で発行したものは使用できない場合がまれにある。他方、給電ステーションは、日本発行のデビットカードであっても問題なく使用できる。

　なおアメリカの有料駐車場にはカード払いのみのところがある。駐車場では日本のデビットカードが利用できるところが多いものの、アメリカで運転する場合にはやはり複数のデビットカードまたはクレジットカードを持つ必要がある。

　一方、歩行者としてアメリカの道路を横断する場合、上述したように車は赤信号でも右折可能なこともあり、自身の左手側の道路状況を最優先で確認することが重要である。

事前準備 3

必要な持ち物を揃える

（1）調査時の必需品

□ パスポート

　入館や資料請求に欠かせないリサーチカードの作成にも必要である。

□ 撮影機器

　有料の複写サービスも存在するが、個人のスマートフォンやデジタルカメラで撮影したほうが安価かつ効率的である。なお、資料撮影には一眼レフなどの大型カメラは適さない。

□ 電子機器

　情報の整理・確認のためにパソコンやタブレット類が電源ケーブルとともに必要であろう。なお、アメリカでは変圧器やコンセントの変換プラグは不要である。

（2）その他に推奨される持ち物

□ スマートフォン

　アメリカでは日本以上に公衆電話を見かけないため、連絡手段としてもスマートフォンは必要であろう。自身のスマートフォンがアメリカの周波数に対応しており[24]、かつ、加入回線が国際ローミングに対応し

24　アメリカにて自分のスマートフォンが使用可能か否かは、大手の携帯会社（T-Mobile、AT&T、Verizon）のウェブサイトにて確認可能。T-Mobile は https://prepaid.t-mobile.com/bring-your-own-device、Verizon は https://www.verizon.com/sales/digital/byod/selectMakeAndModel.html?type=smartphone にて確認できる。AT&T は利用可能な端末リストを掲載しているものの、全てを網羅しているわけではない。https://www.att.com/idpassets/images/support/pdf/Devices-Working-on-ATT-Network.pdf。

ている場合は、わずかな手続きでアメリカでも使用できる。ちなみに
アメリカでは2022年に3G電波を停波しており、いわゆる日本のガラ
ケーは使用できない。

　自身のスマートフォンがアメリカの周波数に対応していない場合は、
海外利用可能なスマートフォンかモバイルルーターをレンタルする必
要がある。他方でアメリカの周波数に対応しており、かつ、SIMロッ
クが解除されている場合は、現地にてプリペイド型のSIMの購入を検
討してもよい。店頭でのSIM購入の所要時間は15分程である。

　プリペイド型のSIMには、データ通信専用と、通話可能な2種類が
存在する。当然ながら前者の方が安い。データ通信専用SIMでもLine
やSkypeなどのアプリを介せば通話は可能だが、データ専用SIMでは
SMSが使えない。アメリカ滞在中に食品デリバリーを利用したり、ア
プリをインストールする際にはSMS認証が必要となるため、通話可能
なSIMをお薦めしたい。プリペイドSIMへのチャージ（refill）は、イン
ターネットから簡単にできる。

□クレジットカード

　レンタカーの利用有無にかかわらず、アメリカは日本よりもキャッ
シュレス社会であり、デビッドカードまたはクレジットカードは必携で
ある。また、多くのクレジットカードには海外旅行保険が付帯している
ことからも重要である。ただし近年は保険の適用条件が厳しくなって
いるので出発前によく確認すること。

□小銭と小額紙幣

　交通機関や宿のランドリー、大統領図書館のコインロッカーを使用
する際に必要な場合があるので、25セント（quarter）硬貨を数枚ない
し1ドル札を数枚持参しておくとよい。ちなみにアメリカのランドリー
やコインロッカーは通常25セント硬貨のみ利用可能である。1ドル紙
幣から25セント硬貨に崩すには、「Could you break down one dollar
into quarters？」でよい。

□ **複数口の電源延長コード（2-3メートル程度）**

空港や航空機内、宿泊先、大統領図書館などで必要となるかもしれないので持参をお勧めしたい。

□ **食材・調味料（自炊する場合）**

アメリカではアジア系のスーパーならずとも、ある程度の規模のスーパーならば、米や乾麺、醤油などの基本調味料は入手可能である。フライパンか鍋さえあれば、米は炊けるし、麺は茹でられる。以上を踏まえて何を持参すべきかを考えること。お薦めは、アメリカでは入手困難であり、かつ、軽量でかさばらない、お茶漬けや松茸のお吸い物、ダシの素といった粉末の類いと、丼物のレトルトである。

なお、アメリカの入国時に全農産物（生肉、肉製品、生野菜・生果実など）の申告が必要である。持ち込みの最終的な可否は、税関職員の判断に左右されるものの、原則として生の製品は持ち込めないと考えること。

事前準備 4

研究助成への申請を検討する

大統領図書館における資料調査には、渡航費や滞在費などで少なくない費用がかかる。それゆえ科研費はもちろんのこと、松下幸之助記念志財団などの民間の研究助成の取得を検討するとよい。また、第6章以降に示すように、いくつかの大統領図書館は助成プログラムを提供しており、それらも条件に合致すれば申請を試みるべきであろう。

（田中慎吾）

第 5 章

現地調査

　本章では、国立公文書館が初回訪問者用のガイダンス資料として公開している *Help Us Protect the Records* を参考に[1]、現地における資料調査の流れと注意事項を紹介する。

第 1 節

アメリカ入国

　アメリカの空港に到着したら、まずは入国審査に向かおう。最終

1　"Help Us Protect the Records: Orientation at the National Archives and Records Administration（NARA）," 2012, https://www.archives.gov/files/research/start/researcher-orientation.pdf; Tile 36 of Code of Federal Regulations, Part 1254（Using Records and Donated Historical Materials）, NARA, https://www.ecfr.gov/current/title-36/chapter-XII/subchapter-C/part-1254.（Last access: June 23, 2023）

目的地が異なる場合でも入国地点において審査を受ける必要がある。入国審査に並ぶ列は長いことが多く、航空機を降りてから2-3時間かかるときもある。乗り継ぎがあるといっても優先されることはないので、十分に接続時間を確保することが肝心である。

　入国審査では、最終目的地、滞在目的、滞在期間が基本質問であり、追加で2、3の質問がなされる程度である。滞在目的や期間を英語で答える際には、「I will do research at a Presidential library for ten days」などで十分である。

　審査が終われば、日本の空港で預けたスーツケースなどの荷物を回収しよう。その際、荷物に破損などの異常がないかを確認すること。異常があれば空港職員に申し出て、事故証明（case report）をもらおう。海外旅行保険の補償対象となるはずである。

　預けた荷物がターンテーブルから出てこない場合は、荷物タグの控えを空港職員に提示する。日米間の往来で荷物が出てこないケースはふつうないが、アメリカの国内線では手荷物が出てこないケースはまれにある。これは乗り継ぎ時間や、スペース不足、重量オーバーなどによる。こうした場合でも大抵は次便以降に搭載され、当日ないし翌日には宿泊先に荷物が配達されるケースが大半である。この場合も補償の対象となるはずである。

　荷物回収後に向かうのは税関セクションである。日本到着時のように全員が審査を受けるわけではなく、食品など申告すべき物品がある場合にのみ税関職員に申し出よう。ただし税関職員に手荷物検査を求められたら素直に従おう。

　税関セクションを通り抜けると、ようやく空港の到着口である。接続便がある場合は、到着口に出ることなくコネクションゲートを通過し、出発フロアに再度向かおう。預けていた荷物のタグ表示が最終目的地となっている場合にのみ、乗り換え専用の手荷物預け場所にて荷物を預けよう。

宿のチェックインと滞在中

　空港から宿には調べておいた手段で向かおう。ただし海外では飛行機の遅延や欠航、バス・地下鉄の運休など様々なトラブルに見舞われることがよくある。これらを事前に想定しておけば、実際に遭遇してもパニックに陥らずにすむだろう。

　アメリカ国内で利用可能なスマートフォンを所持していない場合は、電車の乗り換えひとつをとっても苦労する可能性があるため、無料Wi-Fiが利用可能な空港内にて宿までの経路を改めて確認しておくこと。また、スマートフォンにてGoogle Mapを開いて地図を読み込ませ、現在地を更新しておくこと。そうすればオフライン状態でも精度は落ちるがGPSにて大まかな現在地は把握できる。スマートフォンの充電を機内や空港内で完了させておくことは言うまでもない。必要な場合は、アメリカの空港ではSIMが販売されているので購入すること。

　宿にたどり着いたら、日本同様にチェックインを済ませよう。チェックイン時間前に到着したのならば荷物を預かってくれるよう頼み、大統領図書館に赴くか、付近の散策に出かけよう。英語では、「Could you please keep my luggage until checking-in?」程度で問題ない。なお、大統領図書館には後述のようにロッカーはあるが、スーツケースのような大型の荷物は持ち込み不可能だと考えてよい。

　チェックインはパスポートを提示しつつ、「Hi, I'm（First and Last Name）, I have a reservation for ten nights」、あるいは「Hi, I'd like to check-in」などでよい。すでに宿代を全額支払い済みの場合でも、デポジットとしてクレジットカードの提示が求められる場合がある。部屋の使用に問題なければ課金されることはない。

　滞在中に、お湯が出ない、照明が切れている、ネットが使えない、横や上の部屋がうるさいなどの問題が発生したら、フロントに申し出

るとよい。多くの場合、親切に対応してくれるだろう。

　滞在中に部屋の掃除（housekeeping）を依頼する場合には、チップを支払うことが一般的である。宿のランクにもよるが1日2–3ドルでよいだろう。宿泊最終日にチップを纏めて払う派と、1日単位で支払う派に分かれるが、自室の掃除担当者が常に同じとは限らないので1日単位の支払いをお勧めしたい。チップは枕元や机にチップだとわかるように置いておこう。「Thank you」など簡単なメッセージを添えてもよいだろう。

第 3 節

飲食店の利用

　アメリカ滞在中、自炊しないのならば飲食店を利用することになる。ファストフードのようにカウンター越しに注文する店では、持ち帰りか店内飲食かを選択することになる。持ち帰りは英語で「for to-goまたはfor takeout」、店内利用は「for here」を文末に付ければよい。ピザのように注文後に取りに来る場合には「for pick-up」である。したがって注文は、数字付きのメニューを見ながら「I would like to order no.3 for to go」や「I will have a cheese burger as the combo」などで十分通じる。ちなみにcomboとは日本のセットメニューと同様で、ドリンクとフライドポテト（英語ではfries）がついてくる。

　なお、チップ支払いの判断基準としては、誰がその料理を自席まで運んだのかである。つまり店内飲食であろうともカウンターで料理を受け取り、席まで自ら運ぶのならばチップは不要であろう。カウンター越しに注文する店舗にはレジ横にチップ入れがあったり、レジの人間がチップ支払いの有無を尋ねたりする場合があるが、支払うかどうかは任意である。他方で料理が自席まで運ばれてくる店においては、チップ不要と明記されていない限り、また、サービスに余程の問題が

ない限り、飲食代の 15–20 パーセントをチップとして支払うことは事実上の義務となっている。

　一般的なレストランでの支払い方法としては、着座のまま店舗スタッフに「check, please」と伝えると、請求伝票をもってくる。ただし，手を挙げて大声でウェイター／ウェイトレスを呼ばないこと。請求金額に間違いがないか、チップが事前に請求されていないかを確認した上で、現金ないしカードをその伝票とともにスタッフに渡す。

　現金ならば1セント単位でお釣りがもらえるので、自席にチップ相当額を置いて離席する。その際、硬貨のみでチップを支払うことはマナーに反するとされる。アメリカはあえて1ドルを紙幣発行している国である。そもそも釣り銭が不要ならば、支払い時にチップ相当額を含んだ大目の現金をスタッフに渡し、「no change」と伝えるとよい。あるいは支払った金額の内20ドルのみを返金して欲しければ、「just 20 dollars（back）, please」である。

　カードによる支払いならば、カードを伝票とともに渡した後、店員は店舗用と客の控え用に同じレシートを2枚もってくる。レシートにはチップ金額の選択肢がすでに印字されているか、自由に書き込むスペースがある。前者ならば希望するチップ額に近い選択肢にチェックを入れる。後者ならば、適切な金額を書き込む。さらにその下部に合計額を書き込むスペースがあるので、請求額とチップとの合算額を書き込む。2枚のレシートに記入が終われば、レシートのどちらか1枚を席において離席する。店側はレシートの合算額を基に請求することになる。残りの1枚は、店による請求額が正しいかを後日確認するために持ち帰ること。

第 4 節

大統領図書館への入館

　大統領図書館に到着したら、まずは受付でリサーチに訪れた旨を
伝えよう。英語では、「Hi, I came here for research」などで十分であ
る。スタッフは氏名を尋ねてくるだろうから、パスポートか、予約を
取ったEメールを提示するとよい。予約一覧に名前が確認できれば、
リサーチルームに内線をかけてアーキビストを呼んでくれるか、もしく
はリサーチルームに自ら向かうよう指示されるのでそれに従う。

　なお、いくつかの大統領図書館は初回訪問時のみ到着時間帯を定
めている。これはリサーチカードの作成やガイダンスを実施するため
である。次章以降の各大統領図書館の案内を確認してほしい。

第 5 節

ロッカー

　リサーチルームの手前にはロッカーが設置されており、無料で利
用することができる。図書館によってはデポジットとして25セント硬貨
が必要な場合がある（使用後に返ってくるので取り忘れないように）。ロッ
カーには、以下に例示するリサーチルームに持ち込めないものを預け
よう。ロッカーの利用は当日限りであり、退室の際には必ずロッカー
を空にすることが求められる。

　国立公文書館のガイダンス資料は、持ち込み禁止のものとして以下
を列挙している[2]。

2　Ibid.

- ガムや飴を含む全ての飲食物
- コートなど厚手の室外用上着（ジャケットなどの室内用上着を除く）
- 頭部を覆う帽子やスカーフ（ヒジャーブなど宗教上のものは許可）
- パソコンケース、ファイルケース、ウェストポーチ、リュックを含む全ての鞄
- 封筒、ノートブック、メモ用紙、付箋、バインダー、フォルダー
- 鉛筆やボールペン、蛍光ペンなどの筆記用具
- 自動紙送り機能を備えたスキャナー
- 複写機
- 撮影のための追加光源（フラッシュライト）

　上記のノートブックやメモ用紙は、未記入・未使用のものを指している。請求すべき文書名などを記した数枚程度のメモならば、リサーチルームに入室する際に申し出て確認を受ければ持ち込みが認められる。また、鉛筆とメモ用紙はリサーチルーム内で借りることができる。
　他方で持ち込み可能なものとして以下が例示されている[3]。

- パソコンやタブレット（充電器やケーブル含む）
- カメラ（予備バッテリーを含む）
- 宗教上の理由から頭部を覆うもの
- 小さいカチーフ（頭部を覆う小型のバンダナ）、ハンカチ
- 小銭入れやポケットに収まる程度の小型財布
- 携帯電話、スマートフォン
- 薄手のセーター、スウェットシャツ（フード付きも可）
- 25.4cm x 25.4cmを超えないサイズの透明なビニール袋（上記小物を入れるためのもの。必要ならば持参）

3　Ibid.

第 6 節

調査

（1）ガイダンス

　スマートフォンをサイレントモードにした上でリサーチルームに入室しよう。初回訪問時は最初に利用方法に関するガイダンスを受け、リサーチカードを作成することになる。

　リサーチカードの作成には写真が添付された政府発行の英語の身分証明書が必要になる。アメリカ在住者でない限りパスポートの一択であろう。大統領図書館のリサーチカードは図1に示すようにシンプルな作りとなっている。有効期間は1年である。

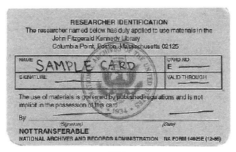

図1

（出典：ケネディ大統領図書館より提供）

　ガイダンスとリサーチカードを作り終えたら、アーキビストによる研究テーマの確認と、調査するべき資料の助言提供があるはずである。

（2）資料請求

　ようやく待望の資料請求である。大統領図書館は資料の請求時間（pull time）を設けているところと、設けていないところに大別される（詳しくは次章以降を参照）。前者型の図書館では請求時間にのみ資料

請求が可能であるものの、訪問初日に限っては例外的にガイダンス終了後に資料を請求できる。また、予約取得時に請求したいボックスを伝えている場合にはすでに用意されていることが多い。

　一度に請求できるボックスの上限は、各大統領図書館によって異なるのでガイダンスの内容に従うこと。資料の請求から到着までの所要時間は各大統領図書館により異なるが、おおよそ15-30分前後と考えておけばよいだろう。

(3) 調査の開始

　請求したボックスの準備できると自身の名前が呼ばれるので、リサーチルーム内のカウンターで受け取ろう。ボックスを複数請求した場合はカートに載せられた状態で引き渡される。そのカートを自身のデスク正面ではなく横側に置くこと。また、カートから取り出してデスクに置けるボックスはつねに1つである。さらにボックスからとり出せるフォルダーもつねに1つである。これらのルールは利用者の資料の取り扱いを、スタッフが視認しやすくするためである。リサーチルーム内には監視カメラが複数設置されており、利用者を常時モニタリングしている。アーキビストから資料の取り扱いで注意を受けた場合は素直に従おう。

　当然のことながら資料の汚損や破損に十分注意しよう。資料を故意に破損したり、持ち出したり、盗まれた資料と知りつつ第三者から譲り受けた場合には、最大で10年の懲役となる。

　資料撮影時には、スマートフォンにせよデジタルカメラにせよ、シャッター音を消すことが求められ、フラッシュの利用は禁止である。スマートフォンで撮影する場合には、単に撮影するのではなく、CamScannerなどの文字認識機能を有したアプリを使用して撮影すると、検索も可能になり便利である。デジタルカメラで撮影する場合も撮影後にデータをFine Readerなどの文字認識ソフトで読み込ませると、検索が可能となりお勧めである。また、資料を写真として1枚1枚撮影するのではなく、動画で撮影する方法も検討に値する。

　なお、文書を読まずに黙々と撮影するか、ある程度目をとおした上で重要と判断した文書のみを撮影するべきなのかは、英語力や滞在日数との兼ね合いもあり、判断の分かれるところである。ちなみに本著の筆者3名は現地で文書の精読はしない。資料調査の経験を積み重ねると、重要なものか否かの直感は自ずと磨かれるものである。

　また、撮影したデータのバックアップは小まめにしておこう。スマートフォンによる撮影ならば大統領図書館のWi-Fi（無料利用可）経由でGoogle Photosなどのオンラインストレージにアップロードしておけばよいだろう。デジタルカメラにて撮影する場合は、カメラやSDカードの盗難・紛失に備えてパソコンなどに小まめにデータを読み込ませた上で、オンラインストレージにアップしておけばなおよい。

（4）調査の中断と終了

　内容の確認を終えたフォルダーは、正しい順序でボックスに戻す必要がある。そのためフォルダーをとり出す時に、A4サイズ程度の大きな栞（place card）を取り出したフォルダーのところに挿しておこう。この大きな栞は、カートの引き取り時にスタッフが配布してくれる。

　ランチタイムや休憩時で席を離れる場合には、ボックスはデスクの上に置いたままでよいが、文書やフォルダーはデスクにそのまま放置せず、ボックスに収納すべきだろう。

　リサーチルームの閉室時間などで調査を翌日以降に持ち越す場合には、カートの返却時に「please hold」とスタッフに伝えよう。そうすれば翌日以降も新たに請求することなくそのカートを受け取ることができる。カート内の全てのボックスの調査が終わり、返却したい場合には「all done」といえば通じる。

　一日の調査の終わりには、使用したデスクはもちろんのこと、ロッカーにも忘れ物がないことを十分に確認して退室・退館しよう。

（5）その他

　フォルダー単位の順序はともかくとして、1つのフォルダー内の文書

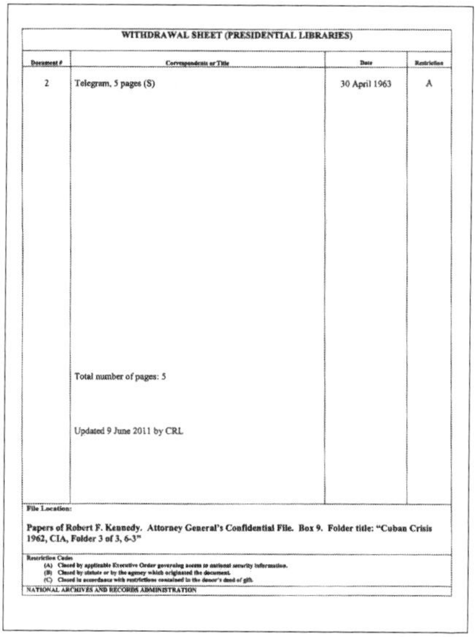

WITHDRAWAL SHEET (PRESIDENTIAL LIBRARIES)

Document #	Correspondents or Title	Date	Restriction
2	Telegram, 5 pages (S)	30 April 1963	A
	Total number of pages: 5		
	Updated 9 June 2011 by CRL		

File Location:

Papers of Robert F. Kennedy. Attorney General's Confidential File. Box 9. Folder title: "Cuban Crisis 1962, CIA, Folder 3 of 3, 6-3"

Restriction Codes
(A) Closed by applicable Executive Order governing access to national security information.
(B) Closed by statute or by the agency which originated the document.
(C) Closed in accordance with restrictions contained in the donor's deed of gift.

NATIONAL ARCHIVES AND RECORDS ADMINISTRATION

図2
（出典：ケネディ大統領図書館より提供）

の順序が明らかにおかしい場合や、文書の癒着やサイズなどの問題により撮影が困難など、問題が生じた場合には1人で解決を試みようとせずアーキビストに相談しよう。どのような資料を請求・調査するべきなのか迷った場合などにも気軽に相談するとよい。

文書が透明なプラスチックの袋に入っていることがあるが、これは文書を保護するためである。その場合、撮影時にもこの袋から文書をとり出すことは許されない。光の反射具合が気になる場合には撮影に角度を付けたり、影を作るなどの工夫が求められる。また、資料を綴じているホッチキスは、アーキビストに言えば外してもらえる（自分で外してはいけない）。

また、図2に示すような非公開文書の存在を知らせるシート（withdrawal sheet）が入っている場合があるが、FOIAやMDRに基づいた開示請求が可能な場合が多い。請求する場合はアーキビストにその旨を伝えると用紙をくれるので必要事項を記入し、アーキビストに提出すれば手続きは完了である。審査には半年以上かかるため、開示された場合の資料の送付先や連絡先はよく考えて記入すること。

第 7 節

閉室・退館後

　リサーチルームの開室時間は長くはない。人によっては時差ボケに苦しんだり、食べ物が合わず体調を崩したりと、思うような調査ができず焦る気持ちも出よう。しかし、せっかくの現地調査である。リサーチルームを出た後は、ぜひとも大統領図書館のミュージアム部分を見学し、自身の研究対象である大統領についての理解を深めよう。きっと新たな発見があるだろう。また、週末や祝日といった休館日には、地元の施設や店舗を覗き、アメリカという国の様々な側面を実際に見て学ぼう。

第 8 節

アメリカ出国

　アメリカでは目に見えるかたちでの出国審査は存在しない。ただし保安検査が日本よりも厳しく長蛇の列ができやすいため、出発時間の2時間前には空港に到着しよう。

（田中慎吾）

第 6 章

ハーバート・フーバー
大統領図書館

Herbert Hoover Presidential
Library and Museum

基本情報 ⓘ

アイオワ州東部、住民2,500人ほどの小さな町、ウェストブランチに位置し、第31代大統領ハーバート・フーバーとその政権スタッフ、家族の関連資料を管理・公開している。ミュージアム（常設展示エリア）は、6つのゾーンに分かれ、フーバーの一生を展示品とともに振り返ることができるようになっている。

📍　210 Parkside Drive, West Branch, IA 52358
📞　1-319-643-5301
✉　hoover.library@nara.gov
🌐　https://hoover.archives.gov/

開館情報

図書館
開館日　月曜日から金曜日。連邦祝日は閉館
開館時間　午前9時から正午、午後0時30分から午後4時15分

ミュージアム
開館日　年中無休
開館時間　午前9時から午後5時。
入館料　10ドル／人。62歳以上と大学生（要ID）は5ドル

当地での設立経緯

もともとフーバーの大統領文書は、母校スタンフォード大学内にフーバー自身が設立した「フーバー戦争図書館（Hoover War Library）」で管理されていた。だが、フーバー戦争図書館が図書館としての機能だけでなく、研究所としての機能も併せ持ち、2度目の名称改正に踏み切った1950年代に、その方針や運営をめぐりフーバーとスタンフォード大学の関係が悪化していく。大学との対立に嫌気が差したフーバーは、1955年制定の大統領図書館法を利用し、生地であるアイオワ州ウェストブランチに大統領図書館を建設することを決意した。

1874年にウェストブランチで生まれたフーバーは、両親を亡くし、オレゴン州の親戚に引き取られるまでの11年をその地で過ごした。90年に及んだ生涯の中で過ごした時間は決して長くないとはいえ、生地としてのウェストブランチにフーバーが特別な思い入れを持っていたことは間違いない。しかも、フーバーとスタンフォードの関係が悪化し始めたころ、ウェストブランチではフーバーの友人たちを中心に、彼のミュージアムを建設するプロジェクトが進行していた。フーバーはそのプロジェクトに賛同し、それを拡大させることでウェストブランチに図書館を開館させたのだった（設立日1962年8月10日）。

所蔵資料

❶資料の概要

紙資料 800万ページ
写真資料 3万5,000枚
映像資料 800点
書籍 3万冊
オーラルヒストリー 350点

❷フーバー文書

フーバー文書は次の5つの文書群から構成されている。すなわち、1921年に商務長官に就任する前の文書（Pre-Commerce Papers）、商務長官時代の文書（Secretary of Commerce Files, 1911-1964）、商務長官をやめた後、大統領に就任するまでの期間の文書（Campaign and Transition materials）、大統領任期中の文書（Presidential materials）、大統領退任後、1964年に死亡するまでの期間の文書（Post Presidential materials）である。
　これら5つのコレクションの中で、最大のものは大統領任期中の文書を集めたコレクションである。下記のとおり、それは11のファイルからなる。

省庁別ファイル（Files of Executive Departments）

省庁から大統領に提出された文書や省庁へと回付された国民の手紙からなるファイル。省庁ごとにアルファベット順で文書が整理されている。全70箱。

主題別ファイル（President's Subject Files）

11のファイルの中で2番目に大きなファイル。内政、外交、経済、芸術などさまざまな内容の文書がアルファベット順に並べられた約450の主題のもと整理されている。全345箱。

大統領秘書ファイル（Files of Presidential Secretaries）

11のファイルの中で最大のファイル。ホワイトハウスに届いた手紙で、省庁など他の行政機関へと回付された手紙の相互参照シート、および手紙の要約文書からなる。全555箱。

出先機関ファイル（Files of State Offices）

地方にある連邦政府の出先機関の活動に関する文書を収めたファイル。フーバー政権期にはまだアメリカの植民地であったフィリピンの独立運動に関する文書を含む（Box 987）。全24箱。

対外関係ファイル（Foreign Affairs Files）

対外関係に関する書簡や国務長官から大統領に送られた国務省資料によって構成されるファイル。全49箱。以下の7つのサブシリーズからなる。

国別サブシリーズ（Countries Sub-series）　対外関係文書を国別に整理したシリーズ。日本関連の文書はBox 1007にある。

外交官サブシリーズ（Diplomats Sub-series）　アメリカの外交官の活動に関する文書を集めたシリーズ。1929年から30年にかけて駐日大使を務めたウィリアム・キャッスル（William R. Castle）の文書がBox 1011に収められている。また、1930年から33年にかけて駐日大使を務めたキャメロン・フォーブス（W. Cameron Forbes）の文書と1932年から1941年まで駐日大使を務めたジョゼフ・グルー（Joseph C. Grew）の文書、1929年に駐日公使を務めたチャールズ・マクヴィー（Charles MacVeagh）の文書がBox 1012にある。

軍縮サブシリーズ（Disarmament Sub-series）　国際的な軍縮の促進に努めたフーバー政権の活動に関する文書を集めたシリーズ。

金融サブシリーズ（Financial Sub-series）　第一次世界大戦の戦債問題や賠償問題に関する文書を集めたシリーズ。

一般問題サブシリーズ（General Subjects Sub-series）　米州の問題や国際連盟に関する文書など、他のサブシリーズの範疇には入らない対外問題に関係する文書を集めたシリーズ。

司法サブシリーズ（Judicial Sub-series）　国際法や常設国際司法裁判所に関係する文書を集めたシリーズ。

満州危機サブシリーズ（Manchurian Crisis Sub-series）　満州事変に関係する文書を集めたシリーズ。

個人ファイル（Presidential Files on Individuals）

政府ポストの獲得や昇格、恩赦など個人の問題に関係する文書を集めたファイル。全38箱。

公有地の保存と管理に関する委員会（President's Committee on the Conservation and Administration of the Public Domain）

1930年にフーバーが組織した「公有財産の保存と管理に関する委員会」の資料。全17箱。

大統領令と大統領布告（Executive Orders and Proclamations）

フーバーが出した大統領令と大統領布告を集めたファイル。全3箱。

大統領個人ファイル（President's Personal Files）

フーバー個人に宛てられ、フーバー自身の返信を期待する内容となっている書簡を集めたファイル。全217箱。

報道関係ファイル（Press Relations Files）

報道に関係する資料を集めたファイルで、4つのサブシリーズから構成される。新聞の論説をまとめた文書からなる「論説分析（Editorial Analysis）」、記者会見の記録を集めた「プレス関係（Press Relations）」、ホワイトハウス発行のプレスリリースを集めた「ホワイトハウス・プレスリリース（White House Press Releases）」、共和党全国委員会のプレスリリースを集めた「共和党全国委員会プレスリリース（Republican National Committee Press Releases）」である。全29箱。

フーバー政権業績ファイル（Hoover Administration Accomplishment Files）

フーバー政権は最後の数カ月、4年間の業績をまとめる作業を行った。フーバー政権業績ファイルは、その作業に関係する資料を集めたファイルとなっている。全4箱。

❸その他資料

個人・団体文書　約300の文書コレクションがある。日本に関係するものとしては、ウィリアム・キャッスルやジョゼフ・グルーの個人文書がある。
オーラルヒストリー　約350人のインタビュー記録がある。

調査にあたって

- 訪問前の予約は必須ではない。ただし、メールか電話で予約を取ることが推奨されている。

- 初日の到着時間に関するルールはない。

- 図書館に昼食の取れる施設はない。ただし、図書館から徒歩圏内にいくつかのレストランやカフェがある。

研究助成

研究旅費助成（Research Travel Grant）
- 概要　フーバー大統領財団（Hoover Presidential Foundation）による旅費助成
- 対象　大学院生、ポスドク、無所属の研究者
- 助成人数　不定
- 助成額　500ドルから2,000ドル（国際線の航空運賃は助成の対象外）

- 締め切り　3月1日（消印有効）
- URL　https://hooverpresidentialfoundation.org/research-travel-grant/

アクセス・宿泊施設

✈ 図書館へのアクセス

最寄り空港　東アイオワ空港（Eastern Iowa Airport, CID）。
- 空港から図書館まで約50キロ、車で1時間ほどである。空港からUberやLyftなどライドシェアを使う場合、運賃は40ドルから50ドルとなっている。
- バスの場合、空港ターミナルでBurlington Trailwaysのアイオワ・シティ行きに乗り、終点の170E. Court Street, Iowa Cityで降りる。運賃は15ドルから19ドル。所要時間は35分。終点（170E. Court Street, Iowa City, IA, 52240）で降りたら、タクシーかライドシェアを使って図書館まで行く。距離は約20キロ。タクシーの場合、運賃は50ドル前後、ライドシェアの場合、運賃は20ドルから25ドル。

🛏 宿泊施設

図書館から徒歩圏内となると、Days Inn by Wyndham West Branch Iowa City Areaぐらいしかない。それ以外のホテルに宿泊したい場合は、車で20分ほどのアイオワシティまで行く必要がある。

Days Inn by Wyndham West Branch Iowa City Area　（周辺図の★）
- 図書館から徒歩20分
- 価格帯　$（$マーク1つで100ドル代を示す）
- 部屋設備　電子レンジ、冷蔵庫、無料Wi-Fi
- 施設設備・サービス　無料朝食

（高橋慶吉）

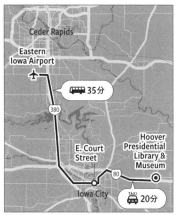

広域図

周辺図

第 7 章

フランクリン・
D・ローズヴェルト
大統領図書館

Franklin D. Roosevelt Presidential
Library and Museum

基本情報

ニューヨーク市マンハッタンから北に車で2時間ほどのところに位置し、第32代大統領フランクリン・D・ローズヴェルトとその政権スタッフ、家族の関連資料を管理・公開している。ミュージアムは2013年に常設展示エリアを大幅に改修し、タッチスクリーンなど双方向性機能をもつ展示を多く取り入れた。

- 📍 4079 Albany Post Road, Hyde Park, NY 12538
- 📞1 1-845-486-7770（代表）
- 📞2 1-845-486-1142（リサーチルーム）
- ✉1 Roosevelt.Library@nara.gov（代表）
- ✉2 archives.fdr@nara.gov（リサーチルーム）
- 🌐 https://www.fdrlibrary.org/home

開館情報

図書館
開館日 月曜日から 金曜日。連邦祝日は閉館
開館時間 午前9時から午後4時

ミュージアム
開館日 月曜日から日曜日。ただし、元日、感謝祭（11月第4木曜日）、クリスマスを除く
開館時間 4月から10月までが午前9時から午後6時。11月から3月までが午前9時から午後5時
入館料 10ドル／人

当地での設立経緯

ローズヴェルト大統領図書館が建つニューヨーク州ハイドパークは、ローズヴェルトが生まれてから全寮制の私立学校に入学するまでの14年間を過ごした地である。ハドソン川が流れる、自然豊かなその地をローズヴェルトは愛してやまず、「私の中にあるものはすべてハドソンに遡る」と好んで口にした。当時、ワシントンDCからハイドパークまで列車で10時間ほどかかっ

たが、ローズヴェルトは大統領になってからもハイドパークで母親とともにリラックスした週末を過ごすことが多かった。実現はしなかったものの、ローズヴェルトは大統領引退後、余生をハイドパークの邸宅で自身の文書の整理をしながら送る計画を立てていた。その計画のもと、ローズヴェルトの邸宅の敷地内に建設されたのがローズヴェルト大統領図書館である（設立日1941年6月30日）。

❶資料の概要

紙資料　1,700万ページ
写真資料　13万枚
映像・音声資料　15万点
書籍　5万冊

❷ローズヴェルト文書

ローズヴェルト文書は、大統領就任前の文書と大統領就任後の文書に大きく分けることができる。

　大統領就任後のローズヴェルト文書（Papers as President）は次の11のファイルから構成される。「アルファベット順ファイル（Alphabetical File）」と「オフィシャルファイル（Official File）」、「大統領個人ファイル（President's Personal File）」、「大統領秘書ファイル（President's Secretary's File）」、「マップルーム・ファイル（Map Room File）」、「記者会見（Press Conferences）」、「マタースピーチ・ファイル（Master Speech File）」、「拒否権行使対象法案（Bills "pocket-vetoed"）」、「大統領令・大統領布告（Executive Orders and Proclamations）」、「プレスリリース（Press Releases）」、「トルーマン図書館大統領秘書ファイル資料（Copies of documents from the President's Secretary's File in the Harry S. Truman Library）」である。これら11のファイルの内、はじめの5つが特に大きなファイルとなっている。

アルファベット順ファイル（Alphabetical File, 1933–1945）

国民からの手紙やそれに関連する資料から構成されるファイル。手紙を送った個人、団体の名前のアルファベット順で文書が整理されている。マイクロフィルム178ロールと124箱からなる。

オフィシャルファイル（Official File）

ローズヴェルトの公的な活動に関係する文書を集めたファイル。主題別、もしくは個人・団体別にファイルが作られており、それぞれのファイルに1つ、もしくは複数のボックスが当てられている。たとえば、OF197と番号の付されたファイルは日本政府に関係するファイルとなっており、そのファイルの中にボックスが3つある。ファイル数は全部で5,709、文書の枚数は約234万8,000に及ぶ。

大統領個人ファイル（President's Personal File）

ローズヴェルトの私的な関心に関わる文書を集めたファイル。ただし、誕生日カードや季節の挨拶状など純粋に私的な内容の文書だけでなく、記者会見・演説の記録や演説・政策に関する国民からの手紙を含む。オフィシャルファイルと大統領個人ファイルの境界はあいまいで、同じ内容の文書がどちらのファイルにも入っていることがある。オフィ

シャルファイルと同じく、主題別、もしくは個人・団体別にファイルが作られており、それぞれのファイルに1つ、もしくは複数のボックスが当てられている。ファイル数は全部で9,125、文書の枚数は約124万6,000である。

大統領秘書ファイル（President's Secretary's File）

ローズヴェルトの私設秘書によって管理された文書を集めたファイル。5つのシリーズからなる。歴史的価値の高い文書が多く、いずれのシリーズも図書館のウェブサイトから閲覧できるようになっている。

金庫ファイル（Safe File）　ローズヴェルトの金庫に収納されていた文書からなる。第二次世界大戦期の文書が中心。日本や中国に関係する文書を多く含む。全6箱。

秘密ファイル（Confidential File）　大統領やホワイトハウス・スタッフによって秘密資料と分類された文書からなる。Box 22に日本関連の文書がある。全18箱。

外交関係通信（Diplomatic Correspondence）　外国駐在の米外交官から送られてきた秘密レポートや外国首脳からの書簡などからなる。国ごとに整理されており、Box 42と43に日本関連の資料がある。全31箱。

省関係通信（Departmental Correspondence）　国務省や財務省、陸海軍省など大規模省と大統領との間で交わされた書簡やレポート、メモからなる。省別に文書が整理されている。全39箱。

主題別ファイル（Subject File）　上記の「省関係通信」が対象とする大規模省以外の政府機関の文書や大統領行政府のスタッフの文書からなる。全84箱。

マップルーム・ファイル（Map Room File）

1942年1月、第二次世界大戦を戦うためのシチュエーションルーム（作戦司令室）として、通称マップルームがホワイトハウス内に作られた。このマップルームの資料を集めたのが本ファイルである。下記のとおり、2つのシリーズによって構成されている。現在、どちらも図書館のウェブサイトから閲覧することができる。

シリーズ1 ―メッセージ（Messages）　ローズヴェルトが送った文書や受け取った文書を集めたシリーズ。シリーズ1はさらに次の3つのサブシリーズに分けられている。
- サブシリーズ1: 一般（General）　ローズヴェルトがウィンストン・チャーチル（Winston Churchill）、ヨシフ・スターリン（Joseph Stalin）、蒋介石など連合国首脳やアメリカ政府高官と交わした文書を集めたもの。全14箱。
- サブシリーズ2: 大統領訪問（President's Trips）　ローズヴェルトがワシントンを離れていた時にホワイトハウスに届いた文書は、マップルームで暗号化され、ローズヴェルトのもとに送られた。それに対するローズヴェルトの暗号化された回答は、やはりマップルームにおいて通常の文章に直された。このサブシリーズは、マップルームを介して旅先でローズヴェルトが受け取ったり、送ったりした文書を集めたシリーズとなっている。全15箱。
- サブシリーズ3: 特別主題別ファイル（Special Subject Files）　ローズヴェルトが、軍事・外交問題の中でも特に重視していた問題に関係する文書を集めたもの。全6箱。

シリーズ2 ―軍事ファイル（Military Files）　戦況に関する陸海軍省の文書を集めたシリーズ。陸海軍省によって伝えられた戦況は、マップルームで分析され、地図上に表された。それによって、ローズヴェルトが視覚的に戦況を確認することができるようになっていたのである。全202箱。

❸その他資料

- **個人・団体文書**　約300の文書コレクションがある。その内、戦争難民局（War Refugee Board）と私設秘書グレース・タリー（Grace Tully）の文書のすべて、そして妻エレノアと財務長官を務めたモーゲンソーの文書の一部が図書館のウェブサイトから閲覧できるようになっている。

調査にあたって

- 予約は必須。10日前までの予約が求められている。グループでの予約は不可。グループで訪問する場合でも、1人1人個別に予約を取ること。

- 冬には天候が荒れやすく、閉館となったり、開館時間が遅れたりすることがある。そうした可能性が疑われる場合は、図書館のHPまたはSNSで確認するか、電話で図書館に問い合わせること（この場合の電話番号は、845-486-7777）。

- リサーチルームにはミュージアムの入口から入る。まずミュージアム入口でチェックインをし、赤色のリサーチパスを受け取る。その後案内に従い、リサーチルームに向かう。

- 閲覧のため資料を請求することができる回数は1日4回までとなっている。請求することのできる時間も決まっており、9時15分、11時、午後2時、午後3時45分となっている。これら4つの時間をプルタイム（pull time）という。資料請求に時間がかかるため、プルタイムより早めに図書館に行くことが推奨されている。図書館訪問の初日だけ特別に、上記のプルタイムに関係なく、到着後すぐに資料を請求することができるようになっている（courtesy pull）。なお、初日の到着時間に関するルールはない。

- 図書館の敷地内に、4月から10月の時期にだけ開くカフェ（Uncle Sam's Canteen）がある。また、図書館から徒歩圏内にいくつかのレストランやカフェがある。

研究助成

ローズヴェルト協会研究助成（Roosevelt Institute Research Grants）
執筆時点（2023年12月）で募集を行っておらず、詳細不明。

アクセス・宿泊施設

✈ 図書館へのアクセス

最寄り空港　スチュアート国際空港（Stewart International Airport）

近隣の空港　ジョン・F・ケネディ国際空港（John F. Kennedy International Airport）、ニューアーク・リバティ国際空港（Newark Liberty International Airport）

最寄り駅　ポキプシー駅（Poughkeepsie Station）

- 最寄りの空港、スチュアート国際空港から図書館までは約48キロである。
- 日本からの図書館利用者の多くが利用するのは、ジョン・F・ケネディ国際空港かニューアーク・リバティ国際空港であろう。それら空港から図書館の最寄り駅であるポキプシー駅に行くには、まずニューヨーク市マンハッタンまで移動する必要がある。
- マンハッタンからポキプシー駅まで行くには、2通りの方法がある。1つは、Metro-North Railroadを使う方法である。この場合、Grand Central TerminalでHudson Lineに乗車すること。運賃はピーク時で25.75ドル、非ピーク時で19.25ドルとなっている。所要時間は約1時間45分。
- もう1つの方法は、Amtrakを使う方法である。この場合、Pennsylvania Stationで乗車すること。運賃は時間帯によって変わり、28ドルから52ドルとなっている。所要時間は約90分である。ポキプシーではMetro-North Railroadと同じ駅に乗り入れている。
- ポキプシー駅から図書館までは約8キロである。タクシーが最も便利だが、バスでも比較的簡単に行くことができる。Dutchess County TransitのJのバスに乗車し、FDR Home Park Visitor Center、別名Henry A. Wallace Visitor Centerで下車すること。運賃は3.5ドルである。日曜日といくつかの連邦祝日（元日、キング牧師記念日［1月第3月曜日］、ワシントン記念日［2月第3月曜日］、戦没将兵追悼記念日［5月最終月曜日］、独立記念日）は運休日となっているので注意。

🛏 宿泊施設

図書館から徒歩圏内にあるホテルとしては下記のホテルがある。

Quality Inn Hyde Park - Poughkeepsie North（周辺図の★）

- 図書館から徒歩15分
- 価格帯　$
- 部屋設備　電子レンジ、冷蔵庫、無料Wi-Fi
- 施設設備・サービス　無料朝食

（高橋慶吉）

広域図

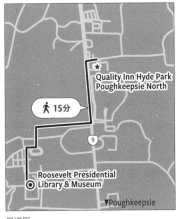

周辺図

第 8 章

ハリー・S・トルーマン 大統領図書館

Harry S. Truman Presidential Library and Museum

基本情報　　　　　　　　　　　　　　　　　　　　　ⓘ

ミズーリ州西部のインディペンデンス市に位置し、第33代大統領ハリー・S・トルーマンとその政権スタッフ、家族の関連資料を管理・公開している。ミュージアムには、2015年に寄贈された佐々木禎子（広島で被爆、1955年に12歳の若さで死亡）の折り鶴が関連資料とともに展示されている。

📍　500 W US Hwy 24, Independence, MO 64050
📞1　1-816-268-8200, 1-800-833-1225（代表）
📞2　1-816-268-8272（リサーチルーム）
✉1　truman.library@nara.gov（代表）
✉2　truman.reference@nara.gov（リサーチルーム）
🌐　https://www.trumanlibrary.gov/

開館情報

図書館
開館日　月曜日から金曜日。連邦祝日は閉館
開館時間　午前9時から午後4時

ミュージアム
開館日　元日、感謝祭（11月第4木曜日）、クリスマス以外は開館
開館時間　午前9時から午後5時。日曜日は正午から午後5時
入館料　12ドル／人。大学生（要ID）は8ドル

当地での設立経緯

トルーマン大統領図書館が建つインディペンデンスは、トルーマンが少年時代を過ごし、最愛の妻ベスと半世紀に及ぶ結婚生活を送った町だった。インディペンデンスに決定する前、トルーマンには、青年時代を過ごした思い出の地、ミズーリ州グランドビューの農場に図書館を建てるという考えもあった。だが、農場の価値を重く見ていた家族の反対によってあきらめ、通うのに便利で、かつ市長が図書館建設に強い支持を表明していたインディペンデンスに決めたのである（設立日1957年7月6日）。

1953年に大統領を辞めてからのインディペンデンスでの生活は20年に及んだ。その期間、トルーマンは1960年代半ばに体調を崩すまで毎日のように図書館のオフィスに徒歩で通った。そして、多くの重要なゲストを迎えたり、研究者と話をしたり、子どもたちに自分の経験や歴史を学ぶことの大切さを語ったりしたのだった。現在、図書館のオフィスは、トルーマンが死亡した日（1972年12月26日）のままの状態で保存され、ミュージアムの一部として一般に公開されている。

所蔵資料

❶資料の概要

紙資料　1,500万ページ
写真資料　18万枚
映像資料　800点
音声資料　5,000点
書籍　1万冊
オーラルヒストリー　500点

❷トルーマン文書

トルーマン文書は、大統領就任前の文書（Prepresidential Papers）と大統領任期中の文書（Presidential Papers）、そして退任後の文書（Post-Presidential Papers）に大きく分けられている。

大統領任期中の文書は次の3つのファイルから構成される。すなわち、「大統領秘書ファイル（President's Secretary's Files）」と「ホワイトハウス・セントラルファイル（White House Central Files）」、「スタッフメンバー・オフィスファイル（Staff Member and Office Files）」である。

大統領秘書ファイル（President's Secretary's Files）

トルーマンの指示のもと、私設秘書が管理していた文書を集めたファイル。秘密指定の文書を多く含む。第1部第1章の記載のとおり、トルーマンは死ぬまでこのファイルを手元に置き続けた。下記の32のサブファイルからなり、その一部はトルーマン大統領図書館のウェブサイトから閲覧できるようになっている。

演説ファイル（Speech File）　トルーマンが行った演説の原稿やドラフトを集めたファイル。全42箱。

政治ファイル（Political File）　1948年と1952年の大統領選挙に関する文書など、トルーマンの政治活動に関係する文書を集めたファイル。全7箱。

記者会見ファイル（Press Conference File）　トルーマンと国務長官の記者会見の記録を集めたファイル。全4箱。

プレスリリース・ファイル（Press Release File）　ホワイトハウス発行のプレスリリースを集めたファイル。全11箱。

大統領面会ファイル（President's Appointments File）　面会スケジュールに関する文書など、面会に関係する文書を集めたファイル。全21箱。

国務省公報ファイル（Department of State Radio Bulletins File）　トルーマンと国務長官による1945年の外交演説を掲載した、国務省発行のプレスリリースを集めたファイル。全1箱

訪問ファイル（Trip File） トルーマンの国内訪問、海外訪問に関係する文書を集めたファイル。全6箱。

ギフト・挨拶状ファイル（Gift and Greeting File） トルーマン、もしくはその家族に贈られたはがきや手紙、品物に関係する文書を集めたファイル。全3箱。

一般ファイル（General File） チャーチルとの会談の記録や原爆に関する資料など、さまざまな内容の文書を含む。全28箱。

主題別ファイル（Subject File） 大統領秘書ファイルを構成する32のファイルの中で最大で、箱数は66箱にのぼる。次の12のサブシリーズに分かれている。
- 機関サブシリーズ（Agency Subseries） 議会や独立行政機関、国際連合に関係する文書を集めたシリーズ。
- 予算局サブシリーズ（Bureau of the Budget Subseries） 予算に関係する文書を集めたシリーズ。
- 内閣サブシリーズ（Cabinet Subseries） 内閣を構成する行政機関に関係する文書を集めたシリーズ。
- 中国ロビー・サブシリーズ（China Lobby Subseries） 中国ロビーの活動に関する文書を集めたシリーズ。中国ロビーとは、強い反共主義的信条を持ち、蒋介石を熱心に支持した個人、団体のことである。彼らは、蒋介石支援に消極的だとしてトルーマン政権の対中政策に激しい批判を加えた。
- 会議サブシリーズ（Conferences Subseries） 外国首脳との会談や重要な国際会議に関する文書を集めたシリーズ。1945年のポツダム会談や1951年のサンフランシスコ講和会議に関する資料を含む。
- 外相理事会サブシリーズ（Council of Foreign Ministers Subseries） 1945年のポツダム会談で設置が決まった外相理事会に関係する文書を集めたシリーズ。
- FBIサブシリーズ（Federal Bureau of Investigation Subseries） 犯罪や共産主義者、スパイ、情報活動に関係する文書を集めたシリーズ。Box 142に原爆に関する文書がある。
- 対外関係サブシリーズ（Foreign Affairs Subseries） 対外政策に関する文書を集めたシリーズ。Box 154に対日政策に関する文書、Box 156に日本軍の真珠湾攻撃に関する文書がある。
- NSCサブシリーズ（National Security Council Subseries） 1947年設置の国家安全保障会議の活動に関係する文書を集めたシリーズ。対日講和や朝鮮戦争に関する文書を含む。
- NSC―原子力サブシリーズ（National Security Council-Atomic Subseries） 原子力や原爆に関する文書を集めたシリーズ。広島、長崎への原爆投下に関する文書を含む。
- NSC―会合サブシリーズ（National Security Council-Meetings Subseries） 1947年から1953年の間に行われた国家安全保障会議の128回のミーティングに関する文書を集めたシリーズ。
- 最高裁判所サブシリーズ（Supreme Court Subseries） 連邦最高裁判事の任命に関する文書を集めたシリーズ。

歴史ファイル（Historical File） 大統領に就任する前のトルーマンの政治活動に関係する文書やトルーマンが大統領として関わった重要問題に関係する文書など、さまざまな内容の文書を含む。Box 188に原爆に関する文書、Box 190に日本降伏に関する文書がある。全18箱。

朝鮮戦争ファイル（Korean War File） 1950年6月勃発の朝鮮戦争に関係する文書を集めたファイル。全2箱。

フランク・E・ロウ・ファイル（Frank E. Lowe File） 朝鮮戦争の初年に1年間、トルーマンの指示によって朝鮮半島に駐在したフランク・ロウのレポートや書簡を集めたファイル。全3箱。

インテリジェンスファイル（**Intelligence File**）　全16箱で、4つのサブシリーズからなる。
- 中央インテリジェンス・サブシリーズ（Central Intelligence Subseries, 1950-1953）　朝鮮戦争の戦況に関する文書を集めたシリーズ。
- 中央インテリジェンスレポート・サブシリーズ（Central Intelligence Reports Subseries, 1946-1953）　対外政策や国家安全保障に関するCIA作成のレポートを集めたシリーズ。
- 陸軍インテリジェンス―朝鮮サブシリーズ（Army Intelligence-Korea Subseries, 1950-1953）　朝鮮戦争に関する戦況報告書を集めたシリーズ。
- 公刊サブシリーズ（Publications Subseries, 1946-1950）　対外関係に関するレポートや本を集めたシリーズ。

ミスタープレジデント・ファイル（**Mr. President File**）　トルーマンの書簡や日記を収録した1952年出版の本、*Mr. President* に関係する文書を集めたファイル。全2箱。

通信リストファイル（**List of Correspondence File**）　大統領面会担当秘書に送られた書簡のリスト。全2箱。

住所録ファイル（**Address Books File**）　個人の住所に関する文書を集めたファイル。全1箱。

議会公聴会ファイル（**Congressional Hearings File**）　議会公聴会に関係するレポートや公聴会での発言記録を集めたファイル。全3箱。

選挙運動文書ファイル（**Political Campaign Material File**）　1952年大統領選挙など、選挙関連の文書を集めたファイル。全2箱。

日記ファイル（**Diaries File**）　トルーマンの日記を収めたファイル。全1箱。

雑文書ファイル（**Miscellaneous File**）　雑多な文書からなるファイル。全1箱。

トルーマン大統領図書館設立ファイル（**Truman Library Foundation File**）　トルーマン大統領図書館の設立事業に関係する文書を集めたファイル。全1箱。

年代順人名別ファイル（**Chronological Name File**）　トルーマンの書簡を集めたファイル。チャーチルやアイゼンハワー、ダレスといった著名な人物に宛てた書簡を含む。全18箱。

伝記ファイル（**Biographical File**）　トルーマン個人やトルーマン家に関する資料を集めたファイル。全2箱。

マーサ・E・トルーマン・ファイル（**Martha E. Truman File**）　トルーマンの母マーサ・E・トルーマンに関係する文書を集めたファイル。全1箱。

ホワイトハウス・ファイル（**White House File**）　1948年から1952年にかけて行われたホワイトハウスの改築に関係する文書を集めたファイル。全1箱。

個人ファイル（**Personal File**）　トルーマンの私的な書簡や文書を集めたファイル。全21箱。

名誉勲章ファイル（**Congressional Medal of Honor Awards File**）　アメリカ軍の勲章の中で最高位とされる名誉勲章の授与に関係する文書を集めたファイル。全1箱。

家族書簡ファイル（Family Correspondence File） トルーマンが家族や親戚との間で交わした書簡などを集めたファイル。全3箱。

手書きメモファイル（Longhand Notes File） トルーマンの手書きの資料を集めたファイル。全3箱。

会話要約ファイル（Summaries of Conversations File） FBIによる盗聴の記録を集めたファイル。全5箱。

アーネスト・H・グリューニング・ファイル（Ernest H. Gruening File） 容共主義者と見られたアラスカ準州の知事アーネスト・グリューニングに関するFBIの資料を集めたファイル。全2箱。

ホワイトハウス・セントラルファイル （White House Central Files）

6つのファイルからなる。その内、「オフィシャルファイル（Official File）」と「大統領個人ファイル（President's Personal File）」、「一般ファイル（General File）」、「秘密ファイル（Confidential File）」が主たるファイルとなる。

オフィシャルファイル（Official File） トルーマン政権の公的な活動に関係する文書を集めたファイル。主題別、もしくは個人・団体別にファイルが作られている。ファイル数は全部で3,480で、その中には日本に関するファイル（OF197）もある。

大統領個人ファイル（President's Personal File） トルーマンの私的な関心に関わる文書を集めたファイル。全部で6,249のファイルがある。

一般ファイル（General File） オフィシャルファイル、もしくは大統領個人ファイルに収めるほど重要とは考えられなかった文書を集めたファイル。

秘密ファイル（Confidential File） ホワイトハウス・セントラルファイルを構成する文書の中でも特に重要で、他の文書より厳重な管理が必要と考えられた文書を集めたファイル。大統領秘書ファイルと同じく、トルーマンはこのファイルを死ぬまで手元に置き続けた。下記のとおり、秘密ファイルはさらに3つのファイルに分けられる。

- 主題別ファイル（Subject File） さまざまな内容の文書がアルファベット順に整理されている。Box 18に朝鮮戦争、Box 19にダグラス・マッカーサー、Box 24に日本軍の真珠湾攻撃に関する文書がある。全30箱。
- 国務省ファイル（State Department File） 国務省に関係する文書を集めたファイルで、さらに4つのファイルに分けられている。すなわち、書簡やレポート、プレスリリースを収めた「書簡ファイル（Correspondence File）」、ヴァチカン市国で大統領の特使を務めたマイロン・テイラー（Myron C. Taylor）の活動に関係する文書を集めた「マイロン・C・テイラーファイル（Myron C. Taylor File）」、通商協定に関係する文書を集めた「国際貿易協定ファイル（International Trade Agreements File）」、1949年発表の『中国白書』など公開文書に関係する文書を集めた「レポート・公刊ファイル（Reports and Publication File）」である。全19箱。
- 相互参照シート・ファイル（Cross Reference Sheets） 上記2つのファイルに収められている文書の相互参照シートからなるファイル。全8箱。

スタッフメンバー・オフィスファイル（Staff Member and Office Files）

国家安全保障会議や心理戦略委員会（Psychological Strategy Board）など大統領行政府内に設置された機関やそのスタッフの文書を集めたファイル。機関ごと、個人ごとに文書が整理されている。このファイルの一部がオンライン上で公開されている。なお、国会図書館・憲政資料室が所蔵する大統領付海軍武官ファイルと国務省・国防総省朝鮮戦争文書選集はスタッフメンバー・オフィスファイルの一部を構成するものである。

❸その他資料

- **個人・団体文書**　約600の個人・団体の文書コレクションがある。
- **オーラルヒストリー**　約500人のインタビュー記録がある。

調査にあたって

- 到着の2日前までに予約を取ることが必須となっている。初日の到着時間に関するルールはない。

- 資料を請求するには、リサーチルームにあるReference Service Recordに資料名やボックス番号を記入し、提出する。1回に10箱を超える量の資料を請求することはできない。また、1回で請求した資料がたとえ10箱未満であっても、そのカートを返却しないかぎり、次のカートを要求することはできない。

- 資料を請求することのできる時間帯は9時から正午、午後1時から3時となっている。

- 館内に昼食を取れる施設はない。ただし、休憩室があり、電子レンジ、自動販売機、コーヒーメーカーを利用することができる。また、近隣にファーストフード店やハンバーガー店がある。

- 資料のコピーと郵送を、メールもしくは電話で依頼することができる。ただし、図書館スタッフが資料調査をしてくれるわけではないので、ボックス番号やファイル名など資料の情報を具体的に図書館に伝える必要がある。

研究助成

博士論文助成（Dissertation Year Fellowships）
- 概要　博士論文執筆のための研究助成
- 対象　博士課程の学生
- 助成人数　2人
- 助成額　16,000ドル
- 締め切り　2月1日
- URL　https://www.trumanlibraryinstitute.org/research-grants/dissertation-year-fellowships/

研究者助成（Scholar's Award）
- 概要　博士号取得後、本の出版を目指す研究者向けの研究助成。偶数年のみ募集

- 対象　博士号取得者
- 助成人数　1人
- 助成額　30,000ドル
- 締め切り　12月15日
- URL　https://www.trumanlibraryinstitute.org/research-grants/scholars-award/

研究助成（Research Grants）
- 概要　トルーマン大統領図書館における資料調査のための研究助成。春と秋の年2回、募集が行われる
- 対象　研究者一般
- 助成人数　2人（春と秋それぞれ1人）
- 助成額　2,500ドル
- 締め切り　4月1日と10月1日
- URL　https://www.trumanlibraryinstitute.org/research-grants/research-grants/

アクセス・宿泊施設

✈ 図書館へのアクセス

最寄り空港　カンザスシティ国際空港（Kansas City International Airport）。
- 空港から図書館まで約56キロである。
- 空港からバスで行く場合、RideKCバスの229番線に乗車し、East Village Transit Centerで下車。24番線に乗り換え、Independence Metrocenterで下車。そこから図書館は徒歩圏内にある。空港からの所要時間は約3時間。

🛏 宿泊施設

トルーマン大統領図書館のウェブサイト（https://www.trumanlibrary.gov/museum/lodging）では、徒歩圏内にあるホテルとして次の3軒、Higher Ground HotelとOphelia's Restaurant & Inn、Woodstock Innが紹介されている。この内Higher Ground Hotelは営業していないようである。

Ophelia's Restaurant & Inn（周辺図の★1）
- 図書館から徒歩25分
- 価格帯　$$
- 部屋設備　電子レンジ、冷蔵庫、無料Wi-Fi
- 施設設備・サービス　無料朝食、ビジネスセンター

Woodstock Inn（周辺図の★2）
- 図書館から徒歩35分
- 価格帯　$$
- 部屋設備　冷蔵庫、無料Wi-Fi
- 施設設備・サービス　無料朝食、ランドリー

（高橋慶吉）

広域図   周辺図

Photo Gallery

ハーバート・フーバー大統領図書館のリサーチルームとミュージアム

Photo: Herbert Hoover Presidential Library and Museum

フランクリン・D・ローズヴェルト大統領図書館のリサーチルームとミュージアム

Photo: Franklin D. Roosevelt Presidential Library and Museum

ハリー・S・トルーマン大統領図書館のリサーチルームとミュージアム

Photo: Harry S. Truman Presidential Library and Museum

第 9 章

ドワイト・D・アイゼンハワー 大統領図書館

Dwight D. Eisenhower Presidential
Library and Museum

基本情報

人口6,000人ほどの小さな町、カンザス州アビリーンに位置し、第34代大統領ドワイト・D・アイゼンハワーとその政権スタッフ、家族の関連資料を管理・公開している。ミュージアムはアイゼンハワー夫妻の人生を紹介する常設展示エリアと特別展示エリアからなる。2019年に改修工事を終えたばかりである。

📍 200 SE 4th Street, Abilene, KS 67410
📞 1-877-7464-453
✉ eisenhower.library@nara.gov
🌐 https://www.eisenhowerlibrary.gov/

開館情報

図書館
開館日 月曜日から金曜日。連邦祝日は閉館
開館時間 午前10時から午後3時30分

ミュージアム
開館日 火曜日から日曜日
開館時間 午前9時から午後4時30分。日曜日は午前11時から午後3時
入館料 15ドル／人。大学生（要ID）10ドル。アイゼンハワーが少年期を過ごした自宅を回るツアーとのセット料金は、一般20ドル、大学生10ドル。ただし、ノルマンディー上陸作戦の記念イベントが開催される6月の第1土曜日と独立記念日、復員軍人の日（11月11日）は無料

当地での設立経緯

アイゼンハワー図書館が建つカンザス州アビリーンは、アイゼンハワーが2歳のときに家族とテキサス州より引っ越してから、21歳でニューヨーク州ウェストポイントの陸軍士官学校に入学するまでの19年間を過ごした地である。図書館が開館する15年前（1947年）に、アイゼンハワーが家族と暮らした家がアイゼンハワー財団の管理のもと公開されている。その後、家のすぐ隣にミュージアムが建設され、そのミュージアムと向かい合うかたちで図書館が建てられた（設立日1962年5月1日）。

所蔵資料

❶資料の概要

紙資料 2,600万ページ
写真資料 33万5,000枚
映像資料 76万8,000点

オーラルヒストリー　500点

❷アイゼンハワー文書

アイゼンハワー文書は、大統領就任前の文書（Pre-Presidential Papers）と大統領任期中の文書（Papers as President）、そして退任後の文書（Post-Presidential Papers）に大きく分けられる。

　大統領任期中の文書は、アイゼンハワーの私設秘書であったアン・ホイットマンが管理した「アン・ホイットマン・ファイル」と「ホワイトハウス・セントラルファイル」の2つに大別される。

アン・ホイットマン・ファイル（Ann Whitman File）

アン・ホイットマン・ファイルは以下の18のシリーズに分けられている。

行政シリーズ（Administration Series）　国内問題と安全保障問題に関わる書簡やメモ、レポートを集めたシリーズ。1957年から1961年にかけて駐日大使を務めたダグラス・マッカーサー2世（Douglas MacArthur II）の文書がBox 25に、安保改定の問題と関係するナッシュ・レポート（Nash Report）がBox 27に、ニクソンの訪日に関係する文書がBox 28にある。全41箱。

アン・ホイットマン日記シリーズ（Ann Whitman Diary Series）　アン・ホイットマンの日記と日記の内容に関係する資料が年代順に整理されている。Box 11に1960年の岸信介首相の訪米に関する日記と資料が、また同じくBox 11に1960年のアイゼンハワーの訪日中止に関する日記と資料がある。全11箱。

内閣シリーズ（Cabinet Series）　閣議の議事録や閣議に関係する文書が年代順に整理されている。Box 3–4とBox 7–8に対日貿易問題に関係する文書がある。全16箱。

選挙キャンペーンシリーズ（Campaign Series）　このシリーズはさらに2つのサブシリーズ、すなわち「年代順選挙キャンペーン・サブシリーズ（Chronological Campaign Subseries）」と「1952年選挙本部サブシリーズ（1952 Campaign Headquarters Subseries）」に分けられている。前者は、1952年と1956年、1960年の大統領選挙と1954年の議会選挙に関係する資料からなる。後者は、1952年の大統領選挙においてアイゼンハワーがコモドール・ホテルに構えた選挙事務所に送られてきた国民や利益団体の手紙を集めたシリーズとなっている。全30箱。

アイゼンハワー日記シリーズ（DDE Diary Series）　アイゼンハワー自身がつけていた日記に加え、アイゼンハワーの書簡や電話記録を集めたシリーズ。Box 25、27、31、33、42、50に岸信介首相の訪米など日本関連の文書がある。全55箱。

草稿シリーズ（Drafts Series）　アイゼンハワーが政権1期目に出した手紙や発表した声明の草稿を年代順に整理したシリーズ。全3箱。

ダレス＝ハーター・シリーズ（Dulles-Herter Series）　アイゼンハワー政権で国務長官を務めたダレスとハーターの大統領宛書簡や覚書、電報を年代順に整理したシリーズ。Box 3、4、6、9、10、12、13に日本関連の文書がある。全13箱。

ゲティスバーグ農場シリーズ（Gettysburg Farm Series）　アイゼンハワーがペンシルベニア州ゲティスバーグに所有していた農場に関係する文書を集めたシリーズ。全6箱。

国際シリーズ（International Series）　対外関係に関する文書が国別に整理されている。Box 33-35に日本関連の文書がある。全54箱。

国際会議シリーズ（International Meetings Series）　1953年と57年に行われたバミューダ会談や1955年のジュネーブ会議など、国際会議に関する文書が会議ごとに整理されている。全4箱。

議会会合シリーズ（Legislative Meetings Series）　アイゼンハワーと議会指導者との間で行われた会議に関係する文書を集めたシリーズ。全3箱で、すべてに日本に関係する文書が含まれている。

雑文書シリーズ（Miscellaneous Series）　さまざまなトピックの文書が主題別、かつアルファベット順に整理されている。Box 2に日本関連の文書がある。全7箱。

人名別シリーズ（Name Series）　アイゼンハワーが家族や友人と交わした書簡を集めたシリーズ。全35箱。

NSCシリーズ（NSC Series）　国家安全保障会議の文書が年代順に整理されている。全13箱。ほぼすべてのボックスに日本関連の文書がある。

政権移行シリーズ（Presidential Transitions Series）　政権移行に関係する文書を集めたシリーズ。大半がケネディ政権への引き継ぎに関する文書となっているが、トルーマン政権からの引き継ぎに関係する文書も含む。全3箱。

記者会見シリーズ（Press Conferences Series）　記者会見に関する文書を集めたシリーズ。Box 6、9、10に日本関連の文書がある。全10箱。

演説シリーズ（Speech Series）　アイゼンハワーが行った演説に関係する文書を年代順に整理したシリーズ。全38箱。

スタッグディナー・シリーズ（Stag Dinner Series）　アイゼンハワーが時折ホワイトハウスで催していた非公式の夕食会（stag dinner）に関する文書を集めたシリーズ。全2箱。

ホワイトハウス・セントラルファイル（White House Central Files）

ホワイトハウス・セントラルファイルは以下の13のシリーズに分けられている。

アルファベット順ファイル（Alphabetical File）　国民からの手紙やそれに関する文書（他の政府機関に手紙が転送されたことを示す照会シートと手紙がホワイトハウス・セントラルファイルを構成する他のファイルに収められていることを示す相互参照シート）からなる。全3,460箱。

手紙ファイル（Bulk Mail File）　国民からの手紙やはがきからなるファイル。アルファベット順ファイルでは文書が差出人ごとにアルファベット順で整理されているのに対して、手紙ファイルではマッカーシズムや人種隔離など、特定の問題ごとに文書が整理されている。全678箱。

秘密ファイル（Confidential File）　機密性の高い文書を集めたファイル。「人名別シリー

ズ（Name Series）」と「主題別シリーズ（Subject Series）」の2つのシリーズからなる。「人名別シリーズ」では、政治任用者のバックグランド・チェックに関する文書やマッカーシズムの下で行われた忠誠審査に関係する文書が名前ごとに整理されている。「主題別シリーズ」では、アイゼンハワー政権の主要な国内政策、対外政策に関する文書が主題別に整理されており、その中には対日政策に関係する文書が多く含まれている。全108箱。

一般ファイル（**General File**）　国内問題から対外問題まで、さまざまな内容の文書を含むファイル。全1,319箱。

一般ファイル─相互参照シート（**General Files Cross – Reference Sheets**）　一般ファイルの相互参照シートを集めたファイル。全227箱。

大型文書ファイル（**Large Items from Top of Cabinet Cupboard Rooms 65, 68, 71, 74, 98**）大きさや形状が他の文書とは違うため、通常のボックスには収められない文書を集めたファイル。

大型付属文書ファイル（**Legal Sized Case Files**）　他のファイルに収められている文書の付属文書で、大型のため通常のボックスに収められない文書を集めたファイル。全128箱。

オフィシャルファイル（**Official File**）　公的文書を政府機関別、イシュー別、国別に整理したもの。全790箱。

永久保存ファイル（**Permanent File**）　アイゼンハワー政権がトルーマン政権から引き継いだ文書とケネディ政権に引き継いだ文書からなるファイル。全6箱。

就任前ファイル（**Pre-Inaugural File**）　アイゼンハワーが当選した1952年の大統領選挙に関係する文書を集めたファイル。全24箱。

大統領個人ファイル（**President's Personal File**）　アイゼンハワーの個人的な書簡や文書を集めたファイル。全986箱。

ルーム98ファイル・シリーズ（**Room 98 File Series**）　大型付属文書ファイルと同じく、他のファイルに収められている文書の付属文書で、大型のため通常のボックスに収められない文書を集めたファイル。当初、アイゼンハワー政権は大型の付属文書を大型付属文書ファイルとして一括して保管していたが、その保管場所が手狭になったために、新たにホワイトハウスの向かいにある旧大統領行政府庁舎のルーム98で文書を保管するようになった。「ルーム98ファイル・シリーズ」は、ルーム98で保管されていた文書を集めたもの。全25箱。

非公式年次報告書（**Unofficial Annual Reports**）　民間の企業や団体、州、郡、その他地方機関からホワイトハウスに情報提供として送られてきた印刷物を集めたもの。全20箱。

❸ その他資料

‐**個人・団体文書**　約580の個人・団体の文書や国家安全保障会議などホワイトハウ

ス内の組織の文書がある。

- **オーラルヒストリー**　500を超えるコレクションがある。その中には、極東担当の国務次官補ウォルター・S・ロバートソン（Walter S. Robertson）や駐日大使を務めたロバート・D・マーフィー（Robert D. Murphy）、マッカーサー2世などアメリカの対東アジア政策や対日政策の関係で重要な人物のインタビュー記録がある。マッカーサー2世のインタビュー記録はオンラインでも見ることができるようになっている。

調査にあたって

- 予約は必須。できるだけ早い時期に訪問日時や関心のあるトピックを伝えることが求められている。
- 訪問者は毎日午前10時に図書館に到着することが求められている。
- 図書館内に昼食を取れる施設はないが、近隣にレストランが複数ある。昼食の時間は正午から午後1時までと決められている。

研究助成

研究旅費助成（Research Travel Grant）

- 概要：アイゼンハワー図書館における資料調査にかかる旅費を補助するための助成
- 対象：研究者一般
- 助成人数：不定
- 助成額：最大1,000ドル
- 締め切り　8月11日
- URL　https://www.eisenhowerfoundation.net/research-travel-grants

アクセス・宿泊施設

✈ 図書館へのアクセス

最寄り空港　サリナ地域空港（Salina Regional Airport）

近隣の空港　カンザスシティ国際空港（Kansas City International Airport）

- サリナ地域空港から図書館までは約48キロである。
- 日本からの図書館利用者の多くが利用するのはカンザスシティ国際空港だろう。同空港から図書館までは約240キロである。レンタカーが一番便利だろうが、運転に不安があれば乗合タクシーやライドシェアを使う方法もある。前者について、5 Guys Transportation提供のサービスの場合、約400ドルである。後者について、Uber、もしくはLyftであれば200ドル前後となる。
- Greyhound busで行く方法もあるが、その乗り場は空港からおよそ30キロと、かなり離れたところにある。また、1日に2便のみの運行となっている（出発時間は午前8時30分と午後11時35分）。

🚗 宿泊施設

アイゼンハワー図書館から徒歩圏内の宿泊施設としては、Diamond Motel AbileneとBudget Lodge Inn Abilene、Abilene's Victorian Inn Bed & Breakfastがある。この内、Abilene's Victorian Inn Bed & Breakfastは電話による予約のみとなっている。図書館から3キロほど離れると、Super 8 by Wyndham Abilene KSやHoliday Inn Express Hotel & Suites Abileneがある。

Diamond Motel Abilene（周辺図の★1）
- 図書館から徒歩30分
- 価格帯　$
- 部屋設備　電子レンジ、冷蔵庫、無料Wi-Fi
- 施設設備・サービス　無料朝食

Budget Lodge Inn Abilene（周辺図の★2）
- 図書館から徒歩25分
- 価格帯　$
- 部屋設備　電子レンジ、冷蔵庫、無料Wi-Fi
- 施設設備・サービス　ランドリー

Abilene's Victorian Inn Bed & Breakfast
（周辺図の★3）
- 図書館から徒歩20分
- 価格帯　$
- 部屋設備　無料Wi-Fi
- 施設設備・サービス　無料朝食

（高橋慶吉）

広域図

周辺図

Photo Gallery

ドワイト・D・アイゼンハワー大統領図書館のリサーチルームとミュージアム

Photo: Dwight D. Eisenhower Presidential Library and Museum

ジョン・F・ケネディ大統領図書館のリサーチルームとミュージアム

Photo: John F. Kennedy Presidential Library and Museum

リンドン・B・ジョンソン大統領図書館のリサーチルームとミュージアム

Photo: Lyndon Baines Johnson Presidential Library and Museum

第 10 章

ジョン・F・ケネディ
大統領図書館

John F. Kennedy Presidential
Library and Museum

基本情報　　　　　　　　　　　　　　　　　ⓘ

マサチューセッツ州ボストン市南部の湾岸地区に立地する本館は、第35代大統領ケネディの大統領文書を中心に所蔵・公開している。1986年の大統領図書館法の改正の結果、財団は図書館施設の大きさに基づいた寄付金を連邦政府に支払う必要が生じた。ケネディ大統領図書館はそうした規制以前の図書館であり、全13館最大の施設規模（15,236平方メートル）を誇っている。また、文豪アーネスト・ヘミングウェイ（Earnest Hemingway）関連資料の所蔵も特徴の1つである。ミュージアムは、1960年の大統領選挙におけるニクソン候補との討論からケネディの逝去までの、様々なシーンを追体験できる構成となっている。その他、宇宙船フリーダム7や、月の石など目を引く多くの展示物がある。

📍　Columbia Point Boston, MA 02125

📞　1-617-514-1600

✉1　kennedy.library@nara.gov（文書閲覧予約・問い合わせ全般）

✉2　JFK.AVarchives@nara.gov（音声資料、オーラルヒストリー視聴予約）

🌐　https://www.jfklibrary.org/

開館情報

図書館

開館日　火曜日から金曜日。連邦祝日は閉館

開館時間　午前9時から午後3時。初回訪問は午後2時までに到着すること

ミュージアム

開館日　月曜日から日曜日の週7日。元日、感謝祭（11月第4木曜日）、12月25日は閉館

開館時間　午前10時から午後5時（最終入館は午後3時30分）。12月24日と12月31日は午後2時30分に閉館（最終入館は午後1時）

入館料　18ドル／人。65歳以上や大学生（要ID）は12ドル

当地での設立経緯

1917年5月29日にボストン市の南西に位置するブルックラインにて出生し、その後もボストン近郊で幼少期を過ごしたケネディは、生前、自らの大統領図書館の候補地として同州ケンブリッジの母校ハーバード大学に隣接する地を想定していた。しかしケネディが1963年11月22日に凶弾に倒れた後、建設予定地の取得交渉が難航したこと、周辺住民が訪問客の増加に伴う混雑や治安悪化を懸念し反対運動を展開したことなどにより、1975年に同案は最終的に断念された。その後、マサチューセッツ・ボストン大学（University of Massachusetts Boston）が土地の寄贈を申出、ケネディが海軍出身で海を愛していたこともあり、現在の場所に建設されることとなった（設立日1979年10月20日）。

所蔵資料

❶資料の概要

紙資料　469シリーズ、約2,400万ページ。
写真資料　約51万7,000枚
音声資料　約1万5,200点
映像資料　9,400点（ビデオテープ）、4,950点（フィルム）
オーラルヒストリー　2,025点

❷ケネディ文書

ケネディ文書は大統領就任前と任期中の文書、暗殺後の哀悼書簡（condolence mail）に分類される。

　任期中の文書の中心は大統領文書であり、それは以下に示す「国家安全保障ファイル」、「ホワイトハウス・セントラルファイル」、「大統領オフィスファイル」の他に、「ホワイトハウス・スタッフファイル」などが存在する。

国家安全保障ファイル（National Security Files）

国家安全保障担当補佐官バンディの作業ファイルとして位置づけられ、全16シリーズより構成。主なシリーズは次のとおり。

第1シリーズ 国別（Countries）　アルファベット順。日本・沖縄関連Box 123-125、Box 156。全211箱。

第2シリーズ 地域安全保障ファイル（Regional Security Files）　地域・機構順。日本・沖縄関連Box 215。全22箱。

第3シリーズ 訪問・会議（Trips and Conferences）　大統領を含む主要スタッフの訪問や会議関連文書。ジョンソン副大統領の極東訪問Box 242、統合参謀本部議長マクスウェル・D・テイラー（Maxwell D. Taylor）の極東訪問Box 251、日米経済会議（U.S./Japanese Economic Committee）Box 252-253。全21箱。

第4シリーズ 省庁・機関別（Departments and Agencies）　アルファベット順。全36箱。

第5シリーズ 主題別（Subjects）　「進歩のための同盟（Alliance for Progress）」から「週間昼食会合（Weekly Luncheon Meeting）までのアルファベット順。全23箱。全てオンライン閲覧可。

第6シリーズ 会合・覚書（Meetings and Memoranda）　NSCの議事次第や「国家安全保障行動覚書（National Security Action Memoranda）」を含む各種資料。全32箱。全てオンライン閲覧可。

第8シリーズ ケイセン・ファイル（Carl Kaysen Files）　全18箱

第11シリーズ バンディ通信ファイル（McGeorge Bundy's Correspondence File）　全8

箱。全てオンライン閲覧可。

第14シリーズ キッシンジャー・ファイル（Henry Kissinger Files） 全2箱。

ホワイトハウス・セントラルファイル（White House Central Files）

ホワイトハウスの文書管理を担うセントラル・ファイル班（White House Central File Unit）を経由した文書より構成。全5シリーズ。

主題別ファイル（Subjects File） 農業（Agriculture）からホワイトハウス行政（White House Administration）までの全63項目。主な日本・沖縄関連として、国別（CO）Box 62-63、82、対外関係（FO）Box 228、234、242、国際機関（IT）Box 390、会議（MC）Box 515、569、593、国防（ND）Box 637、平和（PC）Box 667、697、政治関係（PL）Box 691、国家─領域（ST）Box 941。全1,010箱。

機密区分ファイル（Security Classified File） 主題別ファイルから機密文書を抜き取ったもの（大半が国家安全保障ファイルおよび大統領オフィスファイルと重複）。日本・沖縄関連として国別Box 004、国際機関Box 17、国家─領域Box 22。全24箱。※機密主題別ファイル（Security Classified Subject File）という類似のファイル名が図書館のデータベース上に表示されるが中身は同一。

人名別ファイル（Name File） 主題別ファイルに含まれる送受信文の1頁目をコピーし、差出人別にアルファベット順に並べたもの。主題別ファイルのインデックス的位置づけ。全3,091箱。

年代順ファイル（Chronological File） こちらも主題別ファイルのインデックス的位置づけで、発信文書を時系列に整理したもの。全19箱。全てオンライン閲覧可。

大型資料（Oversize Materials） サイズや形状から主題別ファイルに収まらないもの。文書、写真や書籍、録音や映像など多岐にわたる。全337箱。

大統領オフィスファイル（President's Office Files）

ケネディの私設秘書エヴェリン・リンカーン（Evelyn Lincoln）が管理したもので、あくまでも彼女が手にすることができた文書および録音記録から構成されている。全13シリーズ。音声録音の一部を除き全てオンライン閲覧・視聴可。

一般通信（General Correspondence） ケネディ大統領の知己ではない第三者から送られてきた書簡や電信が中心。全27箱。

特別通信（Special Correspondence） 国内外の公的人物や、ケネディの友人や家族との書簡や電信が中心。全9箱。

スピーチファイル（Speech Files） ケネディによるスピーチや発言の複写やドラフトが中心。全15箱。

立法ファイル（Legislative Files） 連邦議員との会合や特定の法案についてのメモなど立法関連。全5箱。

記者会見（Press Conferences） ケネディの記者会見の口述筆記や関連資料が中心。全9箱。

スタッフ覚書（Staff Memoranda） ケネディの口述メモや、政権スタッフから大統領宛てのメモが中心。全12箱。

省庁・機関別（Departments and Agencies） ホワイトハウスと各省庁・機関とのやりとりが中心。全41箱。

主題別（Subjects） アブ・シンベル神殿（Abu Simbel）から1963年11月のテキサス訪問（Trips: Texas, November 1963）までのアルファベット順。全19箱。

国別（Countries） 日本関連Box 120、沖縄関連Box 123b。全43箱。

私設秘書ファイル（Personal Secretary's Files） メディアなどからの問い合わせに応答するために、リンカーンが収集した書籍や記事、贈答品、ケネディのスケジュールが中心。全8箱。

特別イベント（Special Events through the Years） リンカーンが重要と判断したケネディの人生の契機に関する資料。大統領選挙から就任関連が中心。全5箱。

ホワイトハウス通信機関（White House Signal Agency） ホワイトハウス通信室を経由した通信文から選択的に収集した全28本のマイクロフィルム。2本を除き全て非公開。

大統領録音記録（Presidential Recordings） ホワイトハウス内の録音・通話記録（会議記録248時間、通話記録17時間30分）。録音記録は全127本のテープ、通話記録は全121本のディクタベルト（dictabelt）に収録されている。

❸その他資料

個人・団体文書 大統領文書の「ホワイトハウス・スタッフファイル」とは別に、政権スタッフの名前を冠する個人文書が374点存在。

オーラルヒストリー ケネディ関連、実弟のロバート関連、その他の3つに分類される。前者2つはトランスクリプトのみが、後者は筆記録と音声双方がオンラインにて閲覧・視聴可能。

調査にあたって

- 到着24時間前までの予約が必須（音声資料、オーラルヒストリーの利用については最低でも2週間前の予約が必要）。文書の閲覧予約はE-mail 1に、音声資料およびオーラルヒストリーについてはE-mail 2宛てに予約の申請を行う。

- 「主題別ガイド」が公開されているので（https://jfklibrary.libguides.com/introduction/subject_guides）、参考にするとよいだろう。日本関連の調査としては、「National Security Files」、「President's Office Files」、「White House Central Subject Files」、ウィリアム・K・レオンハート（William K. Leonhart）駐日アメリカ大使館首席公使の個人文書「William Leonhart Personal Papers」の確認を推奨している。

- 資料の請求は1度に最大18箱まで。18箱以内であっても全ての箱を返却しない限り追加請求はできない。

- 図書館のデータベース（https://www.jfklibrary.org/archives/search-collections）上で、closed pending reviewと付記されている文書の閲覧を希望する場合は、最低でも現地到着の2週間前に閲覧の可否を問い合わせることが求められている。

- 昼食場所としては、図書館内にカフェが設置されている（午前10時から午後3時まで営業）。カフェ内に飲食物を持ち込むことも可能だが、図書館周辺には飲食店や食料品店が皆無なので事前に準備しておくこと。

研究助成

マージョリー・コヴラー研究奨学金（Marjorie Kovler Research Fellowship）
- 概要　市民権運動を支援した実業家マージョリー・コヴラーの名を冠した研究助成
- 対象　ケネディ大統領図書館の資料を利用する、対外インテリジェンスと大統領制（Foreign Intelligence and the Presidency）、または、それに関連する研究
- 助成人数　1人
- 助成額　最大5,000ドル
- 締め切り　9月30日
- URL　https://www.jfklibrary.org/archives/research-fellowships-grants/kovler-fellowship

アバ・P・シュバルツ研究奨学金（Abba P. Schwartz Research Fellowship）
- 概要　ケネディ政権の領事担当国務次官補アバ・シュバルツの家族や友人らによって創設された研究助成
- 対象　ケネディ大統領図書館の資料を利用する、移民、帰化、難民政策研究
- 助成人数　1人
- 助成額　上限3,100ドル
- 締め切り　9月30日
- URL　https://www.jfklibrary.org/archives/research-fellowships-grants/schwartz-fellowship

アーサー・M・シュレジンジャー研究奨学金（Arthur M. Schlesinger, Jr. Research Fellowship）
- 概要　ケネディ政権の大統領特別補佐官として、とりわけラテン・アメリカ問題に取り組んだシュレジンジャーによる研究助成
- 対象　ケネディ政権の対外政策（特に対西半球）もしくは、同政権の国内政策（特に人種的正義あるいは自然資源の保護）の研究
- 助成人数　不定
- 助成額　上限5,000ドル
- 締め切り　9月30日
- URL　https://www.jfklibrary.org/archives/research-fellowships-grants/schlesinger-fellowship

セオドア・C・ソーレンセン研究奨学金（Theodore C. Sorensen Research Fellowship）
- 概要　ケネディのスピーチライター、ソーレンセンによる研究助成
- 対象　ケネディ大統領図書館の資料を利用する国内政治、政治ジャーナリズム、投票、政治、

メディア関係の研究
- 助成人数　1人
- 助成額　上限3,600ドル
- 締め切り　9月30日
- URL　https://www.jfklibrary.org/archives/research-fellowships-grants/sorensen-fellowship

アーネスト・ヘミングウェイ研究助成（Ernest Hemingway Research Grants）
- 概要　ヘミングウェイ文書を研究する人々のために JFK 財団が出資している研究助成
- 対象　ヘミングウェイ文書の利用者全般
- 助成人数　不定
- 助成額　上限5,000ドル
- 締め切り　11月1日
- URL　https://www.jfklibrary.org/archives/research-fellowships-grants/hemingway-grants

アクセス・宿泊施設

✈ 図書館へのアクセス

最寄り空港　ローガン国際空港（Logan International Airport）

最寄り駅　ジェイエフケー／ユーマス（JFK/UMass）駅

- 空港から図書館までは約11キロ、車で20分程である。
- 公共交通機関の場合は、空港より South Station 行きのバス Silver Line #1 に乗車し、South Station にて下車（乗車時間20分、運賃無料）。South Station 内で地下鉄 Red Line に乗り換え、JFK/UMass 駅で下車（乗車時間15分、空港からの乗り換え時のみ無料、通常は2.4ドル）。
- JFK/UMass 駅から図書館までは徒歩で25分だが、マサチューセッツ・ボストン大学運営の無料シャトルバスが利用可能（乗車時間5分）。バス停 Kennedy/Archives で下車すると、図書館までは徒歩1分である。バスの時刻表と現在位置については以下のURLにて確認が可能（https://www.umb.edu/the_university/getting_here/shuttle_bus_information）。
- 同駅からは、マサチューセッツ湾交通局（Massachusetts Bay Transportation Authority）運行のバス（#8）で行く方法もある（1.7ドル）。その場合の最寄りのバス停は、図書館まで徒歩10分の Mt Vernon St @ South Point Dr となる。バスの時刻表や運行状況については、以下のURLにて確認可能

（https://www.mbta.com/）。

🛏 宿泊施設

図書館に通いやすい JFK/UMass 駅付近のホテルが便利であろう。

Holiday Inn Express Boston（周辺図の★1）
- 図書館から35分（シャトルバス利用）
- 価格帯　$$$
- 部屋設備　電子レンジ、小型冷蔵庫
- 施設設備・サービス　無料朝食、ランドリー、ビジネスセンター、空港＝ホテル間のシャトルサービス有り（1人10ドル）

Home2 Suites by Hilton Boston South Bay（周辺図の★2）
- 図書館から30分（シャトルバス利用）
- 価格帯　$$$
- 部屋設備　フルキッチン、無料Wi-Fi
- 施設設備・サービス　無料朝食、ビジネスセンター、ランドリー

HI Boston Hostel South Station（地図未記載）
- 図書館から50分（シャトルバス＋地下鉄利用）
- 価格帯　$
- 部屋　6人部屋
- 施設設備・サービス　共同キッチン・共同シャワー

（田中慎吾）

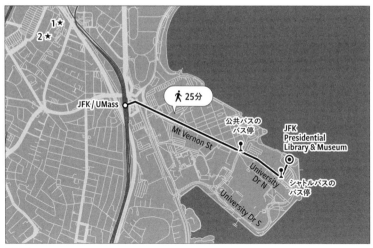

周辺図

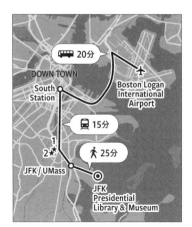

広域図

第 11 章

リンドン・B・ジョンソン 大統領図書館

Lyndon Baines Johnson Presidential
Library and Museum

基本情報　　　　　　　　　　　　　　　ⓘ

ケネディの急逝から1時間後に第36代大統領に就任したジョンソンの大統領文書を中心に所蔵・公開している本館は、テキサス州初の大統領図書館であるとともに、大学内に設置された初のケースでもある。建物入り口には、実物大のジョンソンの立像があり、身長の高さに驚かされる。また、建物内部に入ると眼前に広がるのはグレート・ホールと呼称される、4階にまでおよぶガラス張りの資料保管棚の光景であり、まさに圧巻の一言である。なお、ケネディ大統領図書館と同じく、埋葬地が大統領図書館の敷地外となっていることも特異な点である。ミュージアムの展示物としては、8分の7スケールで再現したホワイトハウスのオーバルオフィスが目を引く。

📍　　2313 Red River St., Austin, TX 78705
📞1　（512) 721-0200（問い合わせ全般）
📞2　（512) 721-0212（資料閲覧予約）
✉1　johnson.library@nara.gov（資料閲覧予約・問い合わせ全般）
🌐　https://www.lbjlibrary.org/

開館情報
図書館
開館日　月曜日から金曜日。連邦祝日は閉館
開館時間　午前9時30分から午後4時30分

ミュージアム
開館日　月曜日から日曜日。元日、感謝祭（11月第4木曜日）、12月25日は閉館
開館時間　午前9時30分から午後5時（最終入館は午後4時）
入館料　13ドル。62歳以上は9ドル。大学生（要ID）は4ドル。キング牧師記念日（1月第3月曜日）、大統領記念日（2月第3月曜日）、戦没将兵追悼記念日（5月最終月曜日）、ジュンティーンス（6月19日）、独立記念日（7月4日）、ジョンソン誕生日（8月27日）、オースティン・ミュージアム・デー（9月の最終から2番目の日曜日）、退役軍人の日（11月11日）は無料

当地での設立経緯

ジョンソンは現在の大統領図書館が立地するテキサス大学オースティン校から約100km西方のテキサス州ストーンウォール近くの牧場で1908年8月27日に生まれ、近親者に由来するジョンソン市で育った。大統領図書館には複数の候補地が存在したものの、ジョンソンの妻子や親しい友人達がテキサス大学出身であったことや、同大学が図書館建設用の土地の寄付を申し出るとともに、ジョンソンの名を冠した大学院（LBJ School of Public Affairs）の設置を提案したことが決め手となった（設立日1971年5月22日）。

所蔵資料

❶資料の概要

紙資料 4,500万ページ
写真資料 65万枚
音声資料 1万2千時間分
映像資料 7,500点
オーラルヒストリー 2,000点以上

❷ジョンソン文書

ジョンソン文書は「大統領就任前文書（Pre-Presidential Collections）」、「大統領文書（Presidential Papers）」、「大統領退任後文書（Post-Presidential Papers）」に分類される。
　この内、大統領文書は全6つのファイルにより構成されている。主たるものは次のとおり。

ホワイトハウス・セントラルファイル（White House Central Files）

ジョンソン大統領および国家安全保障担当大統領特別補佐官以外のスタッフが作成・授受した非機密文書を中心とする文書群で、全10シリーズ。主たるシリーズは次の2つである。

主題別ファイル（Subjects Files） 農業（Agriculture）からホワイトハウス行政（White House Administration）までの全60項目毎にBox番号が区切られており、番号が連続していない。主な日本・沖縄関連として、国別Box 46–48（CO 141）、対外関係Box 27、29（FO 3-2/CO 141）、国際機関Box 17（IT 65）、会合・会議Box 3（MC/CO）、政治関係Box 77（PL/ST 51-3）、国家―領域Box 19–21（ST 51、ST 51-3）など。全3,658箱。

秘密ファイル（Confidential Files） セントラルファイルに送られた文書の中で、機密文書をより分けたもの。主題別ファイルと同様に60項目に分類されている。日本・沖縄関連として、Box 10（CO141）、Box 59（IT65）、Box 90（ST51-3）。全197箱。

国家安全保障ファイル（National Security Files）

国家安全保障問題担当大統領特別補佐官マクジョージ・バンディとウォルト・W・ロストウ（Walt W. Rostow）が利用した作業文書である。全41シリーズ。主たるものは次のとおり。

第1シリーズ 国別（Countries） 日本関連Box 250–253、Box 301、沖縄関連Box 281。全302箱。

第3シリーズ 国家元首通信ファイル（Head of State Correspondence Files） ジョンソン大統領と他国首脳とのやりとりを中心に収録。日本関連としてBox 5。全12箱。

第4シリーズ 特別国家元首通信ファイル（Special Head of State Correspondence Files）

本来は国家安全保障ファイルの一部ではなく、ホワイトハウスのスタッフアシスタントを務め、後にジョンソン大統領図書館館長特別補佐を務めたドロシー・テリトー（Dorothy Territo）が保管していたもの。利用者の便宜上、国家安全保障ファイルの一部として置かれている。日本関連Box 30-31、沖縄関連Box 47。全63箱。

第7シリーズ 主題別ファイル（Subject Files） 日本・沖縄関連Box 34、42、50。全53箱。

第9シリーズ 委員会ファイル（Committee Files） 日本・沖縄関連Box 1、6。全25箱。

第10シリーズ 人名別ファイル（Name Files） 安全保障政策に携わった人名別のファイル。全9箱。

第13シリーズ 国別インテリジェンス評価（National Intelligence Estimates） 日本・沖縄関連Box 40-41、49。全9箱。

第16シリーズ NSC会合ファイル（National Security Council Meetings Files） 日本関連Box 2。全2箱。

第19シリーズ 大統領宛てメモファイル（Memos to the President Files） ほぼ全てに日本・沖縄関連が含まれている。全44箱。

第20-41シリーズ バンディやロストゥを含む個人名のファイル。

特別ファイル（Special Files）

全26シリーズより構成され、ジョンソン大統領の日記など多様な内容を含む。主たるシリーズは次のとおり。

政権史（Administrative Histories） ジョンソン政権の終焉にあたり、各行政機関がジョンソン政権の業績を纏めたもの。64の機関が作成した。軍備管理軍縮局（Arms Control and Disarmament Agency）によるもののみがオンライン公開されている。

手書きファイル（Handwriting File） ジョンソンの手書きメモ。日本関連Box 1、6-7。

会合ファイル（Meeting Notes） ホワイトハウス内で行われた160回の会合にて用いられた文書より構成。その4分の3はベトナムに関するもの。日本・沖縄関連としてBox 2。

大統領オフィスファイル（Office of the President File） ジョンソン大統領自らが管理していたファイル。Boxリストも含め、ほぼ全てが非公開となっている。

大統領日報（President's Daily Diary） 4つのサブシリーズからなり、その1つの「日報（Daily Diary）」は全てがオンライン公開されている。「大統領アポイントメントファイル（President's Appointment File）[Diary Backup]」には、日報内のスケジュールに関連する各種資料が含まれる。日本関連としてBox 82。全121箱。

発言ファイル（Statements Files） ジョンソン大統領の発言・スピーチ集で、ドラフトや覚書を含む。日本・沖縄関連が多数含まれている。全312箱。

内閣文書（Cabinet Papers） 日本関連としてBox 2、11、14。全20箱。

ホワイトハウス補佐官オフィスファイル（Office Files of the White House Aides）

58の個人名と2つの委員会の名前を冠したファイルにより構成されており、その一部は
セントラルファイルと重複している。

❸その他資料

個人・団体文書　ジョンソン自身や妻を含む多くの個人文書が存在しており、いくつか
の個人文書はオンライン上で公開されている。

オーラルヒストリー　大半のトランスクリプトがオンライン上で公開されている。

調査にあたって

- 遅くとも訪問1週間前に予約を取ることが求められている。また、事前にアーキビスト
  とメールやZoomなどで相談することが必須となっている。

- 主題別の調査ガイドが公開されている（http://www.lbjlibrary.net/collections/subject-
  guides/）。国内、国外、政権主要スタッフ名別のガイドとなっているので、自身の研究主
  題に見合ったものを選択し、調査の参考としよう。日本関連の研究としては、「国家安
  全保障ファイル」、「特別ファイル」内の政権史と閣議文書の両シリーズ、「ホワイトハウ
  ス・セントラルファイル」、「ホワイトハウス補佐官オフィスファイル」などの調査を推奨
  している。

- 大統領図書館内における飲食は禁止されているが、大学内であるため飲食の場所に
  困ることはない。大学周辺にも数多くの店舗がある。

研究助成

ムーディー研究助成（Moody Research Grant）

- 概要　金融家兼起業家ウィリアム・L・ムーディー Jr.（William L. Moody Jr.）が1942年に設立し
  た慈善団体「ムーディー財団」の出資により運営
- 対象　研究分野に指定はなく、大学院生や教員、作家などに幅広く門戸を開けている。競争
  倍率が高いため、申請書においては具体的な研究テーマの設定と、ジョンソン大統領図書館
  にて調査したい資料を具体的に絞り込むことが推奨されている
- 助成人数　若干数
- 助成額　600–3,000ドル
- 締め切り　1月1日から8月31日までに実施する調査研究については、前年の9月15日。6月
  1日から12月31日までの調査研究については、3月15日
- URL https://www.lbjlibrary.org/foundation/grants/moody-research-grant

ハリー・ミドルトン奨学金（Harry Middleton Fellowship in Presidential Studies）

- 概要　ジョンソン政権のスピーチライターであり、1972年から30年もの長きに渡って大統領
  図書館の館長を務めたハリー・ミドルトンの名を冠した奨学金

- 対象　ジョンソン大統領図書館に加えて、他に最低1つの国立公文書館傘下施設での資料調査を行う、大統領制度の研究。主として博士論文の執筆者を対象とするが、ポスドクも申請可能
- 助成人数　年2人
- 助成額　通常5,000ドル（国際渡航が発生する場合は増額）
- 締め切り　年2回募集（3月15日、9月15日）
- URL　https://www.lbjlibrary.org/foundation/grants/harry-middleton-fellowship

アクセス・宿泊施設

✈ 図書館へのアクセス

最寄り空港　オースティン・バーグストロム国際空港（Austin-Bergstrom International Airport）
最寄りバス停　テキサス大学内に複数のバス停が路線毎に存在

- 空港から図書館までは約20キロ、車で35分程である。
- 公共交通機関の場合は、空港よりCapMetroのバス#20のNorthboundに乗車し、大学キャンパスに隣接する停留所 Dean Keeton/Robert Dedman にて下車（乗車時間50分、運賃1.25ドル）。同停留所から図書館までは徒歩4分。
- ルートや時刻表についての詳細は、https://www.capmetro.org/ を確認。スマートフォンにCapMetro Appをダウンロードすると、運賃の支払いも可能になる。
- 公共バスの他に、テキサス大学関係者用のシャトルバスが全9ルート運行されている。一般市民も片道1.25ドルを払えば乗車可能。シャトルバスのルートや時刻表については、公共バスと同じCapMetroのウェブサイトを参照（https://www.capmetro.org/ut-shuttles）。
- ジョンソン大統領図書館は、オースティン市内の移動手段として自転車のレンタルも推奨（https://austin.bcycle.com/）。

🚌 宿泊施設

図書館の徒歩圏内または、テキサス大学まで乗り換えなしで行けるバスのルート上で宿を探すと便利であろう。

Hampton Inn & Suites Austin @ The University / Capitol（周辺図の★1）
- 図書館から徒歩30分（バス利用で20分）
- 価格帯　$$$
- 部屋設備　小型冷蔵庫、無料Wi-Fi
- 施設設備　無料朝食、共同電子レンジ、ランドリー

Residence Inn by Marriott Austin-University Area（周辺図の★2）
- 図書館から徒歩55分（バス利用で35分）
- 価格帯　$$$
- 部屋設備　フルキッチン、冷蔵庫、電子レンジ、無料Wi-Fi
- 施設設備　無料朝食、ランドリー、ビジネスセンター

Firehouse Hostel（地図未記載）
- 図書館から徒歩40分（バス利用で25分）
- 価格帯　$
- 部屋　4-6人部屋（男女別、混合部屋有り）
- 施設設備　共同キッチン、共同トイレ・シャワー、ランドリー、無料Wi-Fi

（田中慎吾）

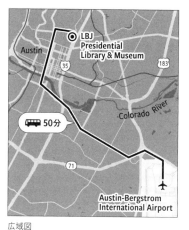

広域図

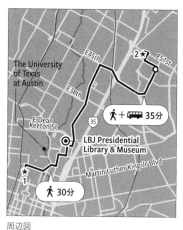

周辺図

Photo Gallery

リチャード・ニクソン大統領図書館のリサーチルームとミュージアム

Photo: Richard Nixon Presidential Library and Museum

ジェラルド・R・フォード大統領図書館のリサーチルームとミュージアム

Photo: Gerald R. Ford Presidential Library and Museum

ジミー・カーター大統領図書館のリサーチルームとミュージアム

Photo: Jimmy Carter Presidential Library and Museum

第 12 章

リチャード・ニクソン
大統領図書館

Richard Nixon Presidential
Library and Museum

基本情報

アイゼンハワー政権の副大統領であり、10年ぶりの共和党政権として第37代大統領に就任したニクソンの大統領文書を中心に所蔵・公開している本館は、カリフォルニア州ヨーバリンダに所在する。ウォーターゲート事件の影響により、長らく私設の図書館として運営され、2007年7月11日にようやく国立公文書館の管理下に入った。ミュージアムは2016年に改装したばかりで新しく、ニクソン政権の様々な業績をインタラクティヴな装置により理解出来るようになっている。目を引く展示物としては、ニクソンの辞任の際に彼を輸送したマリーンワンの実物や、オーバルオフィスの再現である。特にオーバルオフィスは他館とは異なり、実際に入室できる。また、ニクソンにとって人生最大の汚点となったウォーターゲート事件に関する忖度のない展示内容が、大統領図書館のあるべき姿として注目されている。

- 📍 18001 Yorba Linda Blvd. Yorba Linda, CA 92886
- 📞1 714-983-9120（問い合わせ全般）
- 📞2 714-983-9320（資料調査関連）
- ✉1 nixon@nara.gov（問い合わせ全般）
- ✉2 nixonreference@nara.gov（資料閲覧予約）
- 🌐 https://www.nixonlibrary.gov/index.php/

開館情報

図書館

開館日　月曜日から金曜日。連邦祝日は閉館

開館時間　午前9時30分から午後5時。2023年は感謝祭の当日（11月23日）を午後1時まで開館し、翌24日を閉館とするなど、変則的なスケジュールとなっているので注意が必要

ミュージアム

開館日　月曜日から日曜日。元日、感謝祭（11月第4木曜日）、12月25日は閉館

開館時間　午前10時から午後5時

入館料　28ドル／人。62歳以上は24ドル。12-17歳は22ドル、5-11歳は18ドル

当地での設立経緯

現在の大統領図書館が所在しているヨーバリンダは、ニクソンの出生地である。ニクソンは1913年1月9日に5人兄弟の2番目として同地のオレンジ農場で生まれた。現在の大統領図書館の敷地内には改装されたニクソンの生家や、ニクソン夫妻の埋葬地が含まれている。ただし建設場所には当初、複数の案が存在していた。1つはニクソンの自宅があったカリフォルニア州のサンクレメンテである。もう1つは、ニクソンがロースクールを修了したデューク大学であった。しかし前者は1980年代半ば、サンクレメンテ市との土地使用交渉が難航して最終的に断念され、後者も大学側からの提案であったものの、一部の教員達の強力な反対を受けて断念された。その後、ニクソン自身の意向と、ヨーバリンダが建設用の土地の寄贈を表明したことなどから同地での建設が決定した（私設図書館としての設立日1990年7月19日）。

所蔵資料

❶資料の概要

紙資料　約4,600万ページ

写真資料　約30万枚

音声資料　ホワイトハウス・テープとして知られる3,700時間分の録音を含む、4,500点近い大統領およびスタッフの音声録音

映像資料　フィルム長にして約610kmにおよぶフィルム映像と、4,000点におよぶ放送記録

オーラルヒストリー　165点以上

❷ニクソン文書

ニクソン文書は、その作成時期によって「大統領就任前（Pre-Presidential）」、「大統領任期中（Presidential）」、「大統領退任後文書（Post-Presidential）」に分類される。

　一方で法的形態としては、1974年の「大統領録音・資料保存法」の管理下にあるものと、個人・団体より寄贈されたものに大別される。ニクソン大統領図書館では適用される法律毎に文書を管理しているため、ホワイトハウス・セントラルファイルのように同名ファイルが2つ存在する場合があるので注意が必要。

　また、資料もニクソン大統領図書館に存在するものと、カレッジパークの国立公文書館に存在するものに分かれている。

ホワイトハウス・セントラル・ファイル（White House Central Files）

ニクソン政権が作成・授受した非機密文書の文書群。上述したように、大統領録音・資料保存法下にあるものと、ニクソン側に私文書として返却された後に大統領図書館へ寄贈された2つのシリーズがある。後者のシリーズ名は「返却ホワイトハウス・セントラル・ファイル（Returned White House Central Files）」である。ニクソン大統領図書館の「リサーチガイド（General Research Guides）」には本文書群へのリンク（https://www.nixonlibrary.gov/sites/default/files/forresearchers/find/textual/findingaids/returned_central.pdf）が貼られているが、こちらのBoxリストは後者のものである。後者は現在、全4シリーズで105箱である。一方で前者は全7シリーズで、その量は膨大である。前者の主たるシリーズは次のとおり。なお、憲政資料室などが所有しているマイクロフィルムは前者を撮影したものである。

主題別ファイル（Subject Files）　農業（AG）からホワイトハウス行政（WH）までの60項目をアルファベット順に並べたもの。日本・沖縄関連として、国別（CO）Bx42–46（CO 75）、対外関係（FO）Box55-58（FO 5-2）、83-84（FO 9）。全3,841箱。

政権スタッフ・オフィスファイル（Staff Member and Office Files）　全323シリーズ。

アルファベット順ファイル（Alphabetical File）　送受信した書簡の差出人・発信人のアルファベット順。全2,972箱。

ホワイトハウス特別ファイル（White House Special Files）

1972年9月に創設された文書群で、ホワイトハウス・セントラルファイル内の機密文書を移行したもの。以下の2つのシリーズから構成されている。

管理ファイル（**Administrative Files**）　ファイルの管理方法や資料目録など。全4箱。

主題別ファイル（**Subject Files**）　「主題別」（22箱）、「秘密ファイル」（70箱）、「アルファベット順」（2箱）、「トップシークレット」（2箱）などのサブシリーズに分かれている。全121箱。

大統領オフィスファイル（President's Office Files）

「特別ファイル班（Special File Unit）」が収集した複数の文書群から構成されている。全6シリーズの内、主たるシリーズは以下のとおり。全113箱。

大統領手書きファイル（**President's Handwriting**）　大統領が覚書や報告書などに手書きで書き込んだもの。全27箱。

大統領会合ファイル（**President's Meetings File**）　大統領が出席した会議や会合、式典に関する各種資料。全24箱。

年代順ファイル（**Chronological File**）　大統領の機密通信を時系列で整理したもの。全2箱。

大統領個人ファイル（President's Personal File）

大統領の個人秘書ローズ・M・ウッズ（Rose M. Woods）が管理していた文書群で、ニクソンが手書きで書き込みした文書の他に、ウッズの判断で保管に値すると判断したもの。全18シリーズで主たるシリーズは次のとおり。全211箱。

大統領覚書（**Memoranda from the President**）　大統領による政権主要スタッフへの口述筆記指令を時系列で整理したもの。全4箱。

大統領スピーチ（**President's Speech**）　大統領の手書きメモを含むスピーチ関連。日本・沖縄関連として、Box 53、69、79、87。全50箱。

レイモンド・K・プライス・スピーチ・ファイル（**Raymond K. Price Speech File**）　大統領のスピーチ・ライター、レイモンド・K・プライスによるスピーチ草稿を主な内容とする。日本・沖縄関連として、Box 124、130-132、135。全24箱。

対外関係（**Foreign Affairs**）　大統領の海外訪問資料。全2箱。

NSCファイル（National Security Council File）

全28シリーズで、主なシリーズは次のとおり。全1,350箱。

大統領日刊ブリーフィング（**Presidential Daily Briefings**）　大統領に対するブリーフィング資料を時系列で整理したもの。全61箱。

主題別ファイル（Subject Files） 全103箱。

大統領訪問ファイル（President's Trip Files） ニクソンの海外訪問が中心。全61箱。

国別ファイル―極東（トンガ、信託統治、ベトナム）（Country Files–Far East（Tonga, Trust Territories, and Vietnam）） 日本・沖縄関連 Box 567–568。全3箱。

大統領通信（Presidential Correspondence） 諸外国との書簡や電信、覚書が中心。日本・沖縄関連 Box 757。全20箱。

大統領用ファイル―中国訪問／ヴェトナム（For the President's Files（Winston Lord）– China Trip/Vietnam） NSCにおいてキッシンジャーの秘書を務めたウィンストン・ロードが選定・管理した文書群。ニクソンの訪中やパリ和平会談を中心とする。全27箱。

VIP来訪（VIP Visits） ニクソンとVIPの対談関連。日本・沖縄関連 Box 924–927。全47箱。

大統領/HAK会話覚書（Presidential / HAK Memcons） 大統領やキッシンジャー（HAK）と、他国の指導者との会話覚書（memoranda of conversation）。日本・沖縄関連 Box 1025–1026。全19箱。

NSC 組織ファイル（National Security Council Institutional Files）」

別名として"H（Historical）" Files。次政権への引き継ぎのためにホワイトハウス内に保管され続けた文書。1997年にこの文書群も大統領記録法に従うものと最高裁が判断したことで、それまでホワイトハウス内に保管され続けてきた歴代の文書は法的にはクリントン大統領の大統領文書となった。しかしクリントン大統領の指令により、各政権が作成した文書の大半をそれぞれの大統領図書館が保管することとなった。全9シリーズで主たるものは次のとおり。全315箱。

会合ファイル（Meeting Files） 各種打ち合わせの日程や関連資料。日本・沖縄関連 Box H-035、H-053、H-058–059。全103箱。

議事録ファイル（Minutes of Meetings） 各種打ち合わせの議事録。全15箱。

検討覚書（Study Memorandums） 大統領による検討指令（National Security Study Memorandums）。日本・沖縄関連 Box H-128、H-182、H-196–197。全86箱。

政策文書（Policy Papers） 国家安全保障決定覚書（National Security Decision Memorandums）とその関係資料。日本・沖縄関連 Box H-210、H-227、全41箱。

スタッフ秘書記録（Records of the Staff Secretary） NSC所属の秘書が管理したもの。通信や報告書、覚書などを含む。日本・沖縄関連 Box H-284、H-290、H-293–249、H-296A、H-297–298。全15箱。

キッシンジャー・オフィスファイル（Henly A. Kissinger（HAK）Office Files）

安全保障担当特別補佐官さらには国務長官をも兼任したキッシンジャーの文書群。全11シリーズで主たるものは以下のとおり。全149箱。

HAK管理・スタッフ・ファイル（HAK Administrative and Staff Files）　主題をアルファベット順に並べたもの。日本・沖縄関連Box 1。Box 1はオンライン公開されている。全20箱。

HAK訪問ファイル（HAK Trip Files）　日本・沖縄関連Box 21–22。全31箱。

国別ファイル―極東（Country Files–Far East）　日本・沖縄関連Box 101–102。全22箱。

❸その他資料

ホワイトハウス・テープ（White House Tapes）　ニクソン資料の一大特徴は、他政権に類を見ない膨大な録音記録である。ニクソンは1971年4月にホワイトハウス内に複数の録音設備を設置し、その後、キャンプ・ディヴィッドにも設置した。1973年7月13日にその存在が漏洩するまで稼動していた。その多くがオンラインにて公開されている（https://www.nixonlibrary.gov/white-house-tapes）。日本・沖縄関連として513-1、513-4。

キッシンジャー通話記録（Kissinger Telephone Conversation Transcripts）　1969–1974年にかけてのキッシンジャーの通話記録。日本・沖縄関連としてBox 10。全30箱。

個人・団体文書　大統領録音・資料保存法下のスタッフ文書（White House Special Files: Staff Member and Office Files）の他に、寄贈された個人文書が数多く存在する。

調査にあたって
- -

- 遅くとも訪問1週間前に予約を取ることが必要。また、閲覧を希望する資料や研究主題などについて、メールやZoomによる事前打ち合わせも必要とされている。

- ニクソン大統領図書館では、主題別のリサーチガイドが十分に整備されていない。わずかにアメリカン・インディアン、カンボジア、ディープ・スロート（ウォーターゲート事件情報の漏洩元マーク・フェルト（W. Mark Felt））、戦略兵器制限条約（Strategic Arms Limitation Treaty: SALT）および対弾道ミサイル（Anti-Ballistic Missile: ABM）条約、1969年11月3日のサイレント・マジョリティー演説、最高裁、福祉改革の項目のみ作成されている（https://www.nixonlibrary.gov/collections-subject）。

- ニクソン大統領図書館は、安全保障問題以外の研究の場合、最初に「ホワイトハウス・セントラルファイル」の主題別ファイルを確認し、同ファイル内に現れる登場人物について「政権スタッフ・オフィスファイル」内の文書を確認することを推奨している。研究が安全保障問題ならば、「NSCファイル」、「NSC制度ファイル」、「HAKオフィスファイル」、「キッシンジャー通話記録」の確認を推奨している。

- ニクソン大統領図書館アーキビスト、カーラ・ブラズウェル（Carla Braswell）によれば、日本人利用者は、「NSCファイル」内に含まれる、沖縄返還、尖閣諸島の取り扱いに関する資料や、1971年9月のアラスカにて実施されたニクソン大統領と昭和天皇の懇談記録が多頻度で請求するとのことであった（2023年1月26日付けE-mail）。

- ニクソン大統領がNSCに検討を命じた覚書（National Security Study Memoranda: NSSM）および検討の結果としての決定覚書（National Security Decision Memoranda: NSDM）は以下のURLにて公開されている。NSSMはhttps://www.nixonlibrary.gov/national-security-study-memoranda-nssm。NSDMはhttps://www.nixonlibrary.gov/national-security-de-

cision-memoranda-nsdm。
- ホワイトハウス・テープ録音の複製を希望する場合は、空のCD-Rを持参すること。
- 大統領図書館敷地内に飲食店や飲食物の販売はない。敷地から徒歩にて10分程のところにファストフードやレストランが点在する。

研究助成

研究助成・奨学金なし

アクセス・宿泊施設

✈ 図書館へのアクセス

最寄り空港　ロス・アンジェルス国際空港
（Los Angeles International Airport）
最寄りバス停　ヨーバリンダ - ユーリカ（Yorba Linda-Eureka）
- 空港から図書館までは約70キロ、車で1時間15分程である。
- ニクソン大統領図書館は公共交通機関の利用には不便な場所にあり、数度の乗り換えが必要となる。バスや電車の本数も多くはなく、空港の到着時間によって最善・最短のルートは常に変化する。以下に図書館までの経路を例示する。
- 空港ターミナルからMetro C Line行きの無料シャトルバス（#G）に乗車し、終点のAviation Stationで下車。乗車時間20分、運賃無料。
- 地下鉄C線のAviation StationよりNorwalk駅行きに乗車し、最終駅のNorwalkにて下車する。乗車時間30分、運賃1.75ドル。
- Norwalk駅からNorwalk Transit System社運行のBeach Blvd行きのバスに乗車し、Metrolink Station停留所にて下車。乗車時間約20分、運賃1.25ドル。
- Metrolink Stationの目の前がNorwalk/Santa Fe Spring駅となっている。同駅より、南行きの列車に乗車しFullertonにて下車。乗車時間15分、運賃4.75ドル。

- Fullerton駅から徒歩約5分のFullerton Trans Ctr Dock 4より、Orange County Transportation運行のYorba Linda-Lemon and Lakeview行きバス（#26）に乗車し、Yorba Linda-Eureka停留所にて下車する。乗車時間約40分、運賃2ドル。
- Yoba Linda-Eureka停留所からニクソン大統領図書館まで約5分である。

🚗 宿泊施設

ニクソン大統領図書館は、宿泊場所としてYorba LindaやAnaheim Hillsなどの宿を紹介しているものの、公共交通機関利用の場合には、Fullerton駅からYorba Linda-Eureka停留所間を運行しているバス#26のルート上にて宿を探すと便利であろう。

Fullerton Marriott at California State University（周辺図の★1）
- 図書館から約30分（徒歩＋バス）
- 価格帯　$$$
- 部屋設備　冷蔵庫、無料Wi-Fi
- 施設設備　ビジネスセンター、共同電子レンジ、ランドリー

Residence Inn by Marriott Anaheim Placentia / Fullerton（周辺図の★2）
- 図書館から約45分（徒歩＋バス）

- 価格帯　$$$
- 部屋設備　フルキッチン、冷蔵庫、電子レ
  ンジ、無料Wi-Fi
- 施設設備　無料朝食、ビジネスセンター、

ランドリー

（田中慎吾）

広域図

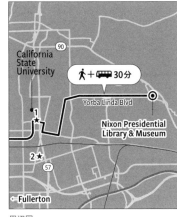

周辺図

第 13 章

ジェラルド・R・フォード 大統領図書館

Gerald R. Ford Presidential Library and Museum

基本情報　ⓘ

ニクソン大統領の辞任に伴い第38代大統領に就任したフォードの大統領文書を中心に所蔵・公開している本館は、図書館とミュージアムが離れて立地している唯一の事例となっている。図書館は私立のミシガン大学アナーバー校内に、ミュージアムは図書館から北西に約210キロの距離にあるグランド・ラピッズに所在している。フォードは図書館およびミュージアムが単に自らの功績を保存する施設となるのではなく、アメリカの民主主義の教室として機能することを願っていた。2017年にミュージアムを改装し、タッチパネル式のディスプレイなどを取り入れた。

図書館

📍 1000 Beal Avenue, Ann Arbor, MI 48109

📞 (734) 205-0555 (問い合わせ全般)

✉ ford.library@nara.gov (資料閲覧予約・問い合わせ全般)

🌐 https://www.fordlibrarymuseum.gov/visit-library.aspx

ミュージアム

📍 303 Pearl Street NW Grand Rapids, MI 49504-5353

📞 (616) 254-0400 (問い合わせ全般)

✉ ford.museum@nara.gov (問い合わせ全般)

🌐 https://www.fordlibrarymuseum.gov/visit-museum.aspx

開館情報

図書館

開館日　月曜日から金曜日。連邦祝日は閉館

開館時間　午前8時45分から午後4時45分

ミュージアム

開館日　月曜日から日曜日。元日、感謝祭 (11月第4木曜日)、12月25日は閉館

開館時間　午前10時から午後5時。日曜日は正午から午後5時

入館料　12ドル/人。65歳以上は10ドル。大学生は9ドル

当地での設立経緯

フォードは、レスリー・リンチ・キング Jr (Leslie Lynch King Jr) として1913年7月14日にネブラスカ州にて出生した。しかし翌年には母親の離婚に伴いミシガン州グランド・ラピッズに転居し、母親の再婚相手であり養父となったジェラルド・R.フォード (Gerald R. Ford) より名前を受け継いだ。

25年近く同地選出の下院議員として活躍したフォードは、あと1期で議員引退を考えていた。しかし1973年10月に副大統領スピロ・アグニュー (Spiro Agnew) の辞任に伴い副大統領に就任し、さらに翌年8月にはニクソンの辞任により大統領に就任した。こうして選挙を経験しない副大統領および大統領まで上り詰めた史上唯一の事例となった。このようにフォードは自身

が大統領になることは全く想定しておらず、1965年より議員時代の文書を母校ミシガン大学図書館に寄贈していた。この経緯から大統領図書館が同大学内に設置されることとなった。他方で地元グランド・ラピッズも誘致を目指していたことから、妥協案としてミュージアムだけが同地に設置されることとなった（設立日1981年4月27日図書館、1981年9月18日ミュージアム）。

所蔵資料

❶資料の概要

紙資料　2,500万ページ
写真資料　45万枚
音声資料　3,000時間分
映像資料　3,500時間分のビデオテープ、長さにして約210kmのフィルムテープ
オーラルヒストリー　全15シリーズ

❷フォード文書

フォード文書は、大統領就任前、任期中、退任後の文書に分類される。フォード大統領図書館では、館内で利用可能な検索システム「PRESNET」上でのみBoxリストが表示される。そのため資料目録で一部がオンライン公開されている他は、Boxリストを館外から把握することはできない。代替として、国立公文書館のデータベース上では大半のBoxリストが閲覧可能となっている。
　フォード大統領図書館では、大統領文書という明示的な括りを設けていないので注意を要する。主たる文書は次のとおり。

ホワイトハウス・セントラル・ファイル（White House Central Files）

非機密文書の主たる文書群。全6シリーズで、膨大な量がある。主たるシリーズは「主題別ファイル」。日本関連として国別（CO-75）、外交（FO 2/CO75）、国防（ND 10）。総箱数不明。

ホワイトハウス特別ファイル班大統領ファイル（White House Special Files Unit Presidential Files）

ニクソン政権下の1972年9月に作られた特別ファイル班を引き継いだもので、同班のガートルード・B・フライ（Gertrude B. Fry）が選定・管理したもの。特別ファイル班はホワイトハウス・セントラルファイル班の権限拡大に伴い1975年6月に解散となった。大半がオンライン公開されている。全4シリーズ、全12箱。

フォード対カーター討論ファイル（Ford Carter Debates Files）　1976年の大統領選挙戦で3度におよんだフォードとカーターの討論資料。全3箱。

大統領のための事案決定文書（Issue Decision Papers for the President）　フォード政権期における、核政策見直しやパナマ運河の条約交渉など、フライが重要だと考える11の事案についての決定覚書およびその背景資料。全4箱。

予算レビュー決定文書（Budget Review Decision Papers）　毎年の連邦予算作成のためのブリーフィングブックやその他の関連資料。全4箱。

特別ファイル管理（Special Files Administration）　ファイルの管理簿。全2箱。

ホワイトハウス記録室：立法ケース・ファイル（White House Records Office: Legislation Case Files）

フォード政権下で議会が採択した各法案に対して、大統領が署名すべきか拒否権を行使するべきかの各政府機関からの勧告が中心。全てオンライン公開。全70箱。

大統領手書きファイル（Presidential Handwriting File）

ジョンソン政権に創設された文書群で、大統領が注釈やメモ、署名した文書を集めたもの。フライがニクソン政権のスタッフとして参加した時より特別ファイル班が収集するようになった。全4シリーズで主たるシリーズは以下のとおり。全104箱。

年代順ファイル（Chronological File）　文書を時系列に並べたもの。全てオンライン公開。全54箱。

主題別ファイル（Subject File）　年代順ファイルの文書を複写し、それを「セントラルファイル」の主題別にまとめ直したもの。一部がオンライン公開。日本関連としてBox 6（日本関連のファイルのみオンライン公開）。全48箱。

国家安全保障担当補佐官ファイル（National Security Adviser's Files）

キッシンジャーと後任のブレント・スコウクロフト（Brent Scowcroft）が作成・利用した文書群。全47シリーズから構成されており、主たるものは以下のとおり。

NSC東アジアおよび太平洋関係スタッフファイル（NSC East Asian and Pacific Affairs Staff Files）　11のサブシリーズにわかれている。日本関連として国別ファイルBox 4-5、訪問ファイル（Visits File）Box 21-23、会合ファイル（Meeting File）Box 24。全42箱。

NSC会合ファイル（National Security Council Meetings File）　フォード政権下における全39回の打ち合わせの議事録や関連資料。全てオンライン公開。全2箱。

大統領国別ファイル―東アジアおよび太平洋（Presidential Country Files for East Asia and the Pacific）　日本関連Box 6-8（一部オンライン公開）。全21箱。

フォード大統領訪問用ブリーフィングブックおよび電信（Trip Briefing Books and Cables of President Ford）　日本関連Box 1-6。全22箱。

キッシンジャー・スコウクロフト西棟オフィスファイル（Kissinger-Scowcroft West Wing Office Files）　ホワイトハウス西棟1階の国家安全保障担当補佐官室にて管理された文

書群であり諸外国首脳との対話記録を含む。全46箱。

会話覚書（**Memoranda of Conversations**）　スコウクロフトのメモを中心とする、ニクソンおよびフォード大統領の会話記録。日本関連として Box 1、4、6-7、14、17-18、20-21。全てオンライン公開。全21箱。

NSC組織ファイル（**U.S. National Security Council Institutional Files**）　フォード大統領図書館では2004年6月に本文書群を受領した。内容としてはNSC内の各種の委員会やワーキンググループの記録が中心。9つのサブシリーズに分かれるが、内1つは公開作業未着手。日本関連として Box 13、32、53、61、70、76。公開済み8シリーズは全118箱。

大統領日報（President's Daily Diary）

　全期間がオンライン公開されている。

❸その他の資料

個人・団体文書　大統領退任時にホワイトハウスに残されていたスタッフの文書は、フォードの大統領文書の一部を構成している。一方で、退任後に個人や団体から寄贈を受けた文書も存在する。両者の区別は原則として、文書名が「File」であれば前者、「Papers」であれば後者である。

遠隔機密解除プロジェクトファイル（**Ford Library Project File of Documents Declassified Through the Remote Archives Capture**（**RAC**）**Program**）　本書第3章（脚注65）にて言及があったように、RACプログラムとは作成から25年以上経過した機密文書の全てを各大統領図書館がスキャンし、関係省庁がそのデータを基にワシントンＤＣで開示審査を行うものであった。1995年のプログラムの開始から2018年の後継プログラムへと代替されるまでの間、トルーマン政権からレーガン政権第1期までの500万ページの機密文書がスキャンされ、2023年までに約400万ページの審査が終わっている。なおレーガン政権期第2期以降については、予算の制約や該当する機密文書が大量にあるために全量スキャンの方針は断念された（https://www.archives.gov/presidential-libraries/declassification/status.html；https://www.archives.gov/presidential-records/research/types-of-presidential-collections）。フォード大統領図書館では2008年に初めて審査の終了連絡を受け、公開を開始した。2023年時点において、2012年の公開が最新となっている。この文書群は、RACプログラムにより開示された文書を利用者の便宜のために集めたもので、フォード大統領図書館独自の取り組みとなっている。全56箱。

調査にあたって

- 予約が必要。1回の予約で5日分の予約が可能。予約時に10箱までの資料請求が可能。

- 主題別ガイドとして、経済政策、エネルギー政策、国家安全保障、1976年大統領選挙、ニクソン政権、科学と技術、米中関係、ベトナム戦争、女性の権利の9項目が公開され

ている（https://www.fordlibrarymuseum.gov/library/guides/subjguid.asp）。

- 図書館内に飲食店は存在しないものの、大学の敷地内にて昼食を取ることが可能。図書館から徒歩10分程のところにカフェテリアやレストランが点在。

研究助成

ジェラルド・フォード大統領財団研究旅費助成（The Gerald R. Ford Presidential Foundation Research Travel Grants Program）

- 概要　フォード財団の助成。国外からの応募も可能だが、助成対象はアメリカ国内の旅費に限定されている
- 対象　特に研究分野や身分に指定なし
- 助成人数　過去実績として春秋それぞれ8–15人
- 助成額　1人につき最大2,200ドル
- 締め切り　春は3月15日、秋は9月15日
- URL https://www.fordlibrarymuseum.gov/library/foundationgrants.asp

ロバート・M・ティーター追悼ジェラルド・フォード奨学金（The Gerald R. Ford Scholar Award （Dissertation Award）in Memory of Robert M. Teeter）

- 概要　世論分析の第一人者でありフォード政権の再選キャンペーンにも参画したロバート・M・ティーターの名を冠する奨学金
- 対象　博士論文執筆候補者。日本の大学院生ならば、指導教員より博士論文執筆の許可を受けていることが条件となろう。研究対象は20世紀後半のアメリカの政策過程で、政策分野は不問。ただし可能な限りティーター文書の活用が求められている
- 助成人数　1人
- 助成額　5,000ドル
- 締め切り　3月31日
- URL https://www.fordlibrarymuseum.gov/library/fsa.asp

アクセス・宿泊施設

✈ 図書館へのアクセス

最寄り空港　デトロイト・メトロポリタン・ウェイン・カウンティ（Detroit Metropolitan Wayne County）空港

最寄りバス停　フォード大統領図書館（Ford Presidential Library）

- 空港から図書館までは約40キロ、車で30分程である。
- フォード大統領図書館アーキビストのスティシー・ディヴィス（Stacy Davis）氏によれば、訪問者の大半は空港からレンタカーかUberなどのライドシェアを利用（2023年2月

1日付けE-mail）。

- 公共交通機関利用の場合には、空港よりBlake Transit Center行きのバスに乗車。乗り場はMcNamaraターミナルに到着した場合は出発フロア（Level 3）、北ターミナルは2階から陸橋を越えた先のGround Transportationセンター。
- バスの予約はMichigan Flyer（https://www.michiganflyer.com/）にて。午前7時～午後8時まで1日9便、乗車時間50分、運賃片道15ドル、往復25ドル。
- 最終のBlake Transit Center停留所にて

下車。そこから1.5km先のミシガン大学付属病院横の停留所（W Medical Ctr Dr at Catherine）まで徒歩移動（20分）。

- W Medical Ctr Dr at Catherine停留所からはミシガン大学運行のシャトルバス#Northeast Shuttleに乗車（https://ltp.umich.edu/campus-transit/routes-and-schedules/north-east-shuttle/）。5つ先の停留所Ford Presidential Libraryにて下車。乗車時間6分、運賃無料。シャトルバスは市民に一般開放されており乗車時にIDの提示などは不要。
- 同バス停の目の前がフォード大統領図書館。

🚌 宿泊施設

公共交通機関を利用するならばアナーバー周辺が便利であろう。

DoubleTree by Hilton Ann Arbor North
（周辺図の★1）
- 図書館から25分（バス利用）
- 価格帯　$$$
- 部屋設備　小型冷蔵庫、電子レンジ、無料Wi-Fi
- 施設設備　ビジネスセンター、ランドリー

Residence Inn by Marriot Ann Arbor North（周辺図の★2）
- 図書館から20-30分（バス利用）
- 価格帯　$$$
- 部屋設備　フルキッチン、冷蔵庫、電子レンジ、無料Wi-Fi
- 施設設備　無料朝食、ランドリー

（田中慎吾）

広域図

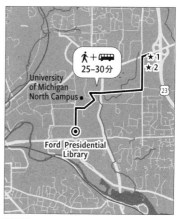

周辺図

Photo Gallery

ロナルド・レーガン大統領図書館のリサーチルームとミュージアム

Photo: Ronald Reagan Presidential Library and Museum

ジョージ・H・W・ブッシュ大統領図書館のリサーチルームとミュージアム

Photo: George H. W. Bush Presidential Library and Museum

第 14 章

ジミー・カーター
大統領図書館

Jimmy Carter Presidential
Library and Museum

基本情報　ⓘ

ジョージア州アトランタ市の中心部を一望できる小高い丘、コペンヒルに立地する本館は、第39代大統領カーターの大統領文書を中心に所蔵・公開している。なお図書館の名称は本名のジェームズではなく、愛称のジミー（Jimmy）が用いられている。人権問題を中心に平和や民主主義、健康問題など幅広く研究するカーター大統領センターが併設されていることが特徴である。ミュージアムでは、約4メートルの大型スクリーンに映し出される「大統領の1日」や、実物大のオーバルオフィスが見所となっている。

📍　441 John Lewis Freedom Parkway, NE, Atlanta, Georgia 30307-1498, USA

📞　404-865-7100

✉1　carterlibrary.customerservice@nara.gov（問い合わせ全般）

✉2　carter.library@nara.gov（資料閲覧予約・相談）

🌐　https://www.jimmycarterlibrary.gov//

開館情報

図書館
開館日　月曜日から金曜日。連邦祝日は閉館
開館時間　午前9時30分から午後3時30分

ミュージアム
開館日　月曜日から土曜日。元日、感謝祭（11月第4木曜日）、12月25日は閉館
開館時間　午前9時30分から午後4時30分。最終入館は午後3時30分
入館料　12ドル/人。60歳以上および大学生は10ドル。16歳以下は無料

当地での設立経緯

ジェイムズ・アール・カーター・ジュニア（James Earl Carter, Jr.）は、大統領図書館が立地するジョージア州アトランタ市から南方に約200kmに位置する同州プレインズにて1924年10月1日に出生した。カーターは長らく同州で過ごし、海軍での従軍経験を経てジョージア州知事に就任した。ジョージア州に大統領図書館が建設されたのは生まれ故郷であり、かつ、政治家としてのキャリアを積んだ地だからである。とりわけアトランタが選定されたのは、同州最大の都市であり訪問客にとって至便であることや、カーター政権が重視した人権問題においても黒人の「座り込み」運動が行われた重要な地だったからである。建設費用の大半はアトランタに本社を構えるコカ・コーラ社とエモリー大学からの出資で賄われた。なお、同市のダウンタウンから図書館に至る片道2車線の景観整備道路（parkway）の建設が図書館の建設プランに含まれていたことで地元の住民が反対し、裁判で争われた。カーターは州知事時代、同地への高速道路の建設プランを自ら却下していたのである。最終的に連邦政府の介入により道路の建設が許可されることとなった。図書館開館前の1982年には、カーターはエモリー大学の客員教授職に就任し、同大学とのパートナーシップの下でカーター・センターを設立した（設立日1986年10月1日（図書館））。

資料概要

❶資料の概要

紙資料 カーター大統領文書が約2,700万ページ、その他文書が約600万ページ
写真資料 約50万枚
音声・映像資料 それぞれ数百時間分
オーラルヒストリー 100点以上

❷カーター文書

カーター文書は、大統領就任前、任期中、退任後の文書に分類される。その中心は任期中の大統領文書であるが、フォード大統領図書館同様に、大統領文書という明示的な括りが設けられていないので注意が必要。主たる文書は次のとおり。

国家安全保障担当補佐官室記録（Records of the Office of the National Security Advisor）

ズビグネフ・ブレジンスキー（Zbigniew Brzezinski）補佐官率いる同室が作成・授受した文書を中心とする。ブレジンスキーの資料と、彼のスタッフの資料の2つに分かれている。全32シリーズ1,667箱からなる。主たるシリーズは次のとおり。

NSA3 ブレジンスキー資料—大統領—海外首脳通信ファイル（President's Correspondence with Foreign Leaders Files） 日本関連Box 10-11。全22箱。

NSA4 ブレジンスキー資料—訪問ファイル（Trip Files） カーター大統領および政権スタッフの出張関連。日本関連Box 23、29（非公開）、32、37、38（非公開）。全43箱（大半が非公開）。

NSA5 ブレジンスキー資料—VIP訪問ファイル（VIP Visits Files） VIP訪米関連ファイル。日本関連Box 8-9（一部非公開）。全15箱。

NSA6 ブレジンスキー資料—国別ファイル（Country Files） 日本関連Box 40-41。全89箱。

NSA7 ブレジンスキー資料—主題別ファイル（Subject Files） 軍備管理や対外援助など主題別。全68箱。

NSA17 スタッフ資料—オフィスファイル NSCや特別調整委員会（Special Coordination Committee）の関連資料を中心とする。日本関連としてBox 102、106、139が確認される。ただし全156箱の内、数フォルダを除き全て非公開。

NSA19 スタッフ資料—特別プロジェクトファイル（Special Projects Files） 2003年7月1日に新設されたシリーズで、国際経済サミットに際して大統領の個人的特使を務めたヘンリー・オーウェン（Hnery Owen）の資料を中心とする。日本関連としてBox 22、32-33、35、45、50、60が確認されるものの、64箱の全てが非公開となっている。

NSA26 スタッフ資料—極東ファイル（Far East）　大半が中国関連だが日本関連も散見される。ただし全72箱の大半が非公開。

NSA28 スタッフ資料—グローバル問題ファイル（Global Issues Files）　軍備管理や人権、難民、地球環境や海洋法など当時の国際問題に関する資料。日本関連としてBox 12、42、48が確認される。ただし全63箱の内、数箱を除く大半が非公開。

ホワイトハウス・セントラルファイル（White House Central Files）

全7シリーズ、全5294箱。

主題別ファイル　日本関連として国別CO78（Box 37-39）、対外関係FO6-9（Box 45）、IT116-116（Box 12）、国防（ND16/CO78）（Box 46）、貿易（TA3/CO78）（Box 10）など。全1,270箱。

NSC 組織ファイル（NSC Institutional Files）

全182箱の内、数フォルダを除き現在も非公開。

秘書室記録（Records of the Staff Secretary）

ホワイトハウス内の文書管理を担った秘書室の文書群。一部がオンライン公開されている。全14シリーズで270箱。主たるシリーズは次のとおり。

大統領ファイル（Presidential File）　カーター政権が取り扱った様々な政策課題に関する資料。内容としては覚書や報告書、ニュース記事の切り抜きやスピーチ原稿、日誌など多岐にわたる。日本関連としてBox 9-11、54、61、64、66、74、82、84、109、112など数多く存在する。全184箱。

❸その他資料

省庁作成文書　連邦記録法対象文書の1つとして、1979年発足の「日米賢人会議記録（RG220: Records of United States-Japan Economic Relations Group）」がある。全14箱。

個人・団体文書　寄贈文書として、カーター自身の大統領就任前文書および就任後の文書を含む66件の文書が確認できる。

オーラルヒストリー　複数のシリーズが存在し、その1つが国立公文書館による政権離脱者へのインタビュー（exit interview）で163人の記録が存在する。また、政権末期に行われたカーター家のインタビューも19人の記録がある。他には、カーター大統領図書館が独自で行った11人の記録などがある。

調査にあたって

- 事前の訪問予約に加えて、E-mailや電話、あるいはZoomなどのビデオ通話を利用した事前相談が必須となっている。

- カーター大統領図書館は、図書館の利用者が高頻度で請求する以下の主題（新パナマ運河条約、キャンプ・デイヴィッド合意、イラン人質事件）について、所蔵資料の紹介とリサーチガイドを公開している（http://www.jimmycarterlibrary.gov/research/additional-resources）。

- 大統領レビュー覚書（Presidential Review Memorandum）と大統領指令（Presidential Directives）も紹介、公開されている。前者はニクソン政権期の国家安全保障検討覚書（NSSM）を、後者は国家安全保障決定覚書（NSDM）を代替するものである。

- カーター大統領図書館アーキビストのブリタニー・パリス（Brittany Parris）氏によれば、利用者は、1976年の大統領選挙関連記録（Records of 1976 Campaign Committee to Elect Jimmy Carter）および大統領日報（President's Daily Diary）を高頻度で請求するとのこと。大統領日報自体はオンライン公開されている。日本人の利用者は、先述の「日米賢人会議記録」や、「国家安全保障担当補佐官室記録」を高頻度で請求するとのこと（2023年4月19日付けE-mail）。

- カーター大統領図書館のウェブサイトは2023年7月に一新された。それに伴いデータベースも再構築中であり、2023年12月時点においても「ホワイトハウス・セントラルファイル」など一部のファイルが未登録の状況にある。そのためしばらくは国立公文書館のデータベース検索（https://catalog.archives.gov/）を用いて相互参照する必要がある。

- 敷地内にカフェ（店名キッチン・コペンヒル）があり、簡単な食事をとることが可能。通常の営業時間は午前11時30分−午後1時30分。ただし図書館およびミュージアムとは独立した運営であるため、急な休みや時間短縮がしばしばある。図書館内への飲食物の持ち込みは可能であり、ロビーなどで昼食をとることができる。

研究助成

研究助成・奨学金なし

アクセス・宿泊施設

✈ 図書館へのアクセス

最寄り空港　ハーツフィールド─ジャクソン・アトランタ国際空港（Hartsfield-Jackson Atlanta International Airport）

最寄り駅　インマンパーク／レイノルズタウン（Inman Park/Reynoldstown）駅

最寄りバス停　ジョン・ルイス・フリーダム・パークウェイNE & 441（John Lewis Freedom Parkway North East & 441）

- 空港から図書館までは約20キロ、車で40分程である。
- 空港駅（路線の始発駅）から地下鉄 Red line またはGold line に乗車し、Five Points 駅に向かう。同駅にて Blue line または Green line の東行きに乗り換え、Inman Park/Reynoldstown 駅にて下車（乗車時間は17分 + 6分、運賃5ドル）。同駅から大統領図書館までは徒歩にて約20分。
- 経路2　空港駅からFive Points 駅にて地下鉄を下車して地上に出た後、徒歩1分のバス停 Peachtree St.& Decatur St. から、Emory University 行きのバス（#816）に乗車。バス停 John Lewis Freedom Parkway North East & 441 にて下車（乗車時間20分）。同バス停の目の前が図書館。運賃計5ドル。

🛏 宿泊施設

空港と図書館の中間地点であるダウンタウンやミッドタウン周辺で探すと便利であろう。

Courtyard by Marriott Atlanta Downtown（周辺図の★1）
- 図書館から20分（バス利用）
- 価格帯　$$$
- 部屋設備　小型冷蔵庫、電子レンジ、無料Wi-Fi
- 施設設備　ランドリー

Home2 Suites by Hilton Atlanta Downtown（周辺図の★2）
- 図書館から25分（バス利用）
- 価格帯　$$$
- 部屋設備　ミニキッチン、電子レンジ、冷蔵庫、無料Wi-Fi
- 施設設備　無料朝食、ランドリー

eKstasis Hostel & Urban Farm（地図未記載）
- 図書館から50分（地下鉄+バス利用）
- 価格帯　$
- 部屋設備　女性専用か男女混合部屋のみ、無料Wi-Fi
- 施設設備　共同キッチン

（田中慎吾）

広域図

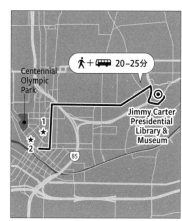

周辺図

第 15 章

ロナルド・レーガン
大統領図書館

Ronald Reagan Presidential
Library and Museum

基本情報　　　　　　　　　　　　　　　ⓘ

カリフォルニア州ロサンゼルス郊外のシミヴァレーに位置し、第40代大統領レーガンの大統領文書を中心に所蔵・公開している。ミュージアムには、レーガンら7人の大統領が専用機エアフォースワンとして用いたボーイング707型機が展示されており、内部を見学することができる。また、ベルリンの壁の一部なども展示されている。大統領図書館の設計は、横浜ランドパークタワーも手がけた、ヒュー・スタビンス（Hugh Stubbins）が担当した。豪邸をイメージさせるデザインである。なお、レーガンの母校、イリノイ州のユーリカ大学（Eureka College）にも、ロナルド・レーガン・ミュージアムがある。

📍　　40 Presidential Drive, Simi Valley, CA 93065
📞　　1-800-410-8354
✉　　reagan.library@nara.gov
🌐　　https://www.reaganlibrary.gov

開館情報

図書館
　　開館日　月曜日から金曜日。連邦祝日は閉館
　　開館時間　午前9時から午後5時

ミュージアム
　　開館日　月曜日から日曜日。ただし元日、感謝祭（11月第4木曜日）、12月25日は閉館
　　開館時間　午前10時から午後5時。ただし12月24日と12月31日は午後3時まで
　　入館料　29.95ドル／人。62歳以上26.95ドル、11-17歳22.95ドル、3-10歳19.95ドル、2歳以下無料、学生26.95ドル

当地での設立経緯

大統領図書館の立地に関しては、レーガンの友人であり、信頼の厚かったエドウィン・ミース（Edwin Meese III）が中心となったメンバーが選定し、カリフォルニア州の13の候補が挙げられた。具体的にはクレアモント・カレッジズ、ペパーダイン大学、そしてカリフォルニア大学アーバイン校の近くなどである。その中にはスタンフォード大学も含まれていた。同大学のフーバー研究所には、レーガンのカリフォルニア州知事時代の資料も保管されており、ゆかりがあったからである[1]。だが、一部の教員や学生の反対に遭い、頓挫した[2]。

最終的には、カリフォルニア州ロサンゼルスに本社がある開発会社ブレイクリー・スワーツが、シミヴァレーの丘にある100エーカーの土地の寄付を申し出た。そこをレーガン夫妻が実際に見物し、同地での大統領図書館の設置が決まった。かつて俳優であったレーガンが、このエリアで映画をいくつか撮影していたことも後押しとなった。シミヴァレーの見晴らしのよい丘は、レーガンが好んで語った「丘の上の輝く町」を彷彿とさせるとも言われる[3]（設立日1991年11月4日）。

所蔵資料

❶資料の概要

紙資料　6,000万ページ以上
写真資料　約160万枚
映像資料　数万点（音声・ビデオテープ）
物品　4万点以上

❷レーガン文書

レーガン文書は大統領就任前、大統領任期中の文書（大統領記録）に大きく分かれる。なお、レーガン以降の大統領図書館では大統領記録法が適用されている。

　大統領文書の代表的なシリーズは以下のとおりであり、ホワイトハウス・スタッフ・オフィスファイルと、ホワイトハウス記録管理局（WHORM）のファイルに大別される。一部はデジタル化されインターネット上で閲覧できるものの、現時点で非公開の資料も多い。

　レーガン大統領図書館の文書の一部は、『ザ・レーガン・ファイルズ（The Reagan Files）』の著者ジェイソン・ソルトーン・エビン（Jason Saltoun-Ebin）のウェブサイトに掲載されている（http://www.thereaganfiles.com/）。マーガレット・サッチャー財団も、レーガン大統領図書館で収集した資料などを公開している（https://www.margaretthatcher.org/）。

　日本関連文書は、後述の「トピックガイド」にまとめられている（https://www.reaganlibrary.gov/archives/topic-guide/japan）。

ホワイトハウス・スタッフ・オフィスファイル（White House Staff and Office Files）

レーガン政権期のホワイトハウス・オフィスや、そこに所属した個人単位の文書群であり、当時の問題や出来事を扱っている。コレクションは700を超える。

NSC事務局：国別ファイル（**Executive Secretariat, NSC: Country File: Records, 1981–1985**）　事務局は、NSCの情報・記録管理を担い、日常的な通信文書から、特別な取り扱いを必要とする国家安全保障上の機密記録まで、さまざまな記録を管理した。日本関連は、RAC Box 8, 9, 11。一部非公開、一部デジタル化。全48箱。

国家安全保障問題担当大統領補佐官オフィス（**National Security Affairs, Office of the Assistant to the President: Chron File, 1981–1989**）　国家安全保障問題担当大統領補佐官の資料群であり、大まかな時系列にそっている。一部デジタル化。15箱。

大統領外国情報活動諮問会議（**President's Foreign Intelligence Advisory Board: Records, 1981–1989**）　大統領外国情報活動諮問会議は、大統領行政府内の組織である。必要なすべての情報にアクセスすることができ、大統領にも直接アプローチできた。非公開。全13箱。

1　R. Duke Blackwood, "Ronald Reagan Presidential Library and Museum," *White House History* 40, 81.
2　Benjamin Hufbauer, *Presidential Temples: How Memorials And Libraries Shape Public Memory*（University Press of Kansas, 2006）, 181.
3　Blackwood, "Ronald Reagan Presidential Library and Museum," 81.

大統領情報活動監督会議（President's Intelligence Oversight Board（PIOB）: Records, 1981-1989）　この会議は、ホワイトハウス・オフィスの一部で、大統領外国情報活動諮問会議の委員でもある委員長と、その他2名の委員で構成された。違法なインテリジェンス活動の大統領への報告、インテリジェンス機関の内部指針の検討、これらの機能を遂行するための調査を行った。非公開。全3箱。

大統領特別審査委員会（President's Special Review Board: Records, 1987（The Tower Board））　この委員会は、イラン・コントラ事件に端を発して設置された、国家安全保障会議スタッフの役割と手続きを包括的に見直す組織である。ジョン・タワー（John Tower）元上院議員が議長を務めたため、「タワー委員会」と呼ばれる。一部公開。全43箱。

大統領オフィス 大統領ブリーフィング文書（President, Office of the: Presidential Briefing Papers: Records, 1981-1988）　大統領に日々渡されるブリーフィングペーパーは、短いイシューメモランダム、各日のアポイントメントと会合、参加者リスト、時間枠、アジェンダで構成されていた。一日が終わると、使用された記録はホワイトハウス記録管理局によって集められ、整理された。記録管理局は、集められた資料に当日のイベントのリストを記載したワークシートを添付した。一部デジタル化。全98箱。

大統領日報作業ファイル（Presidential Diarist Working Files: Records, 1981-1989）　日報作業ファイルは、日報の編集に使われた様々な文書や文書のコピーをまとめたものである。一部公開。全39箱。

ホワイトハウス記録管理局主題別ファイル（White House Office of Records Management（WHORM）Subject File）

ホワイトハウス記録管理局の目的は、ホワイトハウスの文書の保管と検索であり、大統領やスタッフの手紙、贈り物、写真に関するデータベースも管理していた。WHORMの資料群は従来の大統領図書館のCentral Filesに相当する。60の主題に分類されており、大統領やホワイトハウス・スタッフが受信し、返信する必要があった資料を含んでいる。日本関連として「日本（Japan）」（CO078）、「1986年東京経済サミット（Economic Summit, Tokyo, Japan, 1986）」（一部デジタル化）がある。

ホワイトハウス記録管理局アルファベット順ファイル（White House Office of Records Management（WHORM）Alphabetical File）

ホワイトハウスが受領した一般的な資料をアルファベット順に管理したものである。

❸その他資料

州知事文書（Governor's Papers）　レーガンは、カリフォルニア州知事を1967年から1975年にかけて2期務めた。退任する際、知事のオフィスが作成した書類はレーガンの個人資産とみなされ、レーガンはスタンフォード大学フーバー研究所に寄託した。フーバー研究所はレーガン大統領財団と協力し、1990年代後半に知事文書の大部分を図書館に移管した。州知事時代のスピーチなどは、一部オンラインで見ることができる。

寄贈個人文書コレクション（Donated Personal Paper Collections）　レーガン夫妻と何らかの関係があった個人から寄贈された文書などで構成されている。1976年と1980年の選挙キャンペーン、大統領就任前後の個人記録、ナンシー・レーガン文書、1980年の政権移行期の資料が含まれる。公開されていない資料もある。

連邦記録（Federal Records）　最も多いのは、1980年と1985年の就任委員会（Inaugural Committees）に関するものであり、特定の問題に対処するタスクフォースなど資料もある。

レーガン日報（Reagan's Daily Diary）　会議、ブリーフィング、記者会見、電話、写真撮影、食事、旅行、レクリエーションなどの活動が記録されている。活動の開始時刻と終了時刻、必要であれば活動の簡単な説明、関係者やグループの情報が記載されている。インターネット上で公開されている。

調査にあたって

- 予約が必須である。E-mailにて申請しよう。

- まず、レーガン大統領図書館が作成しているトピックガイドを確認しよう（https://www.reaganlibrary.gov/archives/topic-guides）。トピックガイドでは、コレクションを横断して資料が整理されている。そこに記載されている資料は、FOIA請求や定期的な情報開示などを通じて利用可能となったものである。

- そして、先行研究が参照した資料をカバーしつつ、アーキビストに助言を求めよう。

- ミュージアムストアの隣にある、ザ・ギッパーズ・バー・ビストロ（The Gipper's Bar + Bistro）で昼食を食べられる（「ギッパー」はレーガンのあだ名である）。バーガー、サンドイッチ、特別メニュー、スープなどがある。テイクアウトも可能。予約不可だが、建物の内外に多くの席がある。毎日午前10時30分から午後3時まで営業しているが、グリル料理は、平日午前11時から午後2時まで、土日は午前11時から午後2時30分までである。

- レーガンの先祖の出身地アイルランドに由来するパブもある。金曜日と土曜日の午前11時30分から午後4時まで営業している。

研究助成

研究に特化した助成は実施していない

アクセス・宿泊施設

✈ 図書館へのアクセス

近隣の空港 ロサンゼルス国際空港（Los Angeles International Airport）

最寄り駅 アムトラック・メトロリンク（Amtrak、Metrolink） シミヴァレー駅（Simi Valley）

- 空港から図書館までの距離は約80キロメートルであり、公共交通機関を利用する場合の所要時間は2時間30分程度である。
- シミヴァレーの街中はバスが運行しているものの、大統領図書館に直接向かうものは廃止された。したがって、空港からレンタカーを利用するのが便利である。
- レンタカーを利用しない場合は、最寄り駅からタクシー、Uber、Lyftなどの利用をおすすめする。空港から最寄り駅まではさまざまな行き方があるが、LAX FlyAwayバスでUnion Stationに行くのがわかりやすい（9.75ドル）。そこからAmtrakかMetrolinkでシミヴァレーに移動できる（10ドルから。各種割引あり）。
- なお、ロサンゼルスには、Hollywood Burbank Airportもあり、AmtrakとMetrolinkのBurbank駅に直結している。

🛏 宿泊施設

シミヴァレーの宿泊先としては、下記のホテルなどが大統領図書館のウェブサイトで紹介されている。

Best Western Posada Royale Hotel & Suites（周辺図の★1）
- 図書館から車で6分程度
- 価格帯　＄＄
- 部屋設備　電子レンジ、冷蔵庫、無料Wi-Fi
- 施設設備・サービス　朝食無料、ビジネスセンター、ランドリー

Holiday Inn Express Simi Valley（周辺図の★2）
- 図書館から車で11分程度
- 価格帯　＄＄
- 部屋設備　電子レンジ、冷蔵庫、無料Wi-Fi
- 施設設備・サービス　朝食無料、ビジネスセンター、ランドリー

Extended Stay America Suites - Los Angeles - Simi Valley（周辺図の★3）
- 図書館から車で15分程度
- 価格帯　＄
- 部屋設備　フルキッチン、電子レンジ、冷蔵庫、無料Wi-Fi
- 施設設備・サービス　朝食無料、ランドリー

（山口航）

広域図

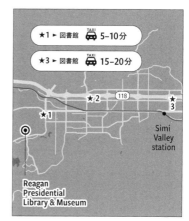

周辺図

Photo Gallery

ウィリアム・J・クリントン大統領図書館のリサーチルームとミュージアム

Photo: William J. Clinton Presidential Library and Museum

ジョージ・W・ブッシュ大統領図書館のリサーチルームとミュージアム

Photo: George W. Bush Presidential Library and Museum

第 16 章

ジョージ・H・W・ブッシュ
大統領図書館

George H. W. Bush Presidential
Library and Museum

基本情報

テキサス州カレッジステーションに位置し、第41代大統領ジョージ・H・W・ブッシュの大統領文書を中心に所蔵・公開している。ミュージアムでは、ホワイトハウスの大統領執務室が再現されており、来場者は大統領の椅子に座って写真をとることができる。また、ベルリンの壁の一部も展示されている。2018年11月30日に亡くなったブッシュは、同年に世を去った妻バーバラ（Barbara Bush）、1953年に3歳で早世した娘ロビン（Robin Bush）とともに、同図書館の敷地内に埋葬されている。

📍 1000 George Bush Drive West, College Station, TX 77845
📞 1- 979-691-4041
✉ library.bush@nara.gov
🌐 https://bush41library.tamu.edu/ (アーカイブ)
　　https://www.bush41.org/ (ミュージアム)

開館情報

図書館

開館日　月曜日から金曜日。連邦祝日、感謝祭（11月第4木曜日）の週、クリスマスの週は閉館

開館時間　午前9時30分から午後4時

ミュージアム

開館日　月曜日から日曜日。ただし元日、感謝祭、12月24日、12月25日は閉館

開館時間　月曜日から土曜日は午前9時30分から午後5時、日曜日は正午から午後5時

入館料　9ドル／人。62歳以上7ドル、6-17歳3ドル、学生3ドル

当地での設立経緯

テキサス州カレッジステーションのテキサスA&M大学内に設立された。その背景には、同大学出身の石油コンサルタント、マイケル・ハルボウティ（Michel Halbouty）の存在があった。

　始まりは、ブッシュが当選した1988年11月の選挙直後、ブッシュとハルボウティの会話にさかのぼる。早くもハルボウティは、大統領図書館をどこに建てようとしているのかとブッシュに訊ねた。ブッシュは、まだ大統領に就任すらしておらず、場所まで考えていないと答えた。するとハルボウティが「遅かれ早かれ考えなくてはならないでしょうから、私にテキサスA&M大学の

関係者と話をさせてくれませんか」と提案し、ブッシュは「構いませんが、私はまだ話をする準備ができていないと、彼らにちゃんと伝えてください」と述べたという。ブッシュに拒絶されなかったことをよしとして、大統領図書館誘致のロビイングが進んでいった。

　大統領就任後、ブッシュはテキサスA&M大学から春の卒業式での講演者として招かれた。ブッシュが到着するまでに、大統領図書館の模型が作られ、場所も選定されていた。ハルボウティは駄目押しとして、大統領図書館誘致に関心を示していたテキサスの3大学における、大統領選挙の投票結果をコートのポケットに忍ばせていた。ブッシュ支持が過半数だったの

は、テキサスA&M大学の学生だけだったのである。その結果を示したハルボウティに、ブッシュは「マイク、これは重要なことです」と述べたという。

こうして、ブッシュは早くも1期目の途中で、テキサスA&M大学に大統領図書館を設立することを発表したのであった[1]（設立日1997年11月6日）。

所蔵資料

❶資料の概要

紙資料　4,000万ページ以上
写真資料　200万枚以上
映像資料　1万点以上（ビデオテープ）

❷ブッシュ文書

ブッシュ文書は大統領就任前、大統領任期中の文書に大きく分かれる。

　ブッシュの大統領文書は、アーカイブの中心的な資料である。1998年以降に公開された記録の多くは、「FOIA請求」としてまとめられており、ウェブ上で検索できるようになっている（https://bush41library.tamu.edu/archives/finding-aids/foia）。資料は、ホワイトハウス記録管理局主題別ファイルと、必ずしも体系的ではないが、PDF化された記録に大別される。PDF化された記録はウェブサイトに掲載されている（https://bush41library.tamu.edu/archives/）。

ホワイトハウス記録管理局主題別ファイル（White House Office of Records Management（WHORM）Subject File）

日本関連として「日本（Japan）」（CO078）、「大統領委員会（Presidential Commission on Conduct of U.S.-Japan Relations）」（FG392）（FOIA請求が必要）、「東京訪問（Japan, Tokyo, 2/23/89）」（TR007-01）などがある。

ウェブサイトには、以下のようなPDF化された記録が掲載されている。

会談覚書・電話会談覚書（Memoranda of Meetings and Telephone Conversations（Memcons/Telcons））

ブッシュ大統領は、4年の任期で数百の外国の首脳と会談を行い、電話をした。それらの会談や電話の書き起こし（トランスクリプト）の一部がウェブで公開されている。日本関連としては、竹下登、宇野宗佑、海部俊樹各首相との会談覚書・電話会談覚書の一部などが公開されている。

1　Warren Finch, "George Bush Presidential Library and Museum," *White House History* 40, 87.

- 214 -

国家安全保障令（National Security Directives）

ブッシュ政権は、1989年から1993年の間に、79の国家安全保障令を発出した。後述の国家安全保障レヴューとは異なり、国家安全保障令は、国家安全保障とアメリカの外交政策に関する、特定の事柄に関するものである。

国家安全保障レビュー（National Security Reviews）

ブッシュ政権は、30の国家安全保障レビューを実施した。これらは、国家安全保障とアメリカの外交政策に関する、全般的な事柄に関するものである。

国家安全保障戦略報告（National Security Strategy Reports）

しばしば「国家安全保障戦略（National Security Strategy: NSS）」とも呼ばれる、行政府が議会のために定期的に準備した文書である。これはゴールドウォーター・ニコラス法（Goldwater-Nichols Act）で求められているものであり、国家安全保障上の主要な事項や目標、そうした事項への対処方針を幅広く記述している。ブッシュ政権は1990年、1991年、1993年に作成しており、ウェブサイト上でそれぞれ公開されている。

公開文書（Public Papers）

1989年1月20日から1993年1月19日にかけての、ブッシュ大統領の文書やスピーチのコレクションである。

アーカイブ文書セレクション（Selected Documents from the Archives）

デジタル化して一般に公開した文書の内、よく請求されるものの電子コレクションである。

中国文書セレクション（Selected China Documents）

米中関係の様々な事柄に関する数百ページの記録である。ブッシュ大統領図書館で利用できる文書の内、ごく一部のサンプルとなっている。

ホワイトハウス記録管理局湾岸戦争文書セレクション（Selected Gulf War WHORM Documents）

湾岸戦争文書セレクションは、湾岸危機に関する、ホワイトハウス記録管理局の数百ページの記録である。ブッシュ大統領図書館で利用できる文書の内、ごく一部のサンプルとなっている。

❸その他資料

副大統領記録（Vice Presidential Records）　レーガン政権期のブッシュ副大統領の

記録（1981–1989）と、ブッシュ政権期のダン・クエール（Dan Quayle）副大統領の記録
（1989–1993）を保管している。

寄贈資料（Donated Materials）　大統領記録ではなく、個人または団体により寄贈され
た資料である。多くの寄贈資料コレクションがあるが、現時点で公開されているものは
ごく少数にとどまる。寄贈されたコレクションは、FOIA や大統領記録法の対象外であり、
FOIA 請求を出すことはできない。

調査にあたって

- 到着の24時間前までに予約をとる必要がある。E-mail にて申請しよう。調査したい記
  録のリストを事前に送付しておくことが推奨されている。

- まずデジタル化された資料を調査するとともに、資料目録を確認しよう（https://bush41li-
  brary.tamu.edu/archives/finding-aids/）。そして、先行研究が参照した資料をカバーしつつ、
  アーキビストに助言を求めよう。

- 大統領図書館は午後4時まで開いているが、午後2時30分以降は新たな資料を請求
  できないので注意。

- ミュージアムにカフェやレストランはないので注意。なお、カレッジステーションのレス
  トランの情報は、ビジット・カレッジステーション（Visit College Station）というサイトにま
  とめられている（https://visit.cstx.gov/）。

研究助成

韓国・アジア研究助成（Korea / Asia Grant Program）
- 概要　韓国国際交流財団（The Korea Foundation）とスコウクロフト研究所（The Scowcroft Institute）
  は、韓国を含む東アジアに関する研究助成を実施している。研究にはジョージ・ブッシュ大統領
  図書館の所蔵資料を用いる必要がある。この助成プログラムは、かつてはジョージ・ブッシュ
  大統領図書館財団が実施していたが、現在は韓国国際交流財団の支援で成り立っている
- 対象　ブッシュ大統領図書館での研究に関心がある人
- 助成人数　若干名
- 助成額　500ドルから2,500ドル
- 締切　例年12月頃（結果発表　翌年1月頃）
- 詳細URL　https://bush.tamu.edu/scowcroft/grants/korea/

オドネル研究助成（O'Donnell Grant Program）
- 概要　スコウクロフト国際問題研究所には、実業家・慈善家のピーター・オドネルとその妻の
  名を冠した、ピーター・アンド・エディス・オドネル基金（The Peter and Edith O'Donnell Endowment）
  があり、ジョージ・ブッシュ大統領図書館で調査をする研究者に助成を実施している。研究に
  はジョージ・ブッシュ大統領図書館の所蔵資料を用いる必要がある
- 対象　ブッシュ大統領図書館での研究に関心がある人
- 助成人数　若干名
- 助成額　500ドルから2,500ドル
- 締切　例年12月頃（結果発表　翌年1月頃）
- 詳細URL　https://bush.tamu.edu/scowcroft/grants/odonnell/

アクセス・宿泊施設

✈ 図書館へのアクセス

最寄り空港　カレッジステーションのイースターウッド空港（Easterwood Airport）。

近隣の空港　ヒューストンのジョージ・ブッシュ・インターコンチネンタル空港（George Bush Intercontinental Airport）

- 最寄り空港から図書館までは、約3キロで車で5分程度である。
- 同空港にはAmerican AirlinesがDallas Fort Worth International Airportから1日数便が就航している。しかし、公共交通機関がほとんど使えないので、UberやLyft、タクシー、レンタカーを使うのが便利である。ホテルのシャトルバスが使える場合もあるので、宿泊するホテルに事前に連絡をとってみることをお薦めする。
- また、ジョージ・ブッシュ・インターコンチネンタル空港からは、Ground Shuttleを使って陸路でカレッジステーションに行くこともできる。時間は2時間程度、費用は50ドルからである。

🚌 宿泊施設

カレッジステーションの宿泊施設やレストランについては、既述のビジット・カレッジステーションも参照してほしい。

Texas A&M Hotel and Conference Center
（周辺図の★1）
- 図書館から車で5分程度
- 価格帯　$$$
- 部屋設備　冷蔵庫、無料Wi-Fi
- 施設設備・サービス　ビジネスセンター、ランドリー

Home2 Suites by Hilton College Station
（周辺図の★2）
- 図書館から車で7分程度
- 価格帯　$$
- 部屋設備　簡易キッチン、電子レンジ、冷蔵庫、無料Wi-Fi
- 施設設備・サービス　朝食無料、ビジネスセンター、ランドリー

Residence Inn Bryan College Station（周辺図の★3）
- 図書館から車で10分程度
- 価格帯　$$
- 部屋設備　フルキッチン、電子レンジ、冷蔵庫、無料Wi-Fi
- 施設設備・サービス　朝食無料、ビジネスセンター、ランドリー

（山口航）

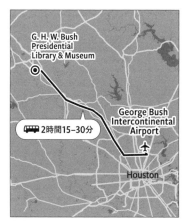

広域図

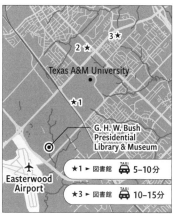

周辺

第 17 章

ウィリアム・J・クリントン 大統領図書館

William J. Clinton Presidential
Library and Museum

基本情報　　　　　　　　　　　　　　　　　　　ⓘ

アーカンソー州リトルロックに位置し、第42代大統領クリントンの大統領文書を中心に所蔵・公開している。ガラス張りの建物は、ニューヨーク屈指の建設事務所エニアードによるものである[1]。メインビルディングのミュージアムの展示は、ダブリンのトリニティ・カレッジのオールドライブラリーのロングルームに影響を受けている。これは、クリントンがオックスフォード大学のローズ奨学生として目にしたものである。なお、リトルロックはダグラス・マッカーサー米陸軍元帥の生まれ故郷でもあり、大統領図書館から徒歩20分程度の場所に、マッカーサー・アーカンソー軍事史ミュージアム（MacArthur Museum of Arkansas Military History）もある。

📍　1200 President Clinton Ave., Little Rock, AR 72201
📞　1-501-244-2877
✉️　clinton.library@nara.gov
🌐　https://www.clintonlibrary.gov/

開館情報

図書館
開館日　月曜から金曜日。連邦祝日は閉館
開館時間　午前9時から午後4時30分。ただし、正午から午後1時は昼休み。また、午後3時45分以降は資料を出庫しない

ミュージアム
開館日　月曜日から日曜日。ただし元日、感謝祭（毎年11月第4木曜日）、12月25日は閉館
開館時間　月曜日から土曜日は午前9時から午後5時、日曜日は午後1時から午後5時
入館料　12ドル／人。62歳以上10ドル、学生10ドル（要ID）、6-17歳7ドル、6歳未満無料

当地での設立経緯

クリントンはアーカンソー州ホープビルで生まれ、4歳になるまで同地で過ごした。リトルロックはそのアーカンソー州の中心に位置する州都である。クリントンは、1976年にアーカンソー州司法長官に選出され、その後第40・42代アーカンソー州知事としてリトルロックに居を構えたこともあり、当地が選ばれた（設立日2004年11月18日）。

1　大原ケイ「壮大なバイオグラフィーとしての大統領図書館」『LRG』18号（2017年冬）、27頁。

所蔵資料

❶資料の概要

紙資料　約7,800万ページ
Eメール　約2,000万点
写真資料　約260万枚
音声資料　5,900点
映像資料　11万2,400点（ビデオテープ）
物品　14万点以上

❷クリントン文書

クリントン文書は大統領任期中の文書が中心となっており、退任後の文書はクリントン財団が管理しているようである。

　現地で調査できる資料は、デジタル化されていないものに限られていることに注意しよう。デジタル化されているものは、後述のデジタル図書館から閲覧することができる。政権が終了してからの日も浅く、本格的な資料の公開はこれからである。

　アーキビストによれば、日本の研究者は、特定のタイトルに偏ることなく、幅広く国内政策・外交政策のトピックを調査しているという。全体的には、ヘルスケア改革、恩赦、スピーチライティング、最高裁判事の任命（Health care reform, pardons, speechwriting, supreme court appointments）などの資料がよく見られているようである。

　所蔵されている資料は、以下のように分類されている。

スタッフ・オフィスファイル（Staff and Office Files）

クリントン政権期のホワイトハウス・オフィスや、そこに所属した個人単位の文書群である。

ホワイトハウス記録管理局主題別ファイル（White House Office of Records Management Subject File）

クリントン政権は、約60の主題分類と数百のサブ分類を使用した。

ホワイトハウス記録管理局アルファベット順ファイル（White House Office of Records Management Alphabetical File & Alpha Project 1993–1995）

WHORMがアルファベット順に管理したファイルである。

❸その他資料

連邦記録（Federal Records）　「人種に関する諮問会議（President's Advisory Board on Race）」や「持続可能な開発に関する委員会（President's Council on Sustainable Development)」の資料を含む。

寄贈資料（Donated Historical Material）　クリントン政権で保健福祉長官を務めたドナ・シャレイラ（Donna Shalala）などの資料がある。

電子メール　電子メールコレクションは、自動記録管理システム（Automated Records Management System: ARMS）とテープ復元プロジェクト（Tape Restoration Project: TRP）の2つに分かれている。ARMSとTRPシステムには、推定1,750万通の電子メール・メッセージが含まれている。

　ARMSは、大統領府の電子メール記録を含むデータベースである。ARMSの電子メールは印刷され、作成日順に並べられている。TRPは、1994年7月から2000年6月までの自動記録管理システムから復元された電子メールで構成されるデータベースである。TRPの電子メールも印刷され、作成日順に並べられている。

　研究者からのリクエストに応じて、クリントン大統領図書館のアーキビストが、ARMSとTRPシステムを検索する。公開されていない電子メールは、FOIAに基づいて請求することができる。なお、研究者がARMSおよびTRPシステムに直接アクセスすることはできない。

❹デジタル図書館（Digital Library）

音声・動画資料を含め、一部のコレクションはデジタル化され、ウェブサイトで公開されている（https://clinton.presidentiallibraries.us/）。300万ページを超える文書、400以上の音声記録、写真、多数のストリーミングビデオが収録されており、キーワード検索をすることもできる。ただし、現在利用可能なのは、クリントン・デジタルライブラリーが所蔵する全コレクションの5パーセントにも満たない。

機密解除文書（Declassified Documents）会談覚書・電話会談覚書（Memcons and Telecons）

外国の首脳、日付、タイプで会談覚書（Memorandums of Conversation（Memcons））や電話会談覚書（Memorandums of Telephone Conversation（Telcons））を検索することもできる。日本関連では、クリントン大統領と橋本龍太郎首相との会談覚書・電話会談覚書などが一部公開されている。

機密解除文書（Declassified Documents）機密開示強制審査（Mandatory Declassification Review（MDR））

MDRによって公開された資料が整理されている。

FOIA コレクション（Freedom of Information Act Collections）

情報公開法（FOIA）により公開された資料が、トピック別にアルファベット順に整理されている。このコレクションには、ホワイトハウスのスタッフやオフィスファイルの記録、電子メール、ホワイトハウスの記録管理室内に保管されている記録などが含まれている。

クリントン政権のウェブサイトのアーカイブ（Archived Clinton Administration Websites）

ホワイトハウスがウェブサイトを初めて開設したのは、クリントン政権期の1994年であった。クリントン大統領図書館のウェブサイトでは、クリントン政権期のウェブサイトのアーカイブ（1994-2001年にかけての5つのバージョン）も公開されている。ただし、これらのアーカイブはあくまでも当時のものであり、ウェブサイト内のリンクが今日も有効とは限らない。

調査にあたって

- 予約が必須である。E-mailにて申請しよう。

- まずデジタル図書館で、利用可能な文書を確認しよう。その上で、先行研究が参照した資料をカバーしつつ、アーキビストに助言を求めよう。

- 大統領図書館内には、42バー・アンド・テーブル（42 Bar and Table）というレストランがあり、食事をとることができる。また、近隣の商業エリア（Little Rock River Market Entertainment District）も徒歩圏内にある。

研究助成

研究に関する助成は行っていない

アクセス・宿泊施設

✈ 図書館へのアクセス

最寄り空港　リトルロックのビル・アンド・ヒラリー・クリントン・ナショナル空港（Bill and Hillary Clinton National Airport）

- 図書館までの距離は約6kmであり、車で10分程度である。
- 空港からは、METRO Connectという、オンデマンド式の公共の乗り合いバスがあり、1.35ドルで利用できる。ウェブサイトから予約を取ることができる（https://rrmetro.org/metro_connect_zones/east-little-rock/）。
- Uber・Lyftやタクシー、レンタカーを使うのも便利である。

🛏 宿泊施設

図書館は特定のホテルを推薦していないが、図書館の徒歩圏内に多くのホテルがある。

Holiday Inn Express & Suites Little Rock Downtown（周辺図の★1）
- 図書館から徒歩8分程度
- 価格帯　$$
- 部屋設備　電子レンジ、冷蔵庫、無料Wi-Fi
- 施設設備・サービス　朝食無料、ビジネスセンター、ランドリー

Residence Inn Little Rock Downtown（周辺図の★2）
- 図書館から徒歩10分程度
- 価格帯　$$
- 部屋設備　フルキッチン、電子レンジ、冷蔵庫、無料Wi-Fi
- 施設設備・サービス　朝食無料、ビジネスセンター、ランドリー

Hampton Inn & Suites Little Rock-Downtown（周辺図の★3）
- 図書館から徒歩12分程度
- 価格帯　$$
- 部屋設備　電子レンジ、冷蔵庫、無料Wi-Fi
- 施設設備・サービス　朝食無料、ビジネスセンター、ランドリー

（山口航）

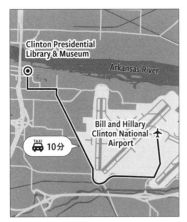

広域図

周辺図

第 18 章

ジョージ・W・ブッシュ 大統領図書館

George W. Bush Presidential
Library and Museum

基本情報

テキサス州ダラスに位置し、第43代大統領ブッシュの大統領文書を中心に所蔵・公開している。ミュージアムには、2001年の9/11アメリカ同時多発テロ関連の展示も多く、日本の生徒からの手紙や千羽鶴、小泉純一郎首相が恒久の平和を願ってブッシュ大統領に送った流鏑馬の鏑矢も展示されている。なお、ダラスはジョン・F・ケネディ大統領が暗殺された地でもあり、犯人が狙撃した場所とされるダウンタウンのテキサス教科書倉庫は、現在、シックスフロア・ミュージアム（The Sixth Floor Museum at Dealey Plaza）となっている。

📍　2943 SMU Blvd, Dallas, TX 75205
📞　1-214-346-1557
✉　gwbush.library@nara.gov
🌐　https://www.georgewbushlibrary.gov/

開館情報

図書館
開館日　月曜日から金曜日。連邦祝日は閉館
開館時間　午前9時から正午、午後1時から午後4時30分

ミュージアム
開館日　月曜日から日曜日
開館時間　月曜から土曜日は午前9時から午後5時、日曜日は正午から午後5時
入館料　26ドル／人。62歳以上23ドル、13-17歳24ドル、5-12歳20ドル、4歳以下無料。学生割引もある

当地での設立経緯

ブッシュ大統領図書館は、テキサス州ダラスのサザンメソジスト大学のキャンパスに建てられた。この大学を妻のローラ（Laura Bush）が1968年に卒業している。ブッシュが大統領就任した直後に、大学の理事会側が図書館建設企画をブッシュに伝えたことが契機となったようである（設立日2013年4月25日）[1]。

所蔵資料

❶資料の概要

電子資料　80テラバイト（10億ページ相当のEメール2億通を含む）

1　大原ケイ「壮大なバイオグラフィーとしての大統領図書館」『LRG』18号（2017年冬）、32-33頁。

紙資料 約7,000万ページ
写真資料 380万枚以上
視聴覚資料 約3万点
映像資料 9,400点（ビデオテープ）、4,950点（フィルム）

❷ブッシュ文書

ブッシュ文書は大統領就任前、大統領任期中の文書に大きく分かれる。

　ブッシュ政権の文書、視聴覚、および電子形式の大統領記録、および国内外からの贈りものを所蔵している。

　電子資料の多さもあり、2014年1月にブッシュの大統領記録の一部がFOIA請求の対象となった際に、大量の請求がなされた。最初の1週間でブッシュ大統領図書館に請求された資料の量は、25年の間にレーガン大統領図書館になされた請求を凌駕したという。

　ただし、政権が終了してからの日も浅く、本格的な資料の公開はこれからである。

ホワイトハウス・スタッフメンバー・オフィスファイル（White House Staff Member Office Files（SMOF）, 2001–2009）

ブッシュ政権のホワイトハウス・オフィスに関連する資料群である。

ホワイトハウス記録管理局主題別ファイル（White House Office of Records Management（ORM）, Subject Files）

政権の記録とともに、ホワイトハウス・スタッフ個人のファイルである。全60項目の内、芸術（Art）や州・領土（States-Territories）など23のサブシリーズの一部が公開されている。

FOIA請求（Freedom of Information Act Requests）

FOIA請求で公開された記録の一覧がウェブサイトに掲載されている。

MDR（Mandatory Declassification Review）

FOIA請求に加えて、MDRを通じて公開された記録もある。オンラインで閲覧可能なMDRの一覧がウェブサイトに掲載されている。

電子記録（Electronic Records）

ジョージ・W・ブッシュ政権時代の電子記録は、複数の「検索とアクセスセット（Search and Access Sets: SAS）」と呼ばれる単位に分けられて保存されている。

電子メール（Email）

ホワイトハウスの電子メールアカウントで送受信されたメッセージのコピーが含まれている。電子メールは複数のホワイトハウスのスタッフ宛に送られた可能性があるため、重複した電子メールが多数存在する可能性がある。

　　自動記録管理システム（(ARMS) Email – Presidential）は、2001年1月20日から2007年4月頃までホワイトハウスの電子メールシステムとして使用された。この記録の大部分は、政権の前半のものである。

　　また、エクスチェンジメール（Exchange Email - Presidential）という電子メールシステムも使われた。このシステムは、2001年1月20日には使用されていたが、この電子メールの大部分は、政権後半のものである。

　　他にも、復元されたエクスチェンジメール（Exchange Email Restored - Presidential （20 Days, 33 Days, and 40 Days)）は、訴訟の結果、復元された記録である。

ハードドライブ（Hard Drives）

ホワイトハウスで使用されていたコンピュータのハードディスクに記録されたファイルである。これには、個々の職員が管理したホームドライブと、ホワイトハウスの各オフィスで使用された共有ドライブが含まれる。ハードディスクドライブはホワイトハウスの部署ごとに分けられており、その下に個々のオフィスまたはスタッフごとのものがある。

視聴覚記録（Audiovisual Records）

写真は、関連するデータとともにデジタル画像として、ホワイトハウス写真システム（White House Photo System）に保存されている。なお、多くの視聴覚資料はすでにパブリックドメインとなっており、オンラインで利用可能である。

訪問者の記録（Visitor Records）

職員と来訪者登録システム（Worker and Visitor Entry System: WAVES）に保存されている。

❸その他資料

州知事記録（Gubernatorial Records）

ブッシュがテキサス州知事であったときの資料が所蔵されている。ただし、その記録はテキサス州の所有物であるため、利用するためには、事前に申請をする必要がある。

寄贈記録（Donated Records）

現時点で公開されているものはごく一部である。なお、寄贈された文書は、FOIA請求の対象外である。

❹ホワイトハウスのウェブサイトのアーカイブ（Archived White House Website）

ホワイトハウスのウェブサイトのアーカイブでは、2001年から2009年までのブッシュ政権期の写真、スピーチ、プレスリリース、その他の公的記録を閲覧することができる。リンクやその他の機能が正しく動作しない場合がある。

調査にあたって
·························

- 到着の24時間前までに（到着が月曜日の場合は前週の木曜日以前に）予約をとる必要がある。E-mailで申請しよう。

- まず検索システム（https://www.georgewbushlibrary.gov/research/records-search）や、資料目録（https://www.georgewbushlibrary.gov/research/finding-aids）を確認して、公開されている記録を調べよう。ブッシュ大統領図書館は、トピックガイド（Topic Guides）もウェブサイトで公開しており（https://www.georgewbushlibrary.gov/research/topic-guides）、野球からテロとの戦いまで、よくリクエストされる情報がリストアップされている。トピックごとに、デジタル化された大統領記録へのリンクもある。

- 以上を確認した上で、先行研究が参照した資料をカバーしつつ、アーキビストに助言を求めよう。

- 図書館内にレストラン（Cafe 43とCourtyard Cafe）があり、そこで食事をとることができる。また、大統領図書館の建物周辺は公園になっており（Native Texas Park）、ここでピクニックをすることも可能である。少し歩けば、地元のレストランもある。

研究助成

研究に関する助成は行っていない

アクセス・宿泊施設

✈ 図書館へのアクセス

最寄り国際空港　ダラス・フォートワース国際空港（Dallas Fort Worth International Airport）。
最寄り駅　ダラス高速運輸公社（DART）SMU/モッキングバード駅（SMU/Mockingbird）（Blue Line, Red Line, Orange Line）

- 空港からダラス各地にはDARTのライトレール（Orange Line）などが運行している。空港から最寄りの駅までは約45キロであり、所要時間は約45分、運賃は2ドルから。各種割引もある。DARTの時刻表や運賃については、ウェブサイトを参照のこと（https://www.dart.org/）。
- 最寄り駅から図書館までの所要時間は徒歩で10分程度、1キロ弱の距離である。

🚌 宿泊施設

下記のホテルなどがウェブサイトで紹介されている。大統領図書館利用者は各ホテルで割引が受けられるので、詳細はウェブサイトを確認してほしい（https://www.bushcenter.org/plan-your-visit-hotel-block-info）。

The Beeman Dallas Park Cities（周辺図の★1）
- 図書館から徒歩5分程度
- 価格帯　$$
- 部屋設備　電子レンジ、冷蔵庫、無料Wi-Fi
- 施設設備・サービス　ビジネスセンター、ランドリー

Doubletree by Hilton Dallas Campbell Centre（周辺図の★2）
- 図書館から車で5分程度
- 価格帯　$$
- 部屋設備　電子レンジ、冷蔵庫、無料Wi-Fi
- 施設設備・サービス　ビジネスセンター、ランドリー

Drey Hotel（周辺図の★3）
- 図書館から車で6分程度
- 価格帯　$$$
- 部屋設備　フルキッチン、電子レンジ、冷蔵庫、無料Wi-Fi
- 施設設備・サービス　ランドリー

（山口航）

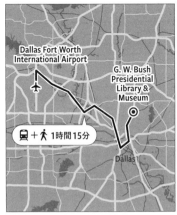

広域図

周辺図

第 19 章

バラク・オバマ
大統領図書館

Barack Obama Presidential Library

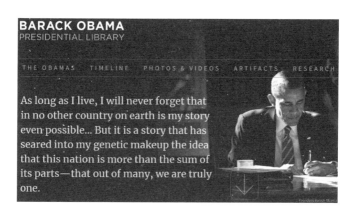

BARACK OBAMA
PRESIDENTIAL LIBRARY

THE OBAMAS   TIMELINE   PHOTOS & VIDEOS   ARTIFACTS   RESEARCH

As long as I live, I will never forget that in no other country on earth is my story even possible... But it is a story that has seared into my genetic makeup the idea that this nation is more than the sum of its parts—that out of many, we are truly one.

President Barack Obama

基本情報

第44代大統領オバマの大統領文書は、従来のようなアーカイブ施設内で公開されるのではなく、デジタルアーカイブとしてインターネット上で公開される予定である。ミュージアムに関しては、イリノイ州シカゴにオバマ大統領センターが設立されることになっている。

✉ obama.library@nara.gov
🌐 https://www.obamalibrary.gov/

設立経緯

現時点で、オバマ政権の資料は、国立公文書館がイリノイ州ホフマン・エステーツの仮施設に保管している。オバマ政権の記録は、2022年1月20日から、FOIA請求の対象となっている。

なお、ミュージアム機能は、民間のオバマ財団が運営する、オバマ大統領センターが果たすことになる。このセンターは、シカゴ大学とパートナーシップを結ぶことになり、同大学近くのサウスサイドのジャクソン・パークで建設が進んでいる。

ただし、このプロジェクトには紆余曲折もあった。ジャクソン・パークを選んだこ

とで、この地域が高級化し住む場所がなくなるのではないか、との懸念が一部の住民などから示されたのである。また、この公園は国の歴史登録財に指定されていたこともあり、利用をめぐって保護団体が訴訟を起こした。結局、連邦最高裁判所は、このプロジェクトの反対派による建設中止の要求を却下した。このとき、センターの場所が選定されてから5年以上が経過していた。

建設費は、当初の5億ドルという想定を越えて、8億3,000千万ドルへと高騰しており、2025年頃にオープンするとされている[1]。

所蔵資料

資料の概要

電子資料 15億ページ（Eメール、PDF、デジタル写真、ツイートといった、電子的に作成された記録）
紙資料 約3,000万ページ
物品 約3万点

（山口航）

1 Neil Vigdor, "Obama Breaks Ground on Presidential Center in Chicago After Lengthy Discord," *New York Times*, September 28, 2021, accessed February 19, 2022, https://www.nytimes.com/2021/09/28/us/obama-presidential-center-chicago.html.

第20章

ドナルド・J・トランプ
大統領図書館

Donald J. Trump Presidential Library

基本情報

ⓘ

第45代大統領トランプの大統領記録（文書、電子データ、視聴覚、物品）は、ワシントンDC の国立公文書館の施設で保管されている。機密資料についてはカレッジパークの国立 公文書館アーカイブⅡに移送された。大統領記録法の規定では、政権終了後5年間は、 大統領記録が一般に公開されることはないとされている。そのため、トランプ政権期の 大統領記録は、2026年1月20日にFOIAの対象となる予定である。アーカイブ施設が 建設されるかどうかは不明であるが、オンライン上には、国立公文書館によってトランプ 大統領図書館のサイトが立ち上げられている。なお、国立公文書館は大統領図書館が デジタルアーカイブとなることをサポートする姿勢を示している。そのため、仮にトラン プ大統領図書館を設立する場合でも、オバマ大統領図書館のようにデジタルアーカイ ブとなる可能性が高いと思われる。また、国立公文書館は、2021年1月時点のホワイト ハウスのウェブサイトをアーカイブし、公開している（https://trumpwhitehouse.archives.gov/）。 このサイトには、声明やプレス・ブリーフィング、写真、ビデオなどへのリンクも掲載され ている。

✉   trump.library@nara.gov
🌐   https://www.trumplibrary.gov/

（山口航）

おわりに

　記憶に間違いがなければ、本書の筆頭著者である田中慎吾さんから、私（高橋）が大統領図書館に関する本を書かないかと声をかけていただいたのは2019年夏のことだった。そのとき私には、本来の専門であるアメリカ外交史研究の一環で、いくつかの図書館において大統領文書など資料を調査した経験があった。だが、正直なところ、大統領図書館に対する認識は浅く、大きな資料庫といった程度のものに過ぎなかった。

　私と同様、アメリカ外交史を研究するものであればおそらく、メリーランド州カレッジパークにある国立公文書館別館（Archives II）にまず行くのではないだろうか。そこには国務省や軍など、アメリカ外交を理解する上で欠かせない政府機関の文書が大量に保管されているからである。また、ワシントンDCの近くということで日本からであっても比較的アクセスしやすい。逆に、大統領図書館、とりわけ初期のそれは不便なところにあることが多い。アイゼンハワー大統領図書館などは、最寄りの主要空港から240キロと、およそ日本では考えられない距離のところにある。だが、そうはいっても大統領文書を保管する図書館である。後回しにはなっても、行かないという選択肢はほとんどない。

　それほどに重要な大統領図書館だが、なぜ大統領文書は国務省などの文書とは違い、ワシントンDC、もしくはその近郊にないのか。大統領図書館と国立公文書館はどのような関係にあるのか。アイゼンハワー図書館にも苦労して2回訪問した経験を持ちながら、2019年に田中さんから声をかけていただいたとき、私にはよくわかっていなかった。

　おそらくそれは私だけではないだろう。そう思い、田中さんの提案

に飛びついた。そのあとすぐ、われわれ2人だけでは心もとないということで、若いながら大統領図書館での資料調査の経験を豊富にお持ちであった山口航さんにチームに加わっていただいた。

　この研究プロジェクトは当初、1年、もしくは2年で終える予定だった。だが、結局、4年以上かかってしまった。1つの理由は、3人それぞれが別個に研究テーマを抱えており、なかなか集中して取り組むことができなかったことにある。だが、それ以上に、大統領図書館の歴史が複雑で、奥の深いものであったためである。この点、率直に言ってわれわれはそれを甘く見ていた。そのことを思い知らされた4年間だったように感じる。

　もっとも、私がそうであったように、大統領図書館についてよく知らなくても、資料調査をすることはできる。だが、背景知識をまったく持たない状態で見る神社仏閣と背景知識を持つ状態で見る神社仏閣が、同じものでもまったく異なるものに見えるのと同様、大統領図書館の背景について知っているのと知らないのでは見え方に大きな相違があるに違いない。資料調査から得られる充実感もまた違ったものになるのではないだろうか。

　それに、研究対象が1970年代と80年代をまたぐものである場合、大統領文書の歴史に関する知識がなければ、資料調査の中でとまどうこともあるだろう。本書第1部で詳述されているように、大統領文書はカーター政権まで私文書、1981年に始まるレーガン政権からは公文書（純粋に私的な内容のものを除く）という法的位置づけになっている。カーター政権までの大統領文書とレーガン政権以降のそれとの間に、たとえば文書の開示請求の手続きという点で違いがあるのはまさにそのためである。

　また、アメリカが1930年代より、試行錯誤を繰り返しながら築いてきた大統領図書館のシステムは、私文書を含め、歴史的に価値の高いわが国の資料、とくに首相のそれの保存、公開の問題を考える際に1つの参考事例となるかもしれない。もちろん、大統領図書館システムは政治体制の異なるわが国が直接取り入れることのできるような

ものではない。わが国と同じく議院内閣制を取る国、たとえばイギリスの文書管理の仕組みと比べると、参考になる程度もそれほど大きくはないかもしれない。だが、アメリカは歴史資料の保存、公開という点でもっとも進んだ国の1つである。同時に、オバマが新たな大統領図書館の形を提示し、トランプが退任後、自身の大統領文書の扱いで物議を醸すなど、大統領文書の扱いについて今も模索を続けている国でもある。そのような国の経験を無視していいはずはない。これまでわが国では、アメリカにおける省庁の行政文書の扱いに対しては比較的関心が向けられてきたように思われる。だが、1990年代以来の行政改革を通して官邸機能が強化され、首相の役割がますます重要となる中においては、アメリカの大統領文書の扱いに対してもっと関心が向けられてもよい。

　このような理由から、本書は大統領図書館に行く予定のない方も含め、幅広い方に手に取っていただきたいと思う。ただ、「はじめに」にあるとおり、本書が主たる読者として想定しているのは、研究テーマとの関係から大統領図書館での資料調査が必要ではあるものの、まだその経験のない大学院生や若手の研究者である。本書に第2部としてガイドをつけたのはそのためである。その中にはすでに古くなっている情報もあるかもしれない。だが、日本語で、かつ網羅的に大統領図書館訪問のための情報を提供しているのは本書のみである。図書館訪問を計画するうえでのいわばとっかかりとして、利用していただければと思う。

　本書を少しでも良いものにするために、大阪大学国際公共政策研究科の久保田雅則さんと慶應義塾大学法学研究科の小南有紀さんに原稿の全部、もしくは一部を読んでいただいた。また、大阪大学法学研究科の吉川智志さんには巻末資料として付した大統領図書館関係の法律の邦訳をチェックしていただいた。記して感謝申し上げたい。3氏から大変丁寧なコメントを多くいただいたことで、本書の内容はかなり理解しやすいものになったと思う。いくつかの誤りを正すこともできた。とはいえ、本書にはなおわかりにくい点や誤りがあるかもし

れない。その責任は言うまでもなく3人の著者にある。

　出版に際しては、大阪大学出版会の板東詩おりさんに大変お世話になった。板東さんには2021年10月に出版会の事務所でお会いし、本書のもととなる構想を聞いていただいた。まだ十分詰められていない部分も数多くあるものだったが、出版に向けてのアドバイスを親切にしていただいた。原稿を提出したあとの細かな作業でも、迅速かつ的確に指導いただいた。最後となり恐縮ではあるが、4年ごしのプロジェクトの完結に力をお貸しいただいたことに対して板東さんに深い謝意を表したい。

2023年12月　高橋慶吉

付録

大統領図書館関連年表

1788年 6月	アメリカ合衆国憲法発効
1789年 4月	ジョージ・ワシントン、初代大統領に就任
1797年 3月	ジョージ・ワシントン、大統領職を退任。大統領文書を自邸に送る
1802年 1月	議会図書館の役割や機能を定めた、「議会両院のための図書館に関する法律」が成立
1884年 9月	ドイツ帰りの歴史家を中心にアメリカ歴史学会が設立される
1897年11月	議会図書館のトマス・ジェファソン館開館。文書課を設置
1903年 2月	第7代大統領アンドリュー・ジャクソンの文書が議会図書館に寄贈される。議会図書館初の大統領文書コレクションに
1916年 5月	ヘイズ記念館の設立。のちにローズヴェルト大統領図書館のモデルとなる。
1934年 6月	「国立公文書館法」の成立
1938年12月	フランクリン・D・ローズヴェルト大統領、大統領図書館構想を発表
1939年 7月	「フランクリン・D・ローズヴェルト図書館法」の成立
1941年 6月	フランクリン・D・ローズヴェルト大統領図書館の設立
1949年 6月	「連邦財産および行政サービス法」の成立。国立公文書館、共通役務庁の傘下に入る
1950年 9月	「連邦記録法」の成立
1955年 8月	「大統領図書館法」の成立
1957年 7月	ハリー・S・トルーマン大統領図書館の設立
1958年 3月	「大統領図書館法」の改正。ローズヴェルト大統領図書館が同法の適用対象に
1962年 5月	ドワイト・D・アイゼンハワー大統領図書館の設立
1962年 8月	ハーバート・フーバー大統領図書館の設立
1966年 7月	「情報自由法」の成立
1971年 5月	リンドン・B・ジョンソン大統領図書館の設立
1972年 6月	民主党全国委員会本部が入るウォーターゲート・ビルに男5人が不法侵入。現行犯逮捕
1974年 8月	ウォーターゲート事件によりニクソン大統領辞任
1974年 9月	ニクソン大統領文書に関するニクソン＝サンプソン合意成立
1974年12月	「大統領録音・資料保存法」の成立
1975年 9月	大統領文書に関する全国研究委員会発足

1977 年 6 月	連邦最高裁、「大統領録音・資料保存法」に関するニクソンの訴えを却下。同法の合憲性を認める	
1978 年 11 月	「大統領記録法」の成立	
1979 年 10 月	ジョン・F・ケネディ大統領図書館の設立	
1981 年 4 月	ジェラルド・R・フォード大統領図書館の設立（ミュージアムは 1981 年 9 月）	
1982 年 4 月	国家安全保障情報に関する大統領令第 12356 号発令。情報の機密指定に関する規程が定められる	
1985 年 4 月	「国立公文書館法」（1984 年 10 月成立）の発効により、国立公文書館が共通役務庁の傘下から外れ、行政府の独立機関に	
1986 年 5 月	「大統領図書館法」の改正。大統領図書館の管理運営費として民間団体からの寄付が必要に	
1986 年 10 月	ジミー・カーター大統領図書館の設立	
1989 年 1 月	大統領記録に関する大統領令第 12667 号発令。現職大統領と元大統領に大統領記録の公開を制限する権限を認める	
1990 年 7 月	リチャード・ニクソン大統領図書館の設立（ただし、国立公文書館管轄外の私設図書館として）	
1991 年 11 月	ロナルド・レーガン大統領図書館の設立	
1995 年 4 月	機密国家安全保障情報に関する大統領令第 12958 号発令（大統領令第 12356 号は廃止）。文書開示強制審査（MR）の制度を創設	
1997 年 11 月	ジョージ・H・W・ブッシュ大統領図書館の設立	
2001 年 11 月	大統領記録法の施行に関する大統領令第 13233 号発令（大統領令第 12667 号は廃止）。大統領記録の公開を制限する現職大統領や元大統領の権限を拡大	
2004 年 11 月	ウィリアム・J・クリントン大統領図書館の設立	
2007 年 7 月	ニクソン大統領図書館が国立公文書館の管理下に入る	
2008 年 10 月	「大統領歴史記録保存法」の成立	
2009 年 1 月	大統領記録に関する大統領令第 13489 号発令（大統領令第 13233 号は廃止）。元大統領が記録の公開について行政特権を申し立てた場合に、国立公文書館館長がその是非を決定することに	
2009 年 12 月	機密国家安全保障情報に関する大統領令第 13526 号発令（大統領令第 12958 号は廃止）。MR に代わり機密開示強制審査（MDR）の制度を創設	
2013 年 4 月	ジョージ・W・ブッシュ大統領図書館の設立	
2014 年 11 月	「大統領記録法」と「連邦記録法」の改正。連邦政府の記録として電子的記録が含まれることに	
2016 年 3 月	「政権移行改善法」の成立	
2016 年 5 月	政権移行改善に関する大統領令第 13727 号発令。年次予算要求に大統領記録の管理・保管の予算が含められることに	
2023 年 6 月	機密文書の扱いをめぐりトランプ前大統領が起訴される	

関連法の邦訳 [1]

大統領図書館法
（**Presidential Library Act of 1955**）

1955年8月12日　成立

Public Law: 84-373

大統領図書館（Presidential libraries）の受入れ及び維持、並びにその他の目的を規定するための合同決議

　アメリカ合衆国議会の上院及び下院によって採択されたこの決議は、改正された1949年連邦財産および行政サービス法（Federal Property and Administrative Services Act of 1949）第507条、合衆国法典（United States Code）第44編第397条 [2] を、次のように改める。

　（1）（e）項を次のように改める。
　　　「（e）共通役務庁長官（the Administrator）は、公益に資すると判断する時にはいつでも、次に掲げるものを寄託として受け入れる権限が与えられる。
　　　　　（1）合衆国の大統領若しくは元大統領、又はその他の政府公職者若しくは元政府公職者の文書（papers）及び他の歴史資料、並びに合衆国の大統領若しくは元大統領に関連する同時代のその他の文書。但し、その使用については共通役務庁長官にとって合意可能な制限に服するものとする。加えて
　　　　　（2）政府の組織、機能、政策、決定、手続及び処理の証拠として政府による保管（preservation）が適切である私人所蔵の映像フィルム（motion-picture films）、写真（still pictures）及び音声録音（sound recordings）を含む書類（documents）。
　（2）（f）項を（h）に改め、（e）項の後に次の新しい項を挿入する。
　　　（f）共通役務庁長官は、公益に資すると判断するときにはいつでも、以下に掲げる権限が付与される。
　　　　　（1）大統領図書館（Presidential archival depository）の建設を目的として合衆国に贈与の申出があった土地、建造物及び設備を、アメリカ合衆国のために、そしてその名のもとに受け入れること、当該土地、建造物及び設備の権原を合衆国のために取得すること、並びにそれらを大統領図書館及び国立アーカイブ（national archives）システムの一部として、維持、運営及び保護すること。共通役務庁長官が適切と判断する諸条件において、州、地方自

1　邦訳に際しては、大阪大学大学院法学研究科准教授の吉川智志先生にご助言・ご確認いただいた。吉川先生に改めて御礼を申し上げる。

2　合衆国法典第44編「公的印刷物及び書類（Public Printing and Documents）」第397条は現在、同編第21章「国立公文書館（National Archives and Records Administration）」第2107〜2112条となっている。

治体（political subdivision）、大学、高等教育機関、研究所又は財団との間に、州、地方自治体、大学又はその他の組織の、土地、建造物及び設備について、合衆国に権原を移転することなく、大統領図書館として利用できるよう合意を締結すること、並びにそうした大統領図書館を国立アーカイブシステムの一部として維持、運営及び保護すること。ただし、共通役務庁長官は、提案されている大統領図書館について、上院議長および下院議長に書面によって報告をしなければならない。当該報告書には、贈与の申し出があった又は前記のとおり権原を移転せずに利用可能となる土地、建物及び設備に関する記述、提案されている合意の条件についての記載、もしあれば建設予定の大統領図書館に寄託予定の文書、書類又はその他の歴史資料について、並びに提案されている寄託条件についての概括的記述、大統領図書館の十全な運営のために必要な追加的な修繕と設備について費用見積りを含めた記載、並びに大統領図書館の維持、運営及び保護のために合衆国政府に毎年かかる費用見積りを含まなければならない。さらに共通役務庁長官は、合衆国議会に以上の報告書を提出した翌日から連続した会期内における最初の60暦日が経過するまでは、いかなる土地、建造物及び設備の権原も取得してはならず、又いかなる合意も締結してはならない。60日の期間は次のように計算される。会期の連続性は、無期休会によってのみ中断されるものとするが、いずれかの議院が特定の日まで3日以上一時休会しているために開会中ではない日数は計算から除外されるものとする。

(2)（e）項に従って受領した文書、書類、若しくはその他の歴史資料、又は大統領図書館に保管されることが適切な連邦記録を大統領図書館に寄託すること。

(3) 本項又はその他の項に基づいて大統領図書館に寄託された文書、書類又はその他の歴史資料に関して、共通役務庁長官が自らの保管（custody）又は管理（control）下にある連邦記録又はその他の書類資料について授権された全ての役割と責任を行使すること。ただし、共通役務庁長官は、大統領歴史資料の寄託のための交渉において、可能な限り、合衆国政府が当該資料に対する継続的及び永続的な占有（possession）の権利を確保するための措置を講じるものとする。さらに、（e）項及び本項に従って受入れ及び寄託された文書、書類又はその他の歴史的資料は、大統領図書館に留め置かれるといった制約を含む、寄贈者又は寄託者が書面にて指定する利用可能性や使用に関する制約に従うものとする。加えて、それら制約は指定された特定の期間の間、又は寄贈者、寄託者若しくは彼らの代理として法的に資格を有する者によって、その期間が無効化若しくは廃止されるまでの間遵守されなければならない。ただし、それら制約に従いつつ、共通役務庁長官は、国立公文書館館長（the Archivist）が永久的な価値若しくは歴史的重要性を有していない、又は大統領図書館の需要を超過すると判断する文書、書類又はその他の資料を、売却、交換又はその他の方法によって処分してよい。

(4) 大統領図書館に寄託されている歴史資料の調査又は研究の促進又は実施のために、大学、高等教育機関、研究所、財団若しくはその他の組織、又

は適格な個人に協力及び援助すること。

　（5）大統領図書館の展示室又はミュージアムの訪問及び見学の対価として合理
　　　的な料金を課し、徴収すること。

　（6）合衆国の元大統領の私的使用のために、大統領図書館内に合理的な事務
　　　スペースを提供すること。

　（7）大統領図書館の維持、運営、保護、又は改善のために、金銭又はその他の
　　　財産の贈与又は遺贈を受け入れること。ただし、それら贈与又は遺贈の収
　　　益は、大統領図書館の入場料金からの収益、又は大統領図書館の歴史資
　　　料、その複写若しくは複製品、カタログ若しくはその他の物品の販売の収
　　　益と同様に、1941年7月6日に成立した法律の第5条によって設立された
　　　国立公文書館信託基金（National Archives Trust Fund）へ支払われる必要が
　　　あり、それらの収益は同条の条項の下で、共通役務庁長官が決定する管理
　　　費や保管費を含む、それら収益を受領した大統領図書館の便益及び利益
　　　のために維持、管理並びに支払いがなされる。

（3）新しい項の末尾に続けて、以下を付け加える。

　（h）この法律において、

　　（1）大統領図書館（Presidential archival depository）とは、合衆国の大統領又は
　　　　元大統領の文書及び書籍を、彼が所蔵するその他の歴史資料、又は彼の
　　　　文書に関連する、若しくは彼の公的・私的生活の出来事に関係するその他
　　　　の歴史資料とともに、所蔵及び保管するために合衆国政府によって運営さ
　　　　れる組織をいう。

　　（2）歴史資料とは、歴史的又は記念的価値を有している、書籍、通信、書類、
　　　　文書、小冊子、芸術作品、模型、絵画、写真、図面、地図、フィルム、動画、
　　　　音声録音及びその他の物品又は資料をいう。

大統領記録法
（Presidential Records Act of 1978）[3]

1978年11月4日成立
Public Law: 95-591

大統領の公的記録の保管及び一般市民による閲覧を保証するため、並びにその他の目的のために、合衆国法典第44編を修正するための法律

アメリカ合衆国の上院と下院により立法化されたこの法律は、「1978年大統領記録法」と称される。

記録管理、保管及び市民の利用可能性
Sec.2.（a）合衆国法典第44編は、第21章の直後に以下の新章を追加することで修正される。

第22章　大統領記録（Presidential Records）
§2201. 定義
この法律において、

(1)　「書類資料（documentary material）」とは、全ての書籍、通信、覚書、書類、文書、小冊子、芸術品、模型、絵画、写真、図面、地図、フィルム及び、音声、視聴覚又はその他の電気的若しくは機械的記録を含むがこれらに限定されない動画をいう。

(2)　「大統領記録（Presidential records）」とは、大統領、その直属のスタッフ、又は大統領としての憲法上、法律上、若しくは他の公的や儀礼上の義務の遂行に関係若しくは影響を及ぼす行為の実施において大統領に助言及び補佐する職務を有する大統領府内の部局若しくは個人が、作成又は授受した書類資料又はその合理的に分離可能な部分をいう。この用語は、

  (A)　大統領又は彼のスタッフの政治的行為に関する書類資料を含むが、その行為が、大統領としての憲法上、法律上、又はその他の公的若しくは儀礼上の義務の遂行に関係、又は直接的に影響を及ぼすものに限られる。しかし、

  (B)　以下の書類資料は含まない。すなわち、(i) 行政機関の公的記録（合衆国法典第5編第552条（e）項[4]の規定において定めるもの）、(ii) 個人記録、(iii) 出版物と便箋（stationery）の在庫、又は (iv) 参照の便宜に供するためにのみ作成された余分な書類の複写で、その複写が明らかに余分なものと特定できるもの。

(3)　「個人記録」とは、大統領としての憲法上、法律上、又はその他の公的若しくは儀礼上の義務の遂行に関連せず、又は影響を及ぼさない、純粋に私的（private）又は非公的（nonpublic）な性格を持つ全ての書類資料又はその合理的に分離できる部分をいう。この用語は以下を含む。

  (A)　日記（diaries）、日誌（journals）又は日記若しくは日誌と等しい機能を有するその他の個人的なメモで、政府公務の処理のために準備若しくは利用され

3　邦訳に際しては、廣瀬淳子氏の訳を参照した。廣瀬淳子「大統領記録の公開—大統領記録法とオバマ政権の大統領記録に関する大統領令—」『外国の立法』第240号（2009年6月）、81—84頁。
4　現在の合衆国法典第5編「行政手続（Administrative Procedure）」第552条（f）項のことであり、同条では連邦の行政機関と記録について定義している。

ておらず、又はその過程において配布若しくは伝達されていないもの。
- （B）私的な政治的団体に関する資料で、かつ、大統領としての憲法上、法律上、又はその他の公的若しくは儀礼上の義務の遂行に関係又は直接的な影響を及ぼさないもの。加えて、
- （C）大統領自らの大統領職に至る選挙にのみ関する資料、及び、特定の個人もしくは集団の連邦政府職、州政府職、又は地域の公職に至る選挙に直接関係する資料で、大統領としての憲法上、法律上、又はその他の公的若しくは儀礼上の義務の遂行に関係又は直接的な影響を及ぼさないもの。
- （4）「アーキビスト（Archivist）」とは、国立公文書館館長（the Archivist of the United States）をいう。
- （5）「元大統領」とは、大統領記録に関して使用されたときは、その大統領記録が作成された時に任期中であった元大統領をいう。

§2202. 大統領記録の所有権

合衆国は、大統領記録に対する完全な所有権、占有権及び管理権を留保（reserve）及び保持（retain）する。大統領記録は、本章の条項に従って管理される。

§2203. 大統領記録の管理と保管

- （a）記録の管理制御（management controls）及びその他の必要な行為の履行を通して、大統領は自らの憲法上、法律上、又は他の公的若しくは儀礼上の義務の遂行を反映する行為、審議、決定、及び政策が十分に書類化され、かつ、その記録が本条や法の他の条項の定めに従って大統領記録として維持されることを確保するために必要な全ての措置を講じるものとする。
- （b）大統領、彼のスタッフ、又は大統領に助言及び補佐する職務を有する大統領府内の部局若しくは個人によって作成又は授受された書類資料は、実行可能な限りにおいて、作成又は授受の時点で大統領記録又は私的記録に分類のうえ別々にファイリングされるものとする。
- （c）大統領は任期の間、行政的、歴史的、情報的又は証拠的な価値をもはや有しない大統領記録を、以下の条件において廃棄してもよい。
    - （1）大統領が、廃棄予定の大統領記録に関して、国立公文書館館長の見解を書面にて入手すること。かつ、
    - （2）国立公文書館館長が、本条の（e）項に定めるいかなる行為も取る意図がないことを言明していること。
- （d）（c）項に基づいて国立公文書館館長が大統領に対し、（e）項に従った行動を起こす意図があると通告した際には、大統領は、予定されている廃棄の日程に先立って、少なくとも議会の連続する会期中の60暦日前までに、合衆国議会の適切な委員会に廃棄計画の複写を提出していれば大統領記録を廃棄することができる。本条においては、会期の連続性とは無期休会によってのみ中断されるものとし、かつ、いずれかの議院が3日を超えて特定日まで一時休会したために会期中ではない日数は、合衆国議会が連続した会期中であることの計算から除外されるものとする。
- （e）国立公文書館館長は、予定されている大統領記録の廃棄について以下に該当すると考えるときには、上院の規則・管理委員会（Committee on Rules and Administration）及

び政府関係委員会（Committee on Government Affairs）、並びに下院の下院管理委員会（Committee on House Administration）及び政府運営委員会（Committee on Government Operations of the House of Representatives）に対して助言を求めるものとする。

    (1) 特定の記録が合衆国議会にとって特別な重要性を有する可能性がある場合。又は、

    (2) 特定の記録の廃棄に関して合衆国議会との協議が公益に資す場合。

(f)   (1) 大統領の任期の終了と同時に、又はもし大統領が連続した任期を務めている場合には最後の任期の終了と同時に、国立公文書館館長は当該大統領の大統領記録の保護、管理及び保管の責任を負い、かつ、大統領記録にアクセスしなければならない。国立公文書館館長は、本法の条項と一致する形で、可能な限り迅速かつ完全に大統領記録を一般に利用可能にする積極的責務を有する。

    (2) 国立公文書館館長は、全ての大統領記録を大統領図書館又は合衆国により運営されている他のアーカイブ施設（archival facility）に寄託しなくてはならない。国立公文書館館長は、元大統領と協議の上で、大統領記録の保護と保管に責任を負うことになる大統領図書館又はアーカイブ施設の長を任命する権限を与えられる。

    (3) 国立公文書館館長は、継続的な保管を正当化するだけの十分な行政的、歴史的、情報的又は証拠的価値を有さないと評価及び決定した大統領記録を廃棄する権限が与えられる。廃棄の通告は、遅くとも廃棄予定の60日前に官報（Federal Register）において告示されなければならない。その告示は、合衆国法典第5編第7章[5]にて規定されている、司法審査の対象となる行政機関による最終的行為（final agency action）を構成するものとする。

§2204. 大統領記録へのアクセス制限

(a) 任期の終了前、又は連続する最後の任期の終了前に、大統領は、大統領記録の中に以下のカテゴリーの1つ又は複数に該当する情報がある場合、当該情報へのアクセスが制限される期間を、12年を超えない範囲で指定しなければならない。

    (1) (A) 大統領令によって設定された基準の下で、国防又は対外政策の利益のために秘匿化を維持することが明確に認められたもので、かつ、(B) 実際に大統領令に従って適切に秘匿化されたもの。

    (2) 連邦政府職への任命に関するもの。

    (3) 法律（合衆国法典第5編552条及び第552b条[6]以外の法律）により明確に開示が免除されたもので、それら法律が (A) 資料が非公開とされることを裁量の余地なく要求しているか、又は (B) 資料を非公開とする基準を設定しているか、若しくは非公開とされるべき資料の特定の種別について言及しているもの。

    (4) 第三者から入手した通商上の秘密及び商業上又は財政上の情報で、秘匿

---

5   第7章「司法審査（Judicial Review）」の第704条において、法律によって審査可能にされた機関の行為や、裁判所に他に適切な救済手段がない最終的な機関の行為は司法審査の対象となることが規定されている。

6   本書第2章で扱ったFOIAが合衆国法典として再構築されたもので、第552条「公的情報；機関ルール、意見、命令、記録、及び議事録（public information; agency rules, opinions, orders, records, and proceedings）」、第552b条は「公開会合（open meeting）」である。

特権化又は機密化されているもの。

(5) 大統領と大統領補佐官の間、又は補佐官の間の機密通信で、助言を要請又は提出しているもの。又は、

(6) 個人の診療ファイル及びそれに類似するファイルで、開示が明らかに不当な個人のプライヴァシー侵害となり得るもの。

(b)　(1)(a)項に基づいて大統領により規制されたカテゴリー内の情報を含む大統領記録又はその合理的に分離可能な部分は、国立公文書館館長により指定され、かつ、以下のいずれかのうち早い時までアクセスが制限されなければならない。

(A)(i) 元大統領が当該記録の公開に対する制限を取り下げる日。若しくは、

(ii) 当該記録へのアクセス制限の根拠となる(a)項の情報カテゴリーに基づいて指定された期間が終了する日。又は、

(B) 当該記録若しくはその合理的に分離される部分、又は当該記録若しくはその合理的に分離される部分に含まれる重要な要素若しくは情報の一側面が、元大統領又は彼の代理人による公表をとおして、社会の共有財産になったと国立公文書館館長が決定する時点。

(2)(a)項に基づく大統領によって制限されたカテゴリー内の情報を含まない記録、又はその制限期間が失効したカテゴリー内の情報を含む記録は、以下のいずれかのうち早い時まで(c)項の規定が免除される。

(A) 国立公文書館館長が第2203条(d)(1)[7]に基づいて記録を保護した日から5年が経過した日。又は、

(B) 国立公文書館館長が記録若しくはその内部の不可欠なファイル単位にて処理及び整理が完了した日。

(3)(b)項(1)に従って指定されたアクセス制限の期間の間、大統領記録又はその合理的に分離可能な部分へのアクセスが制限されるべきか否かの決定は、元大統領との相談の上で、国立公文書館館長の裁量によってなされるものとする。加えて、そうした期間内の決定は、本条(e)項に規定される以外は、司法審査の対象とはならない。国立公文書館館長は、本項に基づいた決定に従って大統領記録へのアクセスを拒否された者が、その決定に対して行政不服審査の申立てを行えるよう手続を定めなければならない。その手続きは、行政不服審査申立ての受領から30開庁日以内に、国立公文書館館長又はその代理人により、その根拠を示している書面による決定を通知するものとする。

(c)　(1)(a)項及び(b)項に基づくアクセス規制に従うことを条件とした上で、大統領記録は合衆国法典第5編第552条によって管理されるものとする。ただし、同条の(b)項(5)[8]は大統領記録を非公開とする目的では利用してはならず、かつ、同条を大統領記録に適用させるべく、大統領記録は共通役務庁傘下の国立公文書館の記録とみなされる。大統領記録に対するアクセスは、非差別的条件にて認められなければならない。

7　廣瀬氏も指摘しているように、原文にある第2203条(d)項(1)は恐らく誤りで、正しくは第2203条(f)項(1)と思われる。

8　FOIAによる公開免除規定の第5項目を指す。

(2) この法律のいかなる点も、現職又は元大統領に対して憲法上認められた特権を確認、制限又は拡大するものと解釈されてはならない。

(d) 大統領又は元大統領が死亡又は職務不能に陥った時点において、大統領又は元大統領が本法律に基づき有することとなる裁量又は権限は、従前に大統領又は元大統領が書面にて国立公文書館館長に通知することによって定めていない限り、国立公文書館館長によって行使されるものとする。

(e) コロンビア特別区合衆国連邦地方裁判所は、国立公文書館館長による決定が元大統領の権利や特権を侵害していると主張する元大統領によるいかなる訴訟に対しても管轄権を有するものとする。

§2205. アクセス制限の例外

第2204条に従って課せられるアクセス制限にかかわらず、

(1) 国立公文書館館長及び通常のアーカイブ作業の遂行に従事する共通役務庁傘下の国立公文書館に雇用されている者は、国立公文書館館長の保護下にある大統領記録へのアクセスを許可されなければならない。

(2) 合衆国や行政機関、又は個人が行使するあらゆる権利、抗弁又は特権に従い、大統領記録は以下の場合に利用可能となる。

(A) 民事上又は刑事上の捜査や訴訟を目的として適格な管轄の裁判所により発行された召喚状又はその他の司法的手続きに従う場合。

(B) 現職大統領にとって、大統領としての現在の職務遂行に必要な情報を含んでおり、かつ、他の方法で入手できない場合。

(C) 連邦議会のいずれかの議院にとって、又は所管する事項の範囲内において、議院の委員会又は小委員会にとって、職務遂行に必要な情報を含む記録で、かつ、他の方法で入手可能ではない場合。加えて、

(3) 元大統領の大統領記録は、当該元大統領又は当該元大統領が指名する代理人に対して利用可能とする。

§2206. 規則

国立公文書館館長は、合衆国法典第5編第553条[9]に従って、本章の条項を履行するために必要な規則を公布しなければならない。規則には以下を含むものとする。

(1) 第2203条 (f) 項 (3) に従って廃棄が計画されている大統領記録について、事前の公示及び当該大統領記録の記載内容についての条項。

(2) 第2204条 (a) 項に従ってアクセスが制限されている資料が、第2205条 (2) に従って利用可能になる際に、元大統領に通知する手続きについての条項。

(3) 特定の書類の開示が元大統領の有する権利や特権に有害な影響を与える可能性がある際に、国立公文書館館長により元大統領へ通知するための条項。加えて、

(4) 合衆国法典第5編第552条 (b) 項 (7)[10]に従う資料に関して、国立公文書館館長と適切な連邦機関との間で協議を行うための手続きを策定するための条項。

---

9 同条は「規則策定（Rule making）」であり、軍事や対外関係、行政機関事務などを除く一般的な規則策定に際して官報による掲示の必要性などを規定している。

10 FOIAの公開免除規定の第7項目を指す。

§2207. 副大統領記録（Vice-Presidential records）

　副大統領記録は、大統領記録と同様の扱いとし、本法の条項に従うものとする。副大統領記録に対する副大統領の義務と責任は、大統領記録に対する本法における大統領の義務と責任と同一とする。副大統領記録に対する国立公文書館館長の権限は、大統領記録に対する本法における国立公文書館館長の権限と同一であるが、国立公文書館館長が公益に資すると判断する場合には、副大統領記録を連邦政府管轄外のアーカイブ保管所（archive depository）に寄託するための合意を締結してもよい。本法のいかなる点も副大統領記録のための別個のアーカイブ保管所の設立を認可するものと解釈されてはならない。

(b)（1）合衆国法典第44編の項目欄は、第21章の直後に以下を挿入することで修正される。

　　22.　大統領記録_____**2201**

　　（2）合衆国法典第44編第2107条 [11] は、末尾に以下の新しい文章を追加することで修正される。同条は、同編第22章に従う大統領記録に適用してはならない。

　　（3）第44編第2108条（c）項 [12] は、以下を末尾に追加することで修正される：本項の最初の2行のみが、同編第2201条（2）にて定義される大統領記録に適用される。

発効日

Sec.3　この法律によってなされる修正は、1981年1月20日に、又はそれ以降に開始される大統領職の任期内に作られた大統領記録（この法律のSec.2によって修正される、合衆国法典第44編第2201条（2）にて定義）に関して適用されるものとする。

可分性

Sec.4　もしこの法律の一部の条項が裁判所によって何らかの理由により無効とされたとしても、残りの条項の有効性と合法性については影響を受けないものとする。

11　大統領記録法制定当時の第2107条（現在は第2111条）とは、大統領図書館法の（e）項（1）及び（2）のことである。

12　大統領記録法制定時の第44編第2108条（c）項とは、大統領図書館法（f）項（3）のことである。現在は、同編第2112条（c）項となっている。

引用・参考文献

未公刊資料

Benton L. Becker Papers. Gerald R. Ford Library, Ann Arbor, MI.

Clinton Presidential Material Project. "Remarks by The President at William J. Clinton Presidential Center Design Unveiling." December 9, 2000. https://clintonwhitehouse6. archives.gov/2000/12/2000-12-09-remarks-by-president-at-william-j-clinton-presidential-center.html.

George M. Elsey Papers. Harry S. Truman Library, Independence, MO.

Nixon Pardon. Gerald R. Ford Digital Library. https://www.fordlibrarymuseum.gov/library/ exhibits/pardon/pardon.asp#docs.

President's Office Files, Personal Secretary Files. John F. Kennedy Library, Boston, MA.

Trump Twitter Archive. https://www.thetrumparchive.com/.

Press Conferences, Papers as President. Franklin D. Roosevelt Library, Hyde Park, NY.

White House Press Releases, 1974–77. Gerald R. Ford Library.

公刊資料

"From George Washington to Catharine Sawbridge Macaulay Graham, 9 January 1790," *Founders Online*. National Archives. https://founders.archives.gov/documents/Washington/05-04-02-0363. [Original source: *The Papers of George Washington, Presidential Series*, vol. 4, 8 September 1789–15 January 1790, edited by Dorothy Twohig, 551–554. Charlottesville: University Press of Virginia, 1993.].

"From Thomas Jefferson to Ebenezer Hazard, 18 February 1791." *Founders Online*. National Archives. https://founders.archives.gov/documents/Jefferson/01-19-02-0059. [Original source: *The Papers of Thomas Jefferson*, vol. 19, *24 January–31 March 1791*, edited by Julian P. Boyd, 287–289. Princeton: Princeton University Press, 1974.].

Morison, S. E. "Memorandum on the Proposed Franklin D. Roosevelt Library at Hyde Park, New York." US Congress, House. A Joint Resolution to Provide for the Establishment and Maintenance of the Franklin D. Roosevelt Library, and for Other Purposes (H. J. Res. 268): Hearing before the Committee on the Library. 76th Cong., 1st sess., 1939. Washington: Government Printing Office, 1939.

National Study Commission on Records and Documents of Federal Officials. "Final Report of the National Study Commission on Records and Documents of Federal Officials." Washington DC, March 31, 1977.

US Congress. *Congressional Record*. 76th Cong., 1st sess., 1939. Vol. 84, pt. 4.

————. *Congressional Record*. 76th Cong., 1st sess., 1939. Vol. 84, pt. 6.

————. *Congressional Record*. 76th Cong., 1st sess., 1939. Vol. 84, pt. 8.

————. *Congressional Record*. 84th Cong., 1st sess., 1955. Vol. 101, pt. 8.

————. *Congressional Record*. 88th Cong., 2nd sess., 1964. Vol. 110, pt.13.

————. *Congressional Record*. 89th Cong., 1st sess., 1965. Vol.111, pt.20.

————. *Congressional Record*. 89th Cong., 2nd sess., 1966. Vol.112, pt.11.

US Congress, House. Alleged Favoritism in the State Department. 52nd Cong., 2nd sess., 1893. HR Rep. 2510.

————. H. J. Res. 330, H. J. Res. 331, and H. J. Res. 332, Bills to Provide for the Acceptance and Maintenance of Presidential Libraries, and for other Purposes: Hearings before a Special Subcommittee of the Committee on Government Operations. 84th Cong., 1st sess., June 13, 1955.

US Library of Congress. "Report of the Librarian of Congress." Washington: Government Printing Office, 1903.

————. "Report of the Librarian of Congress." Washington: Government Printing Office, 1919.

書籍・論文

上田伸治「アメリカ大統領の著作権—ニクソンの書類・録音テープの公開問題」『通信教育部論集』第13巻（2010年8月）、87-107頁。

エルドリッチ、ロバート・D「序幕は過去に開く—公文書公開と民主主義」『アステイオン』69号（2008年）、129-151頁。

オヴェンデン、リチャード、五十嵐加奈子訳『攻撃される知識の歴史—なぜ図書館とアーカイブは破壊され続けるのか』柏書房、2022年。

大原ケイ「壮大なバイオグラフィーとしての大統領図書館」『ライブラリー・リソース・ガイド（LRG）』18号（2017年冬）、5-40頁。

ギンズバーグ、ウェンディ・R、エリカ・K・ランダー、米国大使館レファレンス資料室訳「大統領図書館法と大統領図書館の設立」CSR Report for Congress、R41513、2010年12月1日（Wendy R. Ginsberg, Erika K. Lunder and Daniel J. Richardson. *The Presidential Libraries Act and the Establishment of Presidential Libraries*, R41513(February 6, 2015)）。

スターン、ゲーリー・M「公文書館記録の開示及び利用審査」『アーカイブズ』23号（2006年3月）、1-18頁。

瀬畑源『公文書管理と民主主義—なぜ、公文書は残さなければならないのか』岩波ブックレットNo.1000、岩波書店、2019年。

豊田恭子『闘う図書館—アメリカのライブラリアンシップ』筑摩書房、2022年。

————「岐路に立つアメリカ大統領図書館」『情報の科学と技術』73巻3号（2023年3月）、104-109頁。

————「アメリカ大統領図書館制度の現状と今後の課題」『レコード・マネジメント』85号（2023年11月）、3-17頁。

トラクテンバーグ、マーク、村田晃嗣・中谷直司・山口航訳『国際関係史の技法—歴史研究の組み立て方』ミネルヴァ書房、2022年。

仲本和彦『研究者のためのアメリカ国立公文書館徹底ガイド』凱風社、2008年。

――――「在米国沖縄関係資料調査収集活動報告III：大統領図書館編」『沖縄県公文書館研究紀要』第10号（2008年3月）、1-18頁。

ハミルトン、アレクサンダー・ジョン・ジェイ、ジェームズ・マディソン、斎藤眞、中野勝郎訳『ザ・フェデラリスト』岩波書店、1999年。

廣瀬淳子「大統領記録の公開―大統領記録法とオバマ政権の大統領記録に関する大統領令」『外国の立法』240（2009年6月）、76-87頁。

藤野寛之「アメリカ合衆国大統領図書館―設立の経緯とその文化・教育的意義」『サピエンチア：聖トマス大学論叢』第42巻（2008年2月）、87-102頁。

藤本龍児『アメリカの公共宗教―多元社会における精神性』NTT出版、2009年。

毎日新聞社取材班『公文書危機―闇に葬られた記録』毎日新聞出版、2020年。

南塚信吾、小谷汪之、木畑洋一（編）『歴史はなぜ必要なのか―「脱歴史時代」へのメッセージ』岩波書店、2022年。

三輪宗弘『目からウロコの海外資料館めぐり』CPCリブレNo.10、クロスカルチャー出版、2019年。

村田晃嗣『銀幕の大統領ロナルド・レーガン―現代大統領制と映画』有斐閣、2018年。

――――『レーガン―いかにして「アメリカの偶像」となったか』中公新書、2011年。

U-PARL（東京大学附属図書館アジア研究図書館上廣倫理財団寄付研究部門）編集『世界の図書館から―アジア研究のための図書館・公文書ガイド』勉誠出版、2019年。

レビツキー、スティーブン、ダニエル・ジブラット、濱野大道訳『民主主義の死に方―二極化する政治が招く独裁への道』新潮社、2018年。

"American Institute of Public Opinion–Surveys, 1938-1939." *The Public Opinion Quarterly* 3, no. 4(October 1939): 581-607.

Angel, Herbert E. "Federal Records Management since the Hoover Commission Report." *The American Archivist* 16, no. 1（January 1953）: 13-26.

Archibald, Sam. "The Early Years of the Freedom of Information Act. 1955 to 1974." *PS: Political Science and Politics* 26, no. 4（December 1993）: 726-731.

Blackwood, R. Duke. "Ronald Reagan Presidential Library and Museum." *White House History* 40（Winter 2016）: 80-86.

Brooks, Philip C. "The Harry S. Truman Library: Plans and Reality." *The American Archivist* 25, no. 1（January 1962）: 25-37.

Brown, Matthew G. "The *First* Nixon Papers Controversy: Richard Nixon's 1969 Prepresidential Papers Tax Deduction." *Archival Issues* 26, no.1（2001）: 9-26.

Cappon, Lester J. "Why Presidential Libraries?" *The Yale Review* 68, no. 1（October 1978）: 11-34.

Clark, Bob. "FDR, Archivist: The Shaping of the National Archives." *Prologue* 38, no. 4（Winter 2006）: 53-58.

――――. "In Defense of Presidential Libraries: Why the Failure to Build an Obama Library Is Bad for Democracy." *The Public Historian* 40, no. 2（May 2018）: 96-103.

Clotworthy, William G. *Homes and Libraries of the Presidents: An Interpretive Guide*. 3rd edition, revised. Granville, Ohio: McDonald & Woodward Publishing Company, 2010.

Connor, R.D.W. "The Franklin D. Roosevelt Library." *The American Archivist* 3, no. 2（April 1940）: 81-92.

――――. "FDR Visits the National Archives." *The American Archivist* 12, no. 4（October

1949): 81–92.

Cook, Blanche Wiesen. "Presidential Papers in Crisis Some Thoughts on Lies, Secrets, and Silence." *Presidential Studies Quarterly* 26, no. 1 (Winter 1996): 285–292.

Cox, Richard J. "America's Pyramids: Presidents and Their Libraries." *Government Information Quarterly* 19 (2002): 45–75.

Cross, Harold L. *The People's Right to Know: Legal Access to Public Records and Proceedings*. New York: Columbia University Press, 1953.

Dennis, Ruth. "Presidential Libraries." In *Encyclopedia of Library and Information Science*, edited by Allen Kent, Harold Lancour, William Z. Nasri and Jay Elwood Daily, 223-253. New York: M. Dekker, 1978.

Eaton, Dorothy S. "George Washington Papers." *The Quarterly Journal of the Library of Congress* 22, no. 1 (January 1965): 3–26.

Elsey, George McKee. *An Unplanned Life: A Memoir*. Columbia. Missouri: University of Missouri Press, 2005.

Evans, Meredith R. "Presidential Libraries Going Digital." *The Public Historian* 40, no. 2 (May 2018): 116–121.

Fawcett, Sharon K. "Presidential Libraries: A View from the Center." *The Public Historian* 28, no. 3 (Summer 2006): 13–36.

Ferrell, Robert H., ed., *Off the Record: The Private Papers of Harry S. Truman*. New York: Penguin, 1980.

Finch, Warren. "George Bush Presidential Library and Museum." *White House History* 40 (Winter 2016): 86–91.

Freiberg, Malcolm. "The Adams Manuscript Trust, 1905-1955." *Proceedings of the Massachusetts Historical Society* 106 (1994): 112-127.

Geselbracht, Raymond H. "The Four Eras in the History of Presidential Papers." *Prologue* 15, no. 1 (Spring 1983): 37–42.

———. "The Origins of Restrictions on Access to Personal Papers at the Library of Congress and the National Archives." *American Archivist* 49, no. 2 (Spring 1986): 142–162.

———. "Harry S. Truman and His Library: Past Accomplishment and Plans for the Future." *Government Information Quarterly* 12, no. 1 (1995): 93–102.

———. "Creating the Harry S. Truman Library: The First Fifty Years." *The Public Historian* 28, no. 3 (Summer 2006): 37–78.

Greer, Thomas H. *What Roosevelt Thought: The Social and Political Ideas of Franklin D. Roosevelt*. Michigan: Michigan State University Press, 1958.

Hirshon, Arnold. "The Scope, Accessibility and History of Presidential Papers." *Government Publications Review* 1 (Fall 1974): 363–390.

Holmes, Oliver W. "The National Archives at a Turn in the Road." *Society of American Archivists* 12, no. 4 (October 1949): 339–354.

Horowitz, Paul, and Page Putnam Miller. "The Freedom of Information Act: Federal Policy and the Writing of Contemporary History." *The Public Historian* 4, no. 4 (Fall 1982): 87–96.

Hufbauer, Benjamin. *Presidential Temples: How Memorials And Libraries Shape Public Memory*. Kansas: University Press of Kansas, 2006.

Hackman, Larry J. "Toward Better Policies and Practices for Presidential Libraries." *The*

Public Historian 28, no. 3 (Summer 2006): 165–184.

Hyland, Pat. *Presidential Libraries and Museums: An Illustrated Guide*. Washinton D.C.: Congressional Quarterly Inc., 1995.

Jones, H. G. *The Records of a Nation: Their Management, Preservation, and Use*. New York: Atheneum, 1969.

Leland, Waldo Gifford. "The Creation of the Franklin D. Roosevelt Library: A Personal Narrative." *The American Archivist* 18, no. 1 (January 1955): 11–29.

Lemov, Michael R. and Nate Jones. "John Moss and the Roots of the Freedom of Information Act: Worldwide Implications." *Southwestern Journal of International Law*, 24(2018): 1–40.

Link, Arthur S. "The American Historical Association, 1884–1984: Retrospect and Prospect." *The American Historical Review* 90, no. 1 (February 1985): 1–17.

Lloyd, David D. "The Harry S. Truman Library." *The American Archivist* 18, no. 2 (April 1955): 99–110.

Mearns, David C. "The Lincoln Papers." *The Abraham Lincoln Quarterly* 4, no. 8 (December 1947): 369–385.

————. *The Lincoln Papers: The Story of the Collection with Selections to July 4, 1861*. New York: Doubleday & Company, 1948.

McCoy, Donald R. "The Beginning of the Franklin D. Roosevelt Library." *Prologue* 7, no. 3 (Fall 1975): 137–150.

McKay, Pamela R. "Presidential Papers: A Property Issue." *The Library Quarterly: Information, Community, Policy* 52, no. 1 (January 1982): 21–40.

McMillen, David. "Moving Out, Moving In: The National Archives' Important Role When the Presidency Changes Hands." *Prologue* 48, no. 4 (Winter 2016): 36–46.

Moe, Richard. *Roosevelt's Second Act: The Election of 1940 and the Politics of War*. New York: Oxford University Press, 2013.

Montgomery, Bruce P. "Presidential Materials: Politics and the Presidential Records Act." *The American Archivist* 66, no. 1 (Summer 2003): 102–138.

Payne, Phillip. "Mixed Memories: The Warren G. Harding Memorial Association and the President's Hometown Legacy." *The Historian* 64, no. 2 (Winter 2002): 257–274.

Polenberg, Richard. "The Roosevelt Library Case: A Review Article." *The American Archivist* 34, no.3 (July 1971): 277–284.

Rhoads, James B. "The Papers of the Presidents." *Proceedings of the Massachusetts Historical Society* 88 (1976): 94–104.

Russell Jr., William Bradley. "A Convenient Blanket of Secrecy: The Oft-Cited But Nonexistent Housekeeping Privilege." *William & Mary Bill of Rights Journal* 14, no.2 (2005): 745–773.

Schaefer, Peggy. *The Ideals Guide to Presidential Homes and Libraries*. Nashville: Ideals Publications, 2002.

Smith, Nancy Kegan. "Escorting a Presidency into History: NARA's Role in a White House Transition." *Prologue* 40, no. 4 (Winter 2008): 38–45.

————, and Gary M. Stern. "A Historical Review of Access to Records in Presidential Libraries." *The Public Historian* 28, no. 3 (Summer 2006): 79–116.

Smith, Thomas A. "Before Hyde Park: The Rutherford B. Hayes Library." *The American*

Archivist 43, no. 4 (Fall 1980): 485–488.

Stuessy, Meghan M. *The Presidential Records Act: An Overview*, R46129 (December 17, 2019).

Taft, William Howard. *Our Chief Magistrate and His Powers*. New York: Columbia University Press, 1916.

Torres, Jennifer, Jennifer Mandel, Ira Pemstein, Randle Swan and Gina Risetter. "The Special Relationship Revealed: US–UK Materials in the Ronald Reagan Presidential Library." *Journal of Transatlantic Studies* 18, no. 4 (October, 2020): 498–521.

Townsend, Robert B. *History's Babel: Scholarship, Professionalization, and the Historical Enterprise in the United States, 1880–1940*. Chicago: The University of Chicago Press, 2013.

Veit, Fritz. *Presidential Libraries and Collections*. New York: Greenwood Press, 1987.

Wilson, Don W. "Presidential Libraries: Developing to Maturity." *Presidential Studies Quarterly* 21 no. 4 (Fall 1991): 771–779.

新聞

『産経新聞』
New York Times
Wall Street Journal
Washington Post

ウェブサイト

山口航「トラクテンバーグ『国際関係史の技法―歴史研究の組み立て方』附録I・II」リサーチマップ、https://researchmap.jp/wataruyamaguchi/資料公開。

American Presidency Project. https://www.presidency.ucsb.edu/.

Arlington National Cemetery. "President Kennedy's Grave in Arlington National Cemetery." https://www.arlingtoncemetery.mil/Explore/Monuments-and-Memorials/President-John-F-Kennedy-Gravesite.

Blanton, Thomas, ed. "Freedom of Information at 40: LBJ Refused Ceremony, Undercut Bill with Signing Statement." *National Security Archive Electronic Briefing Book* No. 194. July 4, 2006. https://nsarchive2.gwu.edu/NSAEBB/NSAEBB194/.

Bonafont, Roxy, Emily Lemmerman and Lucas Rodriguez. "100 Years of Hoover: A History of Stanford's Decades—Long Debate over the Hoover Institution." Stanford Politics. May 11, 2019. https://stanfordpolitics.org/2019/05/11/100-years-of-hoover-a-history-of-stanfords-decades-long-debate-over-the-hoover-institution/.

Brand, Katharine E. "Provenance of the Woodrow Wilson Papers." Woodrow Wilson Papers. Library of Congress. https://www.loc.gov/collections/woodrow-wilson-papers/articles-and-essays/provenance/.

Cole John Y. "Jefferson's Legacy: A Brief History of the Library of Congress." Library of Congress, https://www.loc.gov/loc/legacy/toc.html.

Eisenhower Foundation. "About the Foundation." https://www.eisenhowerfoundation.net/

learn/about-the-foundation.

Factba.se. "Donald Trump. Speeches. Tweets. Policy. Unedited. Unfiltered. Instantly." https:// factba.se/trump/.

Folsom, Burton W. Jr. "FDR and the IRS," 2006 Free Market Forum, Hillsdale College. https:// www.hillsdale.edu/educational-outreach/free-market-forum/2006-archive/fdr-and-the-irs/.

Forbes Library. "About the CCPLM." https://forbeslibrary.org/coolidge/about-the-ccplm/.

GovInfo. "Public Papers of the Presidents of the United States." https://www.govinfo.gov/app/ collection/PPP.

Guzman, Joseph. "Environmental Controversy Erupts over Obama's Presidential Library." The Hill, August 19, 2021, https://thehill.com/changing-america/sustainability/ environment/568563-environmental-controversy-erupts-over-obamas/.

Harry S. Truman Library and Museum. "Oral History Interviews." https://www.trumanlibrary. gov/library/oral-histories/oralhis.

Heffron, Paul. "Provenance of the Theodore Roosevelt Papers." Theodore Roosevelt Papers. Library of Congress.https://www.loc.gov/collections/theodore-roosevelt-papers/ articles-and-essays/provenance-of-the-theodore-roosevelt-papers/.

Kratz, Jessie. "Hoover Library: Honoring Iowa's Only President." Pieces of History, National Archives. https://prologue.blogs.archives.gov/2015/10/21/hoover-library-honoring-iowas-only-president/.

Lepore, Jill. "Will Trump Burn the Evidence?" The New Yorker, November 23, 2020, https:// www.newyorker.com/magazine/2020/11/23/will-trump-burn-the-evidence.

Library of Congress. "Herbert Putnam (1861–1955): 8th Librarian of Congress 1899–1939." https://www.loc.gov/item/n85185518/herbert-putnam-1861-1955/.

———. "Provenance of the Calvin Coolidge Papers." https://www.loc.gov/collections/ calvin-coolidge-papers/articles-and-essays/provenance-of-the-calvin-coolidge-papers/.

———. "Provenance of the William Howard Taft Papers." https://www.loc.gov/collections/ william-howard-taft-papers/articles-and-essays/provenance-of-the-william-howard-taft-papers/.

Massachusetts Historical Society. "Introduction." Diary of John Adams. Vol. 1, Adams Papers Digital Edition. https://www.masshist.org/publications/adams-papers/index.php/view/ ADMS-01-01-01-0008.

McConough, John. "Andrew Jackson Papers: Provenance." Library of Congress. https://www. loc.gov/collections/andrew-jackson-papers/articles-and-essays/andrew-jackson-papers-provenance/.

National Archives and Records Administration. "Guidance on Presidential Records." 2020. https://www.archives.gov/files/presidential-records-guidance.pdf.

———. "Help Us Protect the Records: Orientation at the National Archives and Records Administration." 2012. https://www.archives.gov/files/research/start/researcher-orientation.pdf

———. "National Archives History and Mission." https://www.archives.gov/about/history/ about/history/history-and-mission.

———. "Passport to Presidential Libraries." https://www.archives.gov/presidential-librar-ies/visit/passport.html.

————. "Presidential Libraries." https://www.archives.gov/presidential-libraries.

————. "Presidential Library Explorer." https://www.archives.gov/findingaid/presidential-library-explorer?_ga=2.52278569.1696744382.1674044423-796994510.1661867376.

————. "Specifications for Cubic Foot Archival Storage Box." October 2015. https://www.archives.gov/files/preservation/storage/pdf/archives-box-cf.pdf.

————. "Status of the Declassification of Presidential Papers and Records." November 6, 2019. https://www.archives.gov/presidential-libraries/declassification/status.html.

————. "The Donald J. Trump Presidential Library." https://www.trumplibrary.gov/.

————. "The Remote Archives Capture Program (RAC)." August 15, 2016. https://www.archives.gov/presidential-libraries/declassification/rac.html.

————. "Types of Presidential Collections." September 28, 2023. https://www.archives.gov/presidential-records/research/types-of-presidential-collections.

————. "Visit Presidential Libraries and Museums." https://www.archives.gov/presidential-libraries/visit.

National Park Service. "All the World Is Welcome Here." https://www.nps.gov/lyjo/index.htm.

Nicholas, Peter. "Trump Suggests the Mar-a-Lago Documents Were Bound for His Library. But Advisers Say He's Rarely Talked about It." *NBC News*. September 4, 2022. https://www.nbcnews.com/politics/donald-trump/trump-suggests-mar-lago-documents-bound-library-advisers-say-rarely-ta-rcna46129.

Nike News. "Upping Our Game: Nike and Obama Foundation Team Up in Chicago." January 14, 2020. Accessed February 19, 2022. https://news.nike.com/news/nike-and-obama-foundation.

Nixon Foundation. "Watergate Explained." https://www.nixonfoundation.org/watergate-explained/.

Office of the Historian, Department of State, Historical Documents. https://history.state.gov/historicaldocuments.

Puleo, Stephen. "The Secret Plan to Protect America's Founding Documents during WWII." *Politico Magazine*. September 25, 2016. https://www.politico.com/magazine/story/2016/09/world-war-two-protect-national-archives-214257/.

Rutherford B. Hayes Presidential Library and Museum. "Frequently Asked Questions." https://www.rbhayes.org/about-us/frequently-asked-questions.

The United States Department of Justice. "Exemption 5 of Department of Justice Guide to the Freedom of Information Act." https://www.justice.gov/oip/page/file/1573681/download.

White House Historical Association. "What Are Some Interesting Facts about Presidents and First Ladies?" https://www.whitehousehistory.org/questions/what-are-some-interesting-facts-about-presidents-first-ladies.

索引（第1部）

執筆者略歴

田中慎吾（たなか しんご）- はじめに、第2章、第4章、第5章、第10-14章、関連法邦訳
学位：大阪大学大学院国際公共政策研究科博士後期課程修了　博士（国際公共政策）
現職：大阪経済法科大学国際学部　特別専任准教授
主著：「日英原子力一般協定（1958年）─「自主」の試みとその変容」『国際政治』第209号
（2023年3月）、49-64頁

高橋慶吉（たかはし けいきち）──────── 第1章、第6-9章、おわりに、関連年表
学位：大阪大学大学院法学研究科博士後期課程退学　博士（法学）
現職：大阪大学大学院法学研究科　教授
主著：『米国と戦後東アジア秩序─中国大国化構想の挫折』有斐閣、2019年

山口航（やまぐち わたる）──────────────── 第3章、第15-20章
学位：同志社大学大学院法学研究科博士後期課程退学　博士（政治学）
現職：帝京大学法学部　専任講師
主著：『冷戦終焉期の日米関係─分化する総合安全保障』吉川弘文館、2023年

アメリカ大統領図書館
歴史的変遷と活用ガイド

発行日　　　2024年3月31日　初版第1刷

著者　　　　田中慎吾、高橋慶吉、山口航
発行所　　　大阪大学出版会
　　　　　　代表者　三成賢次
　　　　　　〒565-0871
　　　　　　大阪府吹田市山田丘2-7　大阪大学ウエストフロント
　　　　　　電話：06-6877-1614（直通）　FAX：06-6877-1617
　　　　　　URL　https://www.osaka-up.or.jp

ブックデザイン　成原亜美（成原デザイン事務所）
組版　　　　内山彰議（株式会社D-TransPort）
印刷・製本　株式会社シナノパブリッシングプレス